WILLIAM WALKER ATKINSON

DIE VERLORENEN MANUSKRIPTE

KYBALION 3

* * * * * * *

DIE GEHEIMEN LEHREN DER ROSENKREUZER

AURINIA

William Walker Atkinson, Drei Eingeweihte, Magus Incognito
KYBALION 3 – DIE GEHEIMEN LEHREN DER ROSENKREUZER
Aus dem Englischen von Kristina Ackermann
Umfangreich überarbeitet durch den Verlag

Umschlagfoto: fotolia.com
Lektorat: Anke Schenker
Satz und Herstellung: Robert B. Osten

Printed in EU
ISBN 978-3-943012-98-9

4. Auflage

Besuchen Sie auch unsere Website: www.aurinia.de

Aurinia Verlag, Neumann-Reichardt-Str. 27-33, 22041 Hamburg, info@aurinia.de

INHALT

VORWORT

Über die Lehrinhalte, Ziele und vermeintlichen Geheimnisse der Rosenkreuzer wird seit Jahrhunderten viel spekuliert. Das meiste davon darf man wohl der Phantasterei zuordnen, und manche Aussagen sind zwar korrekt, werden aber allzu wörtlich verstanden.

Der Großmeister des Templum C.R.C., einer zeitgenössischen Rosenkreuzer-Gesellschaft, hat es so formuliert: »In ihrer organisierten Form handelt es sich bei allen Rosenkreuzern stets um eine Bruderschaft, die von humanitärem Gedankengut geprägt ist. In all diesen Gesellschaften sieht man sich stets den größten menschlichen Idealen im ethischen Sinne verpflichtet. Im Geheimen streben die Brüder nach der Einheit mit dem Allmächtigen, dem Vatergott, aus dem die ganze Schöpfung auf allen Ebenen kosmischer Offenbarung hervorströmt.«

Und: »Der Okkultist unterscheidet sich durch nichts von einem bewusst religiösen Menschen mit Ausnahme der Tatsache, dass er sich nicht an ein einzelnes religiöses Konzept bindet, sondern das Verbindende zwischen allen Konfessionen erkennt, um mit der Kraft der eigenen Erkenntnisfähigkeit den initiatischen Weg innerhalb einer Bruderkette mit offenen Augen zu gehen.«

Der Wahlspruch der Rosenkreuzer lautet: *»Aus Gott sind wir geboren / In Jesu sterben wir / Durch den Geist werden wir wiedergeboren.«* Für die Rosenkreuzer ist es ihre höchste Pflicht, das Werk Gottes zu erkennen, und dies erreichen sie durch die Wiederbelebung der alten Weisheitslehren und abendländischen Mythen.

Im März 2015
Robert B. Osten

Abb. 1: Mystische Symbole der Rosenkreuzer aus dem Werk *Die geheimen Figuren der Rosenkreuzer.*

KAPITEL 1

DIE ROSENKREUZER UND IHRE GEHEIME LEHRE

Wer die Geschichte des Okkultismus und der esoterischen Lehren studiert – und sogar der durchschnittliche Leser gegenwärtiger Bücher und Zeitschriften – findet viele Hinweise auf die Rosenkreuzer, eine angeblich sehr alte Geheimgesellschaft, die sich dem Studium okkulter Lehren und der Manifestation okkulter Kräfte widmet. Wenn ein solcher Mensch aber detaillierte Informationen betreffs dieses angeblich sehr alten Ordens zu erhalten versucht, fühlt er sich vor den Kopf gestoßen und überwältigt. Bevor er sich die Unmöglichkeit dieser Suche jedoch eingesteht, erforscht er im Allgemeinen einen oder mehrere sogenannter »Orden«, die das Wort »Rosenkreuzer« in ihrem Namen führen, und er wird vermutlich eingeladen werden, einem solchen »Orden« gegen Zahlung einer Gebühr oder Gebühren – die in einigen Fällen gering sein können, in anderen jedoch recht hohe Summen darstellen – beizutreten, wobei jeder »Orden« beansprucht, der »einzige ursprüngliche Orden« zu sein, und versichert, dass all die anderen Imitationen sind.

Die Wahrheit ist, dass es keinen öffentlichen okkulten, von den wahren Rosenkreuzern bestätigten Orden gibt und jemals gegeben hat, dem jeder gegen Zahlung einer großen

oder kleineren Gebühr beitreten kann, so wie er einer der zahlreichen bekannteren Bruderschaften beitreten könnte. Die Rosenkreuzer haben keine formale Organisation. Sie sind nur durch ihr gemeinsames Interesse an okkulten und esoterischen Studien und durch die allgemeine Anerkennung bestimmter fundamentaler Prinzipien in Überzeugungen und Wissen verbunden. Diesem nicht-organisierten Orden gehören Mitglieder aus allen Lebensbereichen und Ländern an, die sich in der Öffentlichkeit niemals selbst als Rosenkreuzer bezeichnen. Der Zutritt zu diesem nicht-organisierten Orden wird niemals durch die Zahlung einer Gebühr garantiert und ist nur durch eine Anfrage und Empfehlung von drei sehr geschätzten Mitgliedern möglich, die selbst seit einer gewissen Zeit Mitglieder waren, die durch den Erwerb esoterischen Wissens einen bestimmten Grad an Professionalität erreicht haben und die die von ihnen entdeckten Prinzipien unter der Führung bestimmter hoher Adepten arkaner Weisheit unter Beweis gestellt haben.

Die Mitglieder der Gemeinschaft der Rosenkreuzer spielen in den Räten fast aller okkulten Organisationen und Gesellschaften auf der ganzen Welt eine bedeutende Rolle – diese Menschen sind es in der Tat, die »der Gärstoff« in der allgemeinen Masse sind und die die heilige Flamme der Wahrheit am Leben erhalten. Viele Rosenkreuzer sind auch in philosophischen und wissenschaftlichen Kreisen bekannt, und einige sind in der Geschäfts- und Berufswelt und in den Rängen von Staatsmännern sehr angesehen. Andere sind durch die Arbeiterbewegung oder ähnliche Aktivitäten bekannt geworden. Manche spielen in unterschiedlichen Kirchenräten eine Rolle und andere haben führende Positionen bei den Freimaurern oder ähnlichen geheimen Gesellschaften. In all diesen Kreisen sind die Rosenkreuzer überaus einflussreich, und zwar immer zur Unterstützung des Guten.

Die Brüder des Rosenkreuzes

Das neuzeitliche Interesse an den Lehren der Rosenkreuzer geht bis in die Anfänge des sechzehnten Jahrhunderts zurück – etwa 1610, um genau zu sein. Zu jener Zeit gab es Gerüchte von der Existenz einer Gesellschaft, die als »die Brüder des Rosenkreuzes« bekannt war, deren Offiziere und Treffpunkte der Öffentlichkeit nicht bekannt waren. Diese mysteriöse Gesellschaft wurde von kirchengeistlichen Autoritäten und anderen vehement angegriffen und von jenen, die ein allgemeines Interesse an den Themen des Okkultismus und der esoterischen Lehren hatten, energisch verteidigt. In dem darauffolgenden wie auch in fast allen weiteren Jahrhunderten gab es viele nachahmende und falsche Orden, aber keiner von ihnen konnte eine unbezweifelbare Verbindung zu dem ursprünglichen Orden nachweisen. Einige der ursprünglichen Lehren der Rosenkreuzer sind in manche der höheren Freimaurergrade eingeflossen und haben darin einem guten Zweck gedient.

Die Legende vom Ursprung des Ordens – in mancher Hinsicht der Wahrheit entsprechend, in anderer jedoch falsch – war folgende: Ein gewisser Christian Rosenkreuz, ein deutscher Adeliger, der die Robe eines bestimmten Mönchsordens angezogen und Indien, Persien und Arabien besucht hatte, brachte bei seiner Rückkehr eine gewisse geheime Lehre mit, die er von den Weisen und Sehern jener orientalischen Länder erhalten hatte. Es wird ihm nachgesagt, dass er die ursprüngliche Bruderschaft der Rosenkreuzer etwa 1425 gegründet hat, deren Existenz aber erst fast zweihundert Jahre später allgemein bekannt wurde. Die wahren Rosenkreuzer sehen diese legendäre Geschichte über die Gründung dieses nichtorganisierten Ordens jedoch lediglich als eine clever verschleierte Vorgabe der wahren Fakten, die durch die Brille des Verständnisses zwischen den Zeilen gelesen werden

müssen, damit ihre wahre Einführung verstanden werden kann.

Wir fühlen uns nicht berechtigt, die Geschichte auf diesen Seiten so zu erzählen, wie wir sie verstehen und wie sie uns von jenen Autoritäten übermittelt worden ist. Sie zu veröffentlichen wäre in der Tat das Nicht-Einhalten eines hochheiligen Versprechens, was dem Verrat unserer Initiationsgeheimnisse gleichkäme. Es ist uns jedoch gestattet zu sagen, dass die geheime Lehre der Rosenkreuzer ein Korpus esoterischer Lehren ist, der seit ewigen Zeiten von zutiefst in den esoterischen Lehren und okkulten Überlieferungen bewanderten weisen Männern weitergegeben wurde. Diese Weisheiten kamen ursprünglich aus dem Orient und beinhalten sogar heute noch Teile der Inneren Lehren einiger der höchsten orientalischen Bruderschaften. Ihre Geschichte ist nur ein weiteres Beispiel für die Wahrheit des alten geheimen Grundsatzes, der besagt: »Schau zum Osten, woher alles Licht kommt.«

Was die geheimen Lehren der Rosenkreuzer betrifft, war viele Jahre lang wenig bis nichts erlaubt, der allgemeinen Öffentlichkeit zugänglich gemacht zu werden. Doch während der letzten fünfundzwanzig Jahre wurde in dieser Hinsicht mehr und mehr Freiheit gewährt. Heute sind viele wichtige Lehren der Rosenkreuzer Teil fast aller allgemeinen Schriften und Lehren zum Thema Esoterik, insbesondere der höheren Metaphysik. Die Theosophie und das allgemeine Interesse an orientalischen Philosophien und Religionen haben weitgehend dazu beigetragen, die Öffentlichkeit auf einige der elementaren Punkte der geheimen Lehren aufmerksam zu machen. In der Tat finden Rosenkreuzer möglicherweise viele halb versteckte Teilchen der Rosenkreuzerlehre in den höchsten Schriften und Lehren einiger der größten oben genannten Organisationen, die vor den nicht Vorbereiteten geschickt versteckt, für die wenigen Vorbereiteten jedoch klar offenbart sind.

Höhere Alchemie

Öffentlichen Enzyklopädien und anderen sich darauf beziehenden Werken zufolge haben sich die Rosenkreuzer eingehend mit Themen der Alchemie beschäftigt. Und diese Aussage trifft tatsächlich zu. Doch die modernen Werke mit entsprechenden Hinweisen sind dem Fehler verfallen anzunehmen, dass die betreffende Alchemie gänzlich auf der materiellen Ebene ausgeführt wurde und lediglich mit der Transformation der Elemente beschäftigt war. Sie haben keine Kenntnis von der Tatsache, dass die Alchemie, die die Rosenkreuzer angezogen hat und die den größten Teil ihrer Zeit und Aufmerksamkeit in Anspruch nahm, eine mentale und spirituelle Alchemie war – in der Tat etwas ganz anderes, obwohl sie nach dem Gesetz der Entsprechungen natürlich eine Entsprechung zur materiellen Alchemie hat. Der Leser dieses Buches wird diese Tatsache entdecken und viele wertvolle Hinweise auf höhere Formen der Alchemie erhalten, vorausgesetzt dass er in der Lage ist, zwischen den Zeilen zu lesen und Schlussfolgerungen aus Analogien zu ziehen. Der Grundsatz »Wie oben, so unten« wird in diesem Zusammenhang gute Anwendung finden.

Warum die esoterischen Lehren geheim gehalten werden

Es ist schwierig, dem durchschnittlichen Europäer oder Amerikaner die wahren Gründe für die Geheimhaltung zu vermitteln, die die esoterischen Lehren aller großen Schulen und okkulten Gedanken unweigerlich umgibt. Solch ein Mensch ist geneigt zu glauben, dass der einzige Grund dafür in der Freude an einer Geheimniskrämerei liegt, die er in allen okkulten Lehren zu finden glaubt. Aber wer auch nur ein kurzes Stückchen auf dem Weg zurückgelegt hat, kann die wahren Gründe erkennen. Solch ein Mensch versteht die Gefahren vorzeitiger Enthüllung wichtiger esoterischer Prinzipien vor einem unvorbereiteten, durchschnittlichen Verstand. Die folgenden Zitate eines bekannten Schriftstellers geben vielleicht einen Hinweis auf die Lösung dieser Frage.

Der Autor sagt: »Die orientalische Art und Weise, Wissen zu kultivieren, war der des Westens, während sie die Entwicklung der modernen Wissenschaft verfolgte, immer diametral entgegengesetzt. Während Europa die Natur so öffentlich wie möglich erforscht hat, jeden Schritt in größtmöglicher Freiheit diskutiert hat und jede neu erworbene Entdeckung zum Nutzen aller sofort verbreitet hat, wurde die Wissenschaft in Asien im Geheimen studiert und ihre Errungenschaften argwöhnisch bewacht. Ich möchte jetzt noch nicht versuchen diese unterschiedlichen Herangehensweisen zu verteidigen oder zu kritisieren. Der Leser wird später erfahren, dass sich im gesamten Schema okkulter Philosophie alles ganz natürlich fügt. Die Herangehensweisen an diese Philosophie waren in gewisser Weise für alle immer offen. Die Idee, dass ein gewisser Prozess des Studierens, dem Menschen hier und da gefolgt sind, eventuell zur Erlangung einer Art höheren Wissens führen würde als dem, das der Menschheit im Allgemeinen durch Bücher oder öffentliche Lehrer zugänglich ist, ist in unterschiedlicher Weise vage auf der ganzen Welt verbreitet. Wie bereits erwähnt war der Osten immer mehr als vage von dieser Überzeugung beeindruckt. Doch im Westen hat die gesamte symbolische Literatur, die auf Astrologie, Alchemie und Mystizismus bezogen ist, die europäische Gesellschaft allgemein durchdrungen und hat einige eigenartige, empfängliche und qualifizierte Köpfe zu der Überzeugung kommen lassen, dass hinter all dem oberflächlichen, bedeutungslosen Unsinn große Wahrheiten verborgen liegen. Für solche Menschen haben exzentrische Studien zuweilen versteckte Wege

offenbart, die zu den großartigsten Bereichen von Erleuchtung führten, die vorstellbar sind. Doch in Übereinstimmung mit den Gesetzen dieser Schulen dringt der Neuling nicht eher in den Bereich der Mystik ein, bis ihm die unantastbarsten Geheimnisse und alles, was mit seinem Eintritt und weiteren Fortschritt verbunden ist, anvertraut wurde. Auch in Asien wurde ein Chela oder Schüler des Okkultismus nicht eher ein Schüler, bis er im Interesse der Verwirklichung okkulten Wissens aufhörte, sein Wissen preiszugeben. Ich war, seit ich mich mit dem Thema befasste, über die große Anzahl der Schüler erstaunt. Aber es ist unmöglich, sich eine unwahrscheinlichere menschliche Tat vorzustellen, als die nicht-autorisierte Offenbarung eines solchen Chela an Außenstehende, weil er jetzt einer von ihnen ist. Auf diese Weise schützt die große esoterische Schule der Philosophie erfolgreich ihre Abgeschiedenheit.

Es ist jedoch wünschenswert, den Leser über ein Konzept in Bezug auf ein Merkmal eines Adepten aufzuklären, dessen Weg er vermutlich beschritten hat. Die Entwicklung solcher spirituellen Fähigkeiten, deren Kultivierung mit den höchsten Objekten des okkulten Lebens zusammenhängt, ermöglicht im Laufe ihres Fortschreitens ein umfangreiches zugehöriges Wissen, das mit den physischen Gesetzen der Natur zusammenhängt und im Allgemeinen noch nicht verstanden wird. Dieses Wissen und die praktische Kunst der Manipulation bestimmter unklarer Kräfte der Natur, die unweigerlich erlernt wird, statten einen Adepten und sogar auch den Schüler des Adepten in einem relativ frühen Stadium ihrer Ausbildung mit sehr außergewöhnlichen Kräften aus, deren Anwendung im täglichen Leben zuweilen an Wunder grenzende Resultate zeigt. Und aus einer gewöhnlichen Sichtweise ist die Erlangung offensichtlich wunderbarer Kräfte solch eine erstaunliche Errungenschaft, dass sich so mancher zuweilen

vorstellt, dass das Ziel des Adepten auf der Suche nach Wissen war, sich selbst mit den begehrten Kräften auszustatten. Genauso schlussfolgernd wäre es, von irgendeinem großen Patrioten der Militärgeschichte zu sagen, sein Grund dafür, Soldat zu werden, war es, eine schicke Uniform zu tragen, um Krankenschwestern zu beeindrucken.«

Die geheime Lehre der Rosenkreuzer

Was als »Die geheime Lehre der Rosenkreuzer« bekannt ist, ist ein umfangreicher Korpus esoterischer Lehren und okkulter Überlieferungen, die seit zahllosen Generationen vom Meister an seinen Schüler, vom Hierophanten an den frisch Eingeweihten übermittelt worden sind. Bis zur gegenwärtigen Generation wurde selten ein Teil der geheimen Lehre schriftlich niedergelegt oder der Öffentlichkeit auf gedruckten Seiten preisgegeben. Das Wenige, das in früheren Zeiten hinsichtlich der gesamten Lehren geschrieben oder gedruckt wurde, ist durch vage Begriffe der Alchemie und Astrologie verschleiert worden, sodass ein und dieselbe Aussage für den durchschnittlichen Leser einen Sinn ergeben würde, für denjenigen, der den Schlüssel zum Mysterium besaß, jedoch eine andere, genauere Bedeutung hatte. Die häufigen Bezugnahmen auf »Sulfur«, »Quecksilber«, andere chemische Elemente und auf »Des Philosophen Stein« usw. hatten alle die Absicht, diejenigen, die den Schlüssel besaßen, auf bestimmte Teile der geheimen Lehre hinzuweisen.

Rosenkreuzer, die bestens informiert sind, glauben, dass die geheimen Lehren aus überall verstreuten Bruchstücken esoterischer Lehren, die von Weisen aller Kulturen bewahrt wurden, allmählich, sorgfältig und langsam von den alten okkulten Meistern und Adepten erarbeitet wurden. Die Legende besagt, dass diese Fragmente der geheimen Lehre zerstreute

Teile der alten esoterischen Lehren des antiken Atlantis waren – die Bruchstücke der großen Menge der atlantischen okkulten Lehren, die durch die riesige Katastrophe, die den großen Kontinent zerstört hat, in alle Richtungen verstreut wurden. Die wenigen Überlebenden der atlantischen Zivilisation bewahrten diese Teile der Wahrheit sehr achtsam und gaben sie an ihre auserwählten Studenten und geeigneten Nachkommen weiter.

Die alten Meister, die es sich zur Lebensaufgabe gemacht hatten, die zerstreuten Fragmente noch einmal zusammenzutragen und die okkulte Lehre der Atlanter auf diese Weise zu rekonstruieren, fanden Teile ihres Materials in Ägypten, Indien, Persien, Chaldäa, Medea, China, Assyrien, im antiken Griechenland und auch in den mystischen Schriften der Hebräer wie z.B. in der Kabbala und im Zohar. Die gemeinsame Quelle darf jedoch als distinkt orientalisch betrachtet werden. Von den großen Philosophien des Ostens darf tatsächlich behauptet werden, dass sie auf der Grundlage dieser noch älteren Lehren aufbauten. Darüber hinaus wird angenommen, dass die großen geheimen griechischen Lehren auf Wissen basierten, das aus derselben gemeinsamen Quelle erhalten wurde. Letztendlich darf gesagt werden, dass die geheime Lehre der Rosenkreuzer die geheime Lehre von Atlantis ist, übermittelt von den Nachfahren der Menschen dieses großen Zentrums okkulten Wissens.

Das folgende Zitat eines Autors, der selbst viele Bruchstücke der antiken Weisheiten zusammengetragen hat, ist vielleicht von Interesse. Er sagt über die alten Lehren: »Die Lehren sind durch die Korridore der Zeit aus den im Dunkeln liegenden Epochen, Kulturen und Geistesschulen in die Gegenwart gekommen. Auch die Höchsten des alten okkulten Rates können die Lehren nicht in einer ununterbrochenen, direkten Linie weiter zurückverfolgen als bis zu Pythagoras (ca.

500 v. Chr.) und ein bisschen weiter zurück bis in das antike Griechenland, obwohl sie in einigen der älteren Schriften aus dem antiken Ägypten und aus Chaldäa viele Hinweise und Auszüge finden, die dazu dienen zu zeigen, dass die Schulen des Pythagoras und andere antike Okkultisten auf noch weiter zurückliegenden okkulten Weisungen basierten, die jahrhundertelang aus direkten Nachfolgelinien von Lehrern und Schülern erhalten wurden. Forscher haben Spuren der Lehren in persischen und medianischen Schriften gefunden, und es wird angenommen, dass die Inspiration für die ursprüngliche philosophische Lehre Gautamas, des Gründers des Buddhismus, aus derselben Quelle empfangen wurde. Auch in den hebräischen esoterischen Lehren wurden Spuren gefunden.«

Der Autor fährt fort: »Die griechischen Lehren wurden zweifellos direkt aus den ägyptischen Quellen bezogen. Durch Pythagoras bestand eine sehr enge und intime Beziehung zwischen den frühen griechischen Lehren und Philosophien und der älteren Schule Ägyptens. Es ist bekannt, dass Pythagoras von ägyptischen und persischen Hierophanten Unterweisungen erhalten hat. Zwischen den antiken griechischen Lehren und denen der ägyptischen esoterischen Bruderschaften besteht eine große Ähnlichkeit. Einige Lehrer sind jedoch der Ansicht, dass die griechischen und ägyptischen Schulen zwei unterschiedliche Sprösslinge einer ursprünglichen und älteren Lehre waren, die ihren Ursprung in dem verlorenen Kontinent Atlantis hatte. Es gibt viele Traditionen, die ihre Lehren mit Atlantis verbinden, und es ist möglich, dass beide, Griechenland und Ägypten, sie aus dieser gemeinsamen Quelle erhalten haben, anstatt Griechenland diesbezüglich in der Schuld Ägyptens stehen zu sehen. Doch wie auch immer es sich verhält, es ist eine Tatsache, dass alle Spuren der Lehre, die die unterschiedlichen Okkultisten aus den Traditionen zusammengestellt haben, Bruchstücke der Lehre

und Atlantis betreffende Legenden, mit dem besten esoterischen und okkulten Wissen, das der Menschheit heute zur Verfügung steht, übereinstimmen. Die Fragmente der ägyptischen esoterischen Lehren, von denen viele in einer zweifellos direkten Überlieferungslinie noch erhalten sind, sind in ihren fundamentalen Grundsätzen praktisch mit den griechischen okkulten Lehren identisch. Und wie bereits gesagt weisen die persischen, medeanischen und chaldäischen Legenden, Überlieferungen und die bewahrten Überreste der Lehren auf eine gemeinsame Quelle und einen gemeinsamen Ursprung hin.«

Der Autor fährt fort: »Wir sprechen jetzt nur über die historische Sichtweise des Themas. Die okkulten Traditionen halten dafür, dass die Lehre in der einen oder anderen Form so alt ist wie die Menschheit selbst und den hoch entwickelten Köpfen jeder großen Zivilisation der Vergangenheit – von denen viele vor Jahrtausenden verschwunden und deren Spuren für die heutigen Menschen verloren sind – bekannt war. Die Traditionen besagen, dass die Lehre von den älteren Brüdern der Menschheit weitergegeben wurde – von gewissen hoch entwickelten Seelen, die zu früheren Zeiten erschienen sind, um die Samen der Wahrheit zu legen, damit diese in den darauffolgenden Zeitaltern wachsen, blühen und Früchte tragen würden. Sie müssen diese Aussage nicht akzeptieren. Sie ist nicht materiell. Denn die Lehre birgt den Beweis ihrer eigenen Wahrheit in sich selbst, ohne die Notwendigkeit der Kraft einer solch hohen Autorität. Die antiken Traditionen werden nur erwähnt, damit der Student weiß, dass Selbiges von vielen der höchsten okkulten Autoritäten und Lehrer akzeptiert wurde.«

Die sieben Aphorismen der Schöpfung

Wir haben »Die sieben Aphorismen der Schöpfung« der Rosenkreuzer, die die fundamentalen Prinzipien der geheimen Lehre der Rosenkreuzer verkörpern, in diesem Buch zur Betrachtung für unsere Leser dargestellt. Darüber hinaus haben wir die wichtigsten geheimen Symbole der Rosenkreuzer reproduziert, die mit den sieben Aphorismen der Schöpfung im Zusammenhang stehen.

Der Schüler, der die hier aufgeführten Prinzipien meistert, wird sich auf einer gedanklichen Ebene befinden, die ihn ganz natürlich mit den höheren Lehren der Rosenkreuzer in Verbindung bringen wird und ihm ermöglicht, das Angebot noch höherer Informationen anzunehmen, falls er den Wunsch hat, mit diesen großartigen Studien fortzufahren. Möge sich der Student immer an den alten Grundsatz erinnern: »Wenn der Schüler so weit ist, wird der Lehrer auftauchen.« Aber der Schüler ist noch nicht vorbereitet, solange er die elementaren Weisungen, die auf den Seiten dieses Buches gegeben werden, nicht *gemeistert* hat.

Es wird nicht behauptet, dass auf den Seiten dieses Buches *alle* geheimen Lehren der Rosenkreuzer preisgegeben werden, wie zum Beispiel ihre Formeln und Methoden mentaler Alchemie und spiritueller Wandlung. Solche Informationen können aus Gründen, die für jeden ehrlichen und intelligenten Studenten einsichtig sind, nicht verbreitet werden. Andererseits können *denjenigen, die so weit sind, solche Informationen aufnehmen zu können,* und die von angemessenen Motiven geleitet sind, das geheime Wissen zu erlangen, die geheimen Lehren *nicht vorenthalten werden.* Wenn der Student lernt, »das achte Anklopfen« zu geben, dann wird sich für ihn das alte Versprechen »Klopfet an, und es soll Euch aufgetan werden« bewahrheiten.

Das Symbol des Rosenkreuzes

Das recht bekannte Symbol der Rosenkreuzer – das Rosenkreuz – erscheint in unterschiedlichen Formen, wie zum Beispiel das von der Rose überragte Kreuz, das mit der Rose verbundene Schwert (der Griff des Kreuzes), das von der Krone überragte Kreuz, ein modifiziertes phallisches Kreuz usw. Die Erklärung des gesamten Symbols ist siebenfältig. Die drei Höchsten sind Eingeweihten eines bestimmten Ranges vorbehalten und können aus diesem Grund hier nicht erklärt werden. Unten folgen mehrere Bedeutungen, die darzustellen und zu erklären uns hier gestattet ist:

1. *Das von der Rose überragte Kreuz* bedeutet, dass die »Rose« (das mystische Symbol des Göttlichen) nur durch das Leiden des sterblichen Lebens (symbolisiert durch das Kreuz) erreicht werden kann.

2. *Das mit der Rose verbundene Schwert* bedeutet, dass das Schwert des Geistes im Kampf des Lebens aktiv genutzt werden muss, um die Belohnung – die Rose – gewinnen zu können. (Die Rose war in alten Zeiten die von der Königin verliehene Belohnung für den siegreichen Ritter.)

3. *Das von der Krone überragte Kreuz* bedeutet, dass das Leiden sterblicher Existenz für den vertrauenswürdigen Vertreter der Wahrheit unweigerlich durch die Erlangung der Krone der Meisterschaft belohnt werden wird. »Jedes Kreuz hat seine Krone« und »Kein Kreuz, keine Krone« sind alte Aphorismen, die diese Wahrheit ausdrücken möchten.

4. *Das modifizierte phallische Kreuz* deutet auf die geschlechtliche Dualität des manifestierten Universums hin – auf die Existenz und Aktivität des universellen männlichen Prin-

zips und des entsprechenden universellen weiblichen Prinzips. (Das modifizierte phallische Kreuz der Rosenkreuzer darf jedoch nicht als Hinweis auf irgendeine Beziehung der Rosenkreuzer mit den groben Formen phallischer Anbetung verstanden werden. Letzteres ist lediglich der verzerrte Schatten der Wahrheit und darf nicht als Realität betrachtet werden.)

Während ich diese einführenden Erklärungen abschließe, lade ich Sie ein, in das Studium der geheimen Lehre der Rosenkreuzer einzutreten, und bitte Sie, die folgenden Worte eines alten Aphorismus achtsam zu betrachten: »Der Besitz von Wissen, das nicht von seiner Manifestation und seinem Ausdruck in der Aktion begleitet ist, ist wie das Ansammeln wertvoller Metalle eines Geizhalses – eine eitle und dumme Sache. Vergiss nicht das Gesetz der Anwendung in diesem und in allen anderen Dingen.«

Abb. 2: Illustration aus dem sagenumwobenen Lehrbuch
Die geheimen Figuren der Rosenkreuzer von 1785

KAPITEL 2

DIE EWIGEN ELTERN

In den geheimen Lehren der Rosenkreuzer finden wir die folgenden Aphorismen der Schöpfung:

Der erste Aphorismus

Die ewigen Eltern waren in den Schlaf der kosmischen Nacht verhüllt. Es gab kein Licht, denn die Flamme des Geistes war noch nicht wieder entzündet. Es gab keine Zeit, denn die Veränderungen hatten noch nicht wieder begonnen. Es gab keine Dinge, denn Form hatte sich noch nicht wieder gebildet. Es gab keine Handlung, denn es gab keine Dinge zu behandeln. Es gab keine Gegensatzpaare, denn es gab keine Dinge, die Polarität manifestierten. Die ewigen Eltern, ohne Ursache, unteilbar, unveränderlich, ewig, ruhten im unbewussten traumlosen Schlaf. Außer den ewigen Eltern gab es nichts, weder real noch scheinbar.

In diesem ersten Schöpfungsaphorismus wird der Student dazu geführt, seine Aufmerksamkeit auf das Konzept der unendlichen Quelle aller Dinge zu lenken – das ewige Elternpaar »von denen alle Dinge ausgehen«. Diese ewigen Eltern – das Unendliche, Nicht-Manifestierte – wird von den Rosenkreuzern von dem Symbol des Kreises dargestellt, der nichts im Inneren birgt und nichts im Außen hat.

Der Kreis darf jedoch nicht so verstanden werden, dass er die Idee einer Begrenzung vermittelt, sondern es ist beabsichtigt, dass er die Idee von Grenzenlosigkeit darstellt. Obwohl dieses Symbol das geeignetste zur Erfüllung seines Zwecks ist, ist es doch nicht adäquat – aus dem einfachen Grund, dass es unmöglich ist, das Unendliche durch ein endliches Symbol darzustellen. Das einzig adäquate Symbol der ewigen Eltern wäre das des unendlichen Raumes, und das kann natürlich nicht durch ein Zeichen dargestellt werden, denn egal wie groß der Kreis gezeichnet würde, es gäbe immer noch Raum darüber hinaus. Während sie die Unmöglichkeit eines adäquaten Symbols erkannten, haben die Rosenkreuzer den leeren Kreis als das am besten geeignete Symbol des unendlichen Nicht-Manifestierten angenommen.

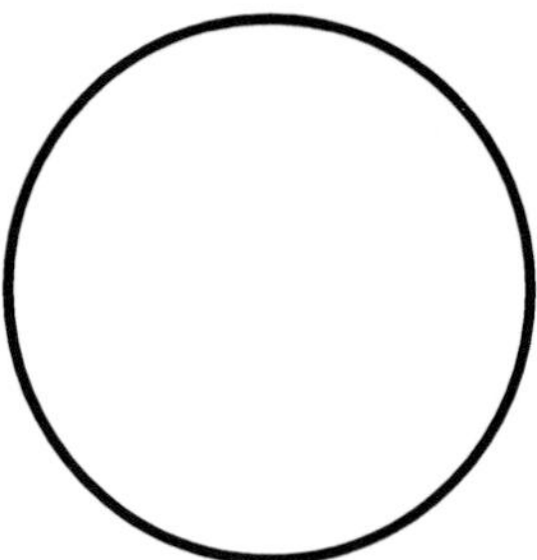

Abb. 3: Symbol des unendlichen Nicht-Manifestierten

Das Konzept des unendlichen Raumes wurde von den Rosenkreuzern immer als das bestmögliche Konzept betrachtet, durch das man das unendliche Nicht-Manifestierte »denken« kann, da Letzteres im Bewusstsein nicht wirklich als Ding gedacht werden kann und das Bewusstsein nur in der Lage ist, an Dinge zu denken. Genau genommen ist das unendli-

che Nicht-Manifestierte ein Nichts anstatt eines Dinges und doch nicht so ein Nichts wie das Nicht-Sein oder das Gar-Nichts, sondern eher solch ein Nichts, das die Möglichkeiten von allem, jedoch ohne die Begrenztheit von Dingen mit einschließt.

Unendlicher Raum kann nicht als Ding betrachtet werden, denn er besitzt keine der Charakteristika eines Dinges. Und doch kann seine tatsächliche Existenz und Gegenwart nicht geleugnet werden. Grob umrissen könnte er als »ein Nichts, das die Möglichkeiten unendlicher Gegenständlichkeit und die unendlichen Möglichkeiten von Dingen enthält« definiert werden. Diesen unendlichen Raum muss man sich als den absoluten »Behälter« von allem vorstellen, ob manifestiert oder nicht-manifestiert, denn außerhalb dieses unendlichen Raums ist nur Nichts, oder genauer gesagt: Es gibt kein *Außerhalb* des unendlichen Raums.

Daher wurde der unendliche Raum immer als das okkulte und esoterische Symbol anerkannt, durch das der Mensch das unendliche Nicht-Manifestierte »denken« kann – die ewigen Eltern, eingehüllt in den Schlaf der kosmischen Nacht. In einem der alten okkulten Katechismen wird die Frage gestellt: *Was ist es, das immer war, jetzt ist und immer sein wird, ob es ein Universum gibt oder nicht und ob da Götter sind oder nicht?* Und die Antwort ist: *Raum!*

Die Kraft dieses Symbols von unendlichem Raum als Hinweis auf das unendliche Nicht-Manifestierte wird empfangen, wenn der Geist versucht, die Abwesenheit von unendlichem Raum zu denken oder sich vorzustellen – entweder als vor der Schöpfung abwesend oder als nach ihrer Zerstörung abwesend. Es wird selbstverständlich entdeckt werden, dass es dem menschlichen Geist und der menschlichen Vorstellung unmöglich ist, sich Raum in einer der beiden Situationen als abwesend zu denken. Der Geist kann nicht anders, als sich den Raum als unendlich und als ewig vorzustellen, unabhängig davon, was zu irgendeiner Zeit in der Vergangenheit, Gegenwart oder Zukunft entweder als anwesend oder abwesend gesehen wird. Und gleichzeitig stellt der Geist fest, dass er Raum nicht als Ding definieren kann – doch wagt er nicht, ihn als Nichts zu betrachten. Es wurde herausgefunden, dass unendlicher Raum immer als notwendigerweise ewig gegenwärtig und doch immer frei von den Begrenzungen von Dingen gedacht werden muss.

Da der unendliche Raum unsichtbar ist und jenseits der anderen Sinne liegt, kann er als Ding nicht bekannt sein oder erkannt werden. Die Gedanken betreffend muss er immer aussagen »Nicht dies, nicht das«. Das antwortet auf des alten Weisen Aussage zur Realität: »Die Essenz des Seins ist ohne Attribute, formlos, ohne Unterscheidung und bedingungslos. Sie ist anders als das, was wir kennen, und anders als das, was wir nicht kennen. Worte und Gedanken wenden sich von ihr ab, ohne sie zu finden. Die Weisen beantworten alle ihre Natur betreffenden Fragen nur mit Schweigen. Zu allen Vorstellungen hinsichtlich ihrer Qualitäten, Fähigkeiten und Attributen sagt der Weise einfach: ›Neti, neti‹ – ›Nicht *dieses*, nicht *jenes!*‹ Von *jenem* versichert der Weise einfach: ›Es IST‹«. Und wie andere alte Weise gesagt haben: »Die Vorstellung, das Verstehenwollen und abstraktes Denken werden immer vergeblich danach streben, das Unendliche darzustellen, denn keine Form der Endlichkeit (zu der auch Gedanken und Sprache gehören) kann Unendlichkeit ausdrücken, noch kann das Zeitige das Zeitlose und Ewige ausdrücken, noch kann ein Gedanke, der aus der Kette von Ursachen hervorgegangen ist, das Ursachenlose oder Selbst-Existente begreifen.« So entdecken wir, dass das Konzept des unendlichen Raumes in jeder Hinsicht und aus jedem Blickwinkel betrachtet ein edles und wertvolles Symbol von *jenem* ist, das wir meinen, wenn wir

versuchen, an das unendliche Nicht-Manifestierte zu denken – von der Essenz des Seins vor der Manifestation in der Aktivität und Form.

Der erste Aphorismus besagt, dass das ewige Elternpaar im Schlaf der kosmischen Nacht verhüllt war.

In diesem Satz ist ein Hinweis auf die die kosmischen Tage und Nächte betreffende Lehre, die unter einigen von vielen Namen an der Basis aller esoterischen Lehren und okkulten Philosophien gefunden wird. Die höchsten und intelligentesten Menschen haben die Tatsache bezeugt, dass Rhythmus beständig im Kosmos manifestiert ist – vom kleinsten Punkt manifestierten Seins bis zum umfangreichsten Sein ist die ewig existierende Gegenwart und Manifestation von Rhythmus zu finden.

Aus der höchsten okkulten Informationsquelle wird die Tatsache berichtet, dass sich *alles* abwechselnd in großen Perioden der Manifestation (die kosmischen Tage genannt) gefolgt von einer ebenso großen Periode der Nicht-Manifestation (die kosmischen Nächte genannt) selbst darstellt. Während der kosmischen Nacht existieren die ewigen Eltern in einen unbewussten und traumlosen Schlaf gehüllt, aus dem sie mit dem Beginn des neuen kosmischen Tages allmählich in die Manifestation hinein erwachen. Der kosmische Tag wiederum geht allmählich in eine Dämmerung über, die sich langsam aber sicher zur kosmischen Nacht verdunkelt, in der alles wieder ruhig und still ist. Und so weiter und so weiter und so weiter, in unendlichen Folgen und Wiederholungen, im unendlichen Rhythmus präsentiert der Kosmos diese Folge von Tagen und Nächten: von der Manifestation und dem Nicht-Manifestierten. Und so ist es immer und immer gewesen, und so wird es für immer und immer sein, ohne Ende, Vergehen oder Unterbrechung. So lautet der Bericht der Weisen und erleuchteten Lehrer der Menschheit.

Ein großer okkulter Lehrer hat Folgendes über diese Lehren geschrieben: »Die esoterischen Lehren, wie zum Beispiel der Buddhismus, der Brahmanismus und sogar die Kabbala, besagen, dass die eine unendliche und unbekannte Essenz seit allen Zeiten und in regelmäßigen und harmonischen Folgen entweder passiv oder aktiv existiert. In der poetischen Ausdrucksweise von Manu werden diese Gegebenheiten die ›Tage und Nächte Brahmas‹ genannt. Letzterer ist entweder wach oder schlafend.

Zu Beginn der aktiven Periode, so die geheime Lehre, findet dem ewigen und unveränderlichen Gesetz gehorchend eine Ausdehnung dieser göttlichen Essenz von dem Außen nach innen und aus dem Inneren nach außen statt. Schließlich ist das phänomenale oder sichtbare Universum das Ergebnis der langen Kette kosmischer Kräfte, die so fortschreitend in Bewegung gesetzt werden. Auf gleiche Weise findet, wenn der passive Zustand wieder einsetzt, ein sich Zusammenziehen der göttlichen Essenz statt, und die vorhergehende Arbeit der Schöpfung wird allmählich und fortschreitend aufgelöst. Das sichtbare Universum zerfällt, seine Materie löst sich auf und die Dunkelheit brütet im Angesicht der Tiefe wieder solitär und einsam vor sich hin. Um es mit einer Metapher aus den geheimen Büchern zu sagen, die die Idee klarer zum Ausdruck bringt: Das Ausatmen einer unbekannten Essenz erschafft die Welt, und das Einatmen bringt sie wieder zum Verschwinden. Dieser Vorgang hat seit allen Ewigkeiten stattgefunden, und unser gegenwärtiges Universum ist eine von unendlich vielen Folgen, die keinen Anfang hatten und kein Ende haben werden.«

In diesem Zusammenhang wird ein Student von Herbert Spencer in den alten okkulten Lehren eine unerwartet feste Basis für die Lehren seines modernen Meisters finden. Spencer spiegelt in seiner Lehre von der universellen Gegenwart

und den Aktivitäten von Rhythmen die alten okkulten Lehren zu diesem Thema wider. Beachten Sie Folgendes aus der Feder des modernen Propheten der Evolution: »Wie wir gesehen haben, erfordern die universell koexistierenden Kräfte der Anziehung und der Abstoßung offensichtlich im ganzen Universum – sowohl in allen kleinen Veränderungen als auch in der Gesamtheit seiner Veränderungen – Rhythmen. Sie erschaffen jetzt eine unermessliche Periode, während der die anziehenden Kräfte vorherrschend sind, die eine universelle Konzentration verursachen, und dann eine unermessliche Periode, während der die abstoßenden Kräfte vorherrschen, die eine universelle Zerstreuung verursachen – alternierende Epochen von Evolution und Dissolution.«

Im ersten Aphorismus heißt es weiter: *»Es gab kein Licht, denn die Flamme des Geistes war noch nicht wieder entzündet worden.«*

Das ist für diejenigen eine harte Aussage, die nur die halbe Wahrheit kennen und die Existenz der anderen Hälfte nicht erkennen, die geglaubt haben, dass die unendliche Realität Geist sei, dessen okkultes und esoterisches Symbol natürlich die Flamme ist. Aber als das höchste antike Wissen, wie es von den achtsamsten Lehrern ausgedrückt wurde, haben diejenigen, die entsprechend qualifiziert waren, immer die ganze Wahrheit erfahren, die besagt, dass nicht nur hinter der Materie, sondern auch hinter dem Geist eine ewige, unendliche Essenz weilt, die weder Geist noch Materie ist, sondern die nicht-konditionierte Wurzel und Quelle von beidem, von Geist und von Materie. Licht und Flamme – die beiden universell anerkannten esoterischen und okkulten Symbole des Geistes – haben die lichtlose und hitzelose Essenz von Licht und Hitze in sich. Die unendliche Realität ist die Essenz von Geist, Licht und Flamme – nicht das Licht und die Flamme selbst. Es wird dem Studenten helfen, diese Wahrheit zu erfassen, wenn er die Flamme einer Lampe, einer Kerze, einer Gasflamme oder irgendeine andere Art physischer Flamme kontempliert. Er wird unter ihr und im Zentrum der Flamme etwas wahrnehmen können, ein dunkles, transparentes Etwas, die Essenz, aus der die Flamme fortbesteht, aus der sie ihre Unterstützung und ihren Erhalt bezieht. Die Entsprechung auf den höheren Ebenen des Seins wird »die dunkle Flamme« genannt. – Sie ist die Essenz der Flamme und des Lichtes und nicht die Flamme oder das Licht selbst. Wie ein Autor der Antike sagte: »Die Essenz ist der Geist des Feuers und nicht das Feuer selbst. Daher sind die Eigenschaften des Feuers, der Hitze, der Flamme und des Lichtes nicht die Eigenschaften der Essenz, sondern die des Feuers, dessen Ursache die Essenz ist.«

Daher sollte der Student nicht denken, dass das unendliche Nicht-Manifestierte – die schlafenden, ewigen Eltern – der Geist ist in dem Sinne, in dem Letzterer in unseren Gedanken im Allgemeinen gebraucht wird. Er ist eher mit dem reinen Raum verwandt, aus dem die Flamme erscheint und in dem sie enthalten ist. Entsprechendes Denken und Unterscheidungsvermögen kommen der Sache schon näher. Es wird dem Studenten, während er fortschreitet, schon klar werden. Aber es muss hier erwähnt werden, wenn es auch nur gestreift wird.

Der erste Aphorismus sagt weiter: *»Es gab keine Zeit, denn die Veränderungen hatten noch nicht begonnen.«*

Dies ist für den Studenten, der die wahre Bedeutung von Zeit nicht erfasst hat, noch eine harte Aussage. Zeit meint in der strengen philosophischen Bedeutung des Begriffs nicht *reines Andauern der Existenz* – sondern Zeit meint *das Maß der*

sich verändernden Existenz. Eine andauernde Existenz, in der es keine Veränderung der Form gibt, der Aktivitäten oder des Ausmaßes, mental oder physisch, ist zeitlos. Zeit ist in der Tat ein Maß für Veränderungen. Ohne Veränderung kann es keine Zeit geben, im wahren Sinne letzteren Begriffs. Reines Sein manifestiert keine Zeit. Zeit ist das Ergebnis von Werden oder von Veränderung und wird immer an Veränderung oder am Etwas-Werden gemessen.

Die folgende Aussage aus einem modernen Lehrbuch mag dazu dienen, auf den Unterschied zwischen dem Konzept der reinen Dauer und der Zeit hinzuweisen: »Reine Dauer wird als ohne Einbeziehung von Bewegungen und Veränderungen verstanden. Im Gegensatz dazu ist Zeit ein sinnvolles Maß jeglicher Einteilung von Dauer, die oft durch ein besonderes Phänomen gekennzeichnet ist wie die offensichtliche Revolution der Himmelskörper, die Rotation der Erde um ihre Achse usw. Unser Verständnis von Zeit hat seinen Ursprung in dem von Bewegungen, insbesondere in jenen regelmäßigen und gleichförmigen Bewegungen der Himmelskörper, deren periodische Wiederholungen durch ihre vollkommene Ähnlichkeit zueinander korrekte Maßeinheiten der immerwährenden und aufeinanderfolgenden Quantität sind, die wir Zeit nennen, mit der sie unserem Verständnis nach koexistieren. Daher kann die Zeit als »die wahrgenommenen aufeinanderfolgenden Bewegungen« definiert werden. Zeit, die auf den Bewegungen der Himmelskörper oder der Erde basiert, wird oft von Instrumenten gemessen, die auf Bewegung basieren, wie zum Beispiel Armbanduhren, Wecker oder Sonnenuhren usw.

Auch durch Veränderungen unserer mentalen Zustände, unserer Gedanken, unserer mentalen Bilder usw. sind wir uns des Laufes der Zeit bewusst, und zwar sowohl im wachen Zustand als auch im Traum. Ohne Veränderungen in der

äußeren Welt, die sich in unserem Bewusstsein als Wahrnehmungen solcher Veränderungen darstellen, oder ohne Veränderungen in unseren mentalen Zuständen würde die Zeit für uns nicht existieren. Daraus folgt: In der ewigen, unveränderlichen Realität, für die und in der keine äußere Welt war oder manifestiert ist, die in einen unbewussten und traumlosen Schlaf eingehüllt ist, wie im ersten Aphorismus dargestellt, für solch eine Realität kann Zeit nicht existieren – Zeit würde sich nicht darbieten – Zeitlosigkeit würde sein, bis die Veränderungen wieder einsetzen würden.

Daher wird der Student die bedeutungsvolle Wahrheit der Aussage des ersten Aphorismus verstehen: »Es gab keine Zeit, denn die Veränderungen hatten« für die ewigen, in den Schlaf der kosmischen Nacht eingehüllten Eltern »noch nicht begonnen.« In Anbetracht der Natur der Zeit und der Abwesenheit von Veränderung während der kosmischen Nacht der ewigen Eltern ist es ist nicht möglich, dies anders aufzufassen. Der Student wird verstehen, wenn ewige Existenz und die Abwesenheit von Veränderung gegeben sind, müssen wir notwendigerweise reine Dauer und die Abwesenheit von Zeit feststellen. Es gibt kein logisches Entrinnen aus dieser Schlussfolgerung.

Der erste Aphorismus besagt weiter: *»Es gab keine Dinge, denn Form hatte sich noch nicht wieder gebildet.«*

Auch hier sind wir mit einer unausweichlichen Überzeugung konfrontiert. Ein Ding ist »etwas, das existiert oder als existent wahrgenommen wird, als eine getrennte Einheit und als ein trennbares oder unterscheidbares Objekt des Denkens«. Jedes Ding muss Form manifestieren. »Form ist (1) das Gebilde oder die Struktur von irgendetwas, ausgezeichnet durch das Material, aus dem es besteht, also die Ausstat-

tung oder Gestalt von irgendetwas; (2) die Art einer Handlung oder der Manifestation von irgendetwas für die Sinne oder den Intellekt Wahrnehmbares; (3) die Ansammlung von Qualitäten, die ein Konzept bilden, oder die innere Struktur, die ein existierendes Ding zu dem machen, was es ist.«

Genauer gesagt, ein Ding muss dafür geeignet sein, dass es als Komposition von Qualitäten oder Eigenschaften, die von anderen Dingen unterscheidbar sind, gedacht oder vorgestellt werden kann. Also muss jedes Ding Form manifestieren, damit es von den Sinnen oder vom Intellekt als ein Ding registriert und wahrgenommen werden kann. Das schlafende Elternpaar – das unendliche Nicht-Manifestierte – kann keine Form manifestieren oder irgendeine bestimmte Qualität oder Eigenschaft von Manifestation nachweisen oder darstellen, wenn es in seinem Zustand der Nicht-Manifestation ist. Wenn das schlafende Elternpaar in die Roben der Manifestation schlüpft, dann fährt es fort, die Erscheinung von Dingen zu manifestieren. Jedes dieser Dinge weist eine Form und bestimmte Qualitäten oder Eigenschaften auf, die sie von anderen manifestierten Dingen unterscheiden. Es ist ein metaphysischer und philosophischer Grundsatz, dass das Nicht-Manifestierte (in seiner essenziellen Natur) nicht als irgendeine Zusammensetzung oder im Besitz von Qualitäten oder Eigenschaften gedacht oder manifestiert werden kann. Und es kann nicht als im Besitz (in seiner essenziellen Natur) von zwei entgegengesetzten Qualitäten oder Eigenschaften gedacht werden, denn »Gegensätze heben einander auf« und »Antinomien bedingen sich nicht«.

Anstatt Qualitäten oder Eigenschaften – oder Form in jeglicher Bedeutung des Begriffs – zu besitzen, muss das Nicht-Manifestierte als etwas betrachtet werden, dass die Möglichkeit unendlicher Manifestation von Formen, Qualitäten und Eigenschaften in ihren Manifestationen besitzt, oder als die unendliche Möglichkeit der Manifestation von Formen, Qualitäten und Eigenschaften in ihren manifestierten Dingen. Das Nicht-Manifestierte kann nicht als Ding gedacht werden, weder in sich selbst noch durch das Symbol für unendlichen Raum. Es muss eher, wie ein erleuchteter okkulter Meister es ausgedrückt hat, als »ein omnipräsentes, ewiges, grenzenloses und unveränderliches Prinzip« betrachtet werden, »in Anbetracht dessen jegliche Spekulation unmöglich ist, da es den Umfang menschlicher Konzepte überschreitet und von jeglichem menschlichen Ausdruck oder Ähnlichem nur eingeschränkt werden würde. Es ist jenseits des Bereichs und der geistigen Fassungskraft der Gedanken – es ist undenkbar und unaussprechlich.«

In der Epoche der kosmischen Nacht ist nichts gegenwärtig außer dem unendlichen Manifestierten. Daher ist es einsichtig, dass »es keine Dinge gab, denn Formen hatten sich noch nicht entwickelt«. Aus dieser logischen Schlussfolgerung gibt es kein Entrinnen.

Im ersten Aphorismus heißt es weiter: *»Es gab keine Handlung, denn es gab keine Dinge zu behandeln.«*

Diese Aussage erfordert eine geringfügige oder gar keine Erklärung. Da Dinge nicht vorhanden waren, gab es keine Dinge zu behandeln. Denn jegliche Handlung des Unendlichen muss durch, von oder in Dingen geschehen. Jegliche Handlung erfordert Veränderung. Und wo es keine Veränderung gibt, kann keine Handlung sein. Doch darf nicht gedacht werden, dass das unendliche Nicht-Manifestierte machtlos ist, denn es birgt alle Macht in sich; es darf nicht gedacht werden, dass es bewegungslos ist, denn es ist abstrakte Bewegung in sich selbst.

In endlichen Begriffen gesprochen kann gesagt werden,

dass die ewigen Eltern im Zustand der unendlichen Nicht-Manifestation wohnen, in einem Zustand solch unendlicher Bewegung, die mit relativer Bewegung verglichen in einem Zustand absoluter Ruhe ist.

Im ersten Aphorismus heißt es weiter: *»Es gab keine Gegensatzpaare, denn es gab keine Dinge, die Polarität manifestierten.«*

Wie jeder Philosophiestudent weiß oder wissen sollte, manifestiert jedes Ding eine Kombination von Qualitäten oder Eigenschaften. Jede Qualität oder Eigenschaft ist ein Teil eines Gegensatzpaares – ein Pol von zwei Polen von Qualitäten, die immer gegenwärtig sind. Einer gegebenen Qualität oder Eigenschaft von Dinglichkeit folgt notwendigerweise, dass in anderen Dingen ein Gegensatz existiert oder ein anderer Pol – seine Antithese. Es gibt keine Ausnahme von dieser Regel, und obwohl der Gegensatz anfangs abwesend zu sein scheint, wird eine sorgfältige Suche ihn ganz bestimmt offenbaren. Seine notwendige Existenz muss logischerweise behauptet werden.

Dadurch erhalten wir die folgenden bekannten Gegensätze: hart und weich, heiß und kalt, groß und klein, weit und nah, oben und unten, Tag und Nacht, Licht und Dunkelheit, lang und kurz usw. Sogar wenn unsere Sprache einen bestimmten Begriff für das Gegenteil einer entdeckten Qualität oder Eigenschaft nicht zu liefern vermag, kann das Gegenteil durch die Verneinung der beobachteten Qualität oder Eigenschaft ausgedrückt werden.

Einige Denker haben versucht, den Begriff »unendlich« einzubeziehen, eine Qualität oder Eigenschaft, deren Gegensatz »endlich« ist. Aber dies ist lediglich ein Spiel mit Worten. Das Wort »unendlich« bedeutet einfach die Abwesenheit von Begrenzungen oder Form und zeigt keine Begrenzung oder Form an, egal wie weit ausgedehnt sie ist. Es ist unmöglich, ein mentales Bild des unendlichen Nicht-Manifestierten zu entwerfen oder ihm Gegenständlichkeit oder Form oder Qualität oder Eigenschaften irgendeiner Art anzuheften – also ist der Begriff »unendlich« kein wahrer Gegensatz. Nur wenn Manifestation beginnt, erscheinen die Gegensatzpaare oder Polaritäten.

Das unendliche Nicht-Manifestierte besitzt die Möglichkeit unendlicher Manifestationen, alles Objekte, von denen die Manifestation das eine oder andere aus irgendeiner gegebenen Zusammensetzung von Qualitäten und Eigenschaften darstellen muss. Aber für das unendliche Nicht-Manifestierte selbst – in seiner Essenz das ewige Elternpaar – gibt es keine Polarität oder die Präsenz irgendeines Gegensatzpaares.

Hier und auch an anderer Stelle wird der Student angeleitet, das unendliche Nicht-Manifestierte mittels des Symbols von unendlichem Raum zu denken, wann immer er irgendeine der Aussagen des ersten Aphorismus testen möchte.

Der erste Aphorismus sagt schließlich: *»Das ewige Elternpaar ruhte grundlos, unteilbar, unveränderlich, unendlich im unbewussten, traumlosen Schlaf. Außer den ewigen Eltern gab es nichts, weder real noch scheinbar.«*

Es ist ein selbst-evidentes Faktum, dass das ewige Elternpaar grundlos ist, denn es gibt nichts, das das ewige und ursprüngliche Sein, aus dem alle Manifestation fortschreitet, hätte verursachen können. Was ewig ist, muss notwendigerweise grundlos sein. Was unendlich ist, kann niemanden haben, der es verursacht hätte. Und es kann nicht aus oder durch nichts verursacht worden sein, denn aus nichts kommt nichts.

Dass das ewige Elternpaar untrennbar ist, ist ebenfalls selbst-evident, denn nichts, das in Teile oder Partikel einge-

teilt oder getrennt werden kann, muss zuerst, ursprünglich aus Teilen oder Partikeln zusammengesetzt sein. Und etwas, das aus Teilen oder Partikeln zusammengesetzt ist, muss lediglich eine Komposition von einem Aggregat, einer Sammlung oder einer Menge von solchen Teilen und Partikeln sein und daher nicht wirklich eine Entität oder Einheit. Darüber hinaus kann das Unendliche nicht in Teile oder Partikel aufgeteilt oder getrennt werden, ohne seine essenzielle Unendlichkeit zu verlieren – eine geteilte Unendlichkeit ist gar keine Unendlichkeit, sondern lediglich eine Sammlung oder Menge unendlicher Dinge. Von absoluter Unteilbarkeit muss wahre Einheit und unendliches Sein behauptet werden. Es gibt kein logisches Entrinnen aus dieser Schlussfolgerung.

Dass das ewige Elternpaar zu essenziellen Veränderungen nicht fähig ist, ist ebenfalls selbst-evident, denn obwohl es möglicherweise eine unendliche Veränderung *manifestiert,* muss es in der Essenz doch immer es selbst bleiben und niemals etwas anderes als es selbst. Da es im Wesentlichen nicht aus Qualitäten oder Eigenschaften zusammengesetzt ist, kann es die Veränderungen, die aus der Verlagerung der entgegengesetzten Pole entstehen, nicht nachvollziehen. Und da es keine Form hat, kann es die Veränderung, die aus der Veränderung der Form entsteht, nicht erfahren. Von dem ewigen Elternpaar muss absolute Unbeweglichkeit behauptet werden. Es gibt kein logisches Entrinnen aus dieser Schlussfolgerung.

Dass das ewige Elternpaar unendlich ist, ist ebenfalls selbstevident. Es muss unendlich sein, denn es gibt nichts, von dem es begrenzt, definiert, eingeschränkt, verursacht oder beeinflusst werden könnte, nichts das darauf einwirken könnte. Was absolut, ursprünglich, endgültig und elementar ist, kann keine Bindung, begrenzende Bedingungen oder Dinge haben. Von den ewigen Eltern muss absolute Unendlichkeit behauptet werden. Es gibt kein logisches Entrinnen aus dieser Schlussfolgerung.

Dass das ewige Elternpaar im unbewussten, traumlosen Schlaf ruhte, wird von allen fortgeschrittenen Metaphysikern und Philosophen als logische Notwendigkeit betrachtet, wenn wir die Existenz einer Epoche oder eines Zustandes von Nicht-Manifestation postulieren. Denn wie Psychologen und Philosophen wissen, ist Bewusstsein (auch in Form von Träumen) ohne Veränderung nicht möglich. Ein unveränderlicher Bewusstseinszustand kann nur als Unbewusst-Sein ausgedrückt werden. Und doch darf der Student nicht dem Fehler verfallen zu glauben, dass dieses unendliche Unbewusst-Sein ein minderwertiges Bewusstsein impliziert, denn es impliziert eher einen über das gewöhnliche Bewusstsein erhobenen Zustand – einen Zustand unendlichen Super-Bewusstseins – einen Zustand transzendierenden Bewusstseins, in dem die Möglichkeit von Bewusstsein immer gegenwärtig ist, ohne es zu aktivieren. Das gewöhnliche Bewusstsein ist ein *Abstieg* aus diesem Zustand des Unbewusst-Seins, kein *Aufstieg.* Diese Unterscheidung ist wichtig und darf vom Studenten nicht aus den Augen verloren werden.

Wie wir gegenwärtig entdecken, wenn Manifestation in Erscheinung zu treten beginnt, kann dann und nur dann gesagt werden, dass das ewige Elternpaar zu »träumen« beginnt – von einer Unendlichkeit von Universen, die in rhythmischen Sequenzen aufeinanderfolgen. Und nur wenn das ewige Elternpaar ganz aus dem Traum erwacht sein wird, in die helle Mittagszeit unendlichen Selbst-Bewusstseins, darf es als vollkommen »erwacht« und bewusst gedacht werden. Während wir mit der Betrachtung der Aphorismen fortfahren, werden sich diese Tatsachen von selbst entfalten.

»Außer dem ewigen Elternpaar gab es nichts, weder real noch scheinbar.« Hier haben wir wieder eine selbst-evidente

Wahrheit. Es kann kein anderes wahres Sein gegeben haben – kein anderes außer der unendlichen und absoluten Realität –, denn das Prädikat der Unendlichkeit und des Absoluten trägt die implizierte Eigenschaft von Allein-Sein, Eins-Sein und Einmalig-Sein in sich. Es kann außer der unendlichen Realität kein anderes reales Sein geben. Und in der Abwesenheit von Manifestation kann es in der Phase der unendlichen Nicht-Manifestation kein scheinbar (d. h. manifestiertes oder erschaffenes Ding oder Dinge) existierendes Ding gegeben haben. Es gibt kein logisches Entrinnen aus dieser Schlussfolgerung.

Schließlich wird der Student noch einmal gebeten, sich für diese Betrachtung des unendlichen Nicht-Manifestierten das Symbol des unendlichen Raumes zu Hilfe zu nehmen, wann immer er es schwierig oder fast unmöglich findet, die Wahrheit der Aussagen zu erfassen, die in dem ersten Aphorismus enthalten sind, die das ewige Elternpaar im Zustand des unendlichen Nicht-Manifestierten – in der kosmischen Nacht – betreffen. Das Symbol wird als vollkommen adäquat empfunden werden, um das unendliche Nicht-Manifestierte zu denken zu gestatten, obwohl es natürlich unmöglich ist, ein mentales Bild zu entwerfen, weder von dem Symbol noch von der Realität, die es repräsentiert.

Edgar Allen Poe hat von dem Gedanken und Konzept des Unendlichen und ähnlichen Bemühungen des menschlichen Geistes, das Undenkbare zu denken, so schön gesagt: »Die Worte, die dem am nächsten kommen, und einige andere Ausdrücke, von denen in fast allen Sprachen ein Äquivalent existiert, ist auf keinen Fall der Ausdruck einer Idee, sondern die Bemühung darum. Es steht für den möglichen Versuch, etwas Unmögliches zu fassen. Der Mensch brauchte einen Begriff, mit dem er in die *Richtung* seiner Bemühungen weisen konnte – die Wolke, hinter der für immer unsicht-

bar das *Objekt* seines Versuches liegt. Es wurde ein passendes Wort gebraucht, durch das sich ein Mensch mit einem anderen Menschen und mit einer gewissen Tendenz des menschlichen Intellekts unmittelbar in Beziehung setzen kann. Daraus entstand dieser Begriff, der also etwas darstellt, was nur der *Gedanke von einem Gedanken* ist.

Tatsache ist, dass der Mensch, der ein Recht hat zu sagen, er denke überhaupt, sich nicht an ein bestimmtes Konzept klammert, sondern seine geistige Vorstellung auf einen bestimmten Punkt des intellektuellen Firmaments richtet, wo ein unauflösbarer Nebel liegt. Das Rätsel zu lösen bemüht er sich nicht, denn er versteht instinktiv nicht nur sehr schnell, dass das nicht möglich, sondern in Anbetracht des Sinns des menschlichen Lebens auch nicht so wichtig ist. Er sieht sofort, dass es *außerhalb* der Reichweite des menschlichen Gehirns liegt, und sogar *wie,* wenn auch nicht genau *warum,* es außerhalb liegt.«

Daher wird in den geheimen Lehren der Rosenkreuzer nicht der Versuch unternommen, die Essenz der ewigen Eltern zu *definieren* – es wird in der Tat gehalten, wie es der Geist des viel gelobten Aphorismus des Spinoza ausdrückt, der sagt: »Das Unendliche zu *definieren* ist das Unendliche zu *verleugnen.«* Wenn sie sich weigern, den ewigen Eltern die endlichen Qualitäten und Eigenschaften der Persönlichkeit zuzuschreiben, wollen die Rosenkreuzer damit nicht implizieren, dass die unendliche Realität *unter* der Persönlichkeitsebene liegt, sondern eher dass sie so unermesslich viel *höher* als diese Ebene ist und so jegliche Persönlichkeit unendlich überschreitet, dass es kindisch ist, in Begriffen von Persönlichkeit von ihnen zu denken oder zu sprechen.

Eminente Denker waren der Auffassung, dass sogar der begrenzte Intellekt des Menschen in der Lage ist, einen Grad von Intelligenz zu erreichen, der höher ist als der intelligen-

teste Mensch, und zwar um so viel höher, wie Letzterer über einer Küchenschabe steht. Da das so ist, kann leicht gesehen werden, dass dies für solch eine Kraft, für die die Manifestation solch eines hohen Grades intelligenten Seins möglich ist, nur einen geringen Kraftaufwand erfordert. Und diese Intelligenz muss in ihrer essenziellen Natur so unendlich über der Ebene einer menschlichen Persönlichkeit stehen, dass es quasi eine Beleidigung ist, einen solchen Menschen als Persönlichkeit zu betrachten.

Wie in dieser Betrachtung des ersten Aphorismus häufig gesagt wurde, kann der Zustand des Seins der unendlichen und absoluten Realität – der ewigen Eltern – während dieses Zustandes der unendlichen Nicht-Manifestation nicht mit Worten ausgedrückt werden, da er über Worte hinausgeht. Es kann nur symbolisch daran gedacht werden – mittels des einzig möglichen Symbols, und zwar dem des unendlichen Raumes. Auch symbolisiert kann nur in Begriffen von Negation daran gedacht werden. Denn im Zustand absoluten Seins (von dem Hegel sagt, dass er praktisch mit Nicht-Sein identisch ist, wenn der Begriff »Sein« im Sinne von endlich, bedingt und qualifiziertem Sein gebraucht wird) kann nicht gedacht werden, dass er irgendeine der Qualitäten oder Eigenschaften von Dingen besitzt. Daher kann dieser Seins-Zustand nur durch den Gebrauch negierender Begriffe all der Qualitäten und Eigenschaften, die der Mensch den Dingen zuschreibt, ersonnen werden, und zwar auch solcher Dinge, die gefühlt werden anstatt verstanden und die sogar die entferntesten Grenzen mentaler Bemühungen darstellen.

Edwin Arnold hat in seinem wunderschönen Gedicht *Die Leuchte Asiens* das buddhistische Konzept dieser über die Gedanken hinausgehenden Essenz der unendlichen Realität mit folgenden Worten ausgedrückt:

Om Amataya! Miss nicht mit Worten das Unermessliche,
Noch suche den Faden der Gedanken in das Unergründliche.
Wer fragt, der irrt; wer antwortet, irrt; sage nichts!
Kann ein Seher mit sterblichen Augen sehen?
Oder irgendein Sucher mit vergänglichem Verstand wissen?
Ein Schleier nach dem anderen wird gelüftet – doch es muss dahinter noch Schleier über Schleier geben!

Und so betrachten die Rosenkreuzer das Faktum des unendlichen Nicht-Manifestierten – die absolute Essenz – nur mithilfe des Symbols des unendlichen Meeres des reinen Raumes, der im Zustand absoluter Stille und absoluter Transparenz ruht, durch die das sterbliche Auge schaut und NICHTS zu sehen scheint, von dem die erleuchtete Intuition jedoch weiß, dass es Alles ist anstatt Nichts – absolutes und unendliches Sein anstatt Nichts – unendliches Leben anstatt Tod!

Obwohl es mit sterblichen Sinnen nicht erfasst werden kann und die größten Bemühungen des Intellektes und der Imagination es zu begreifen oder zu schauen übersteigt, informieren uns doch die höchsten Gedanken reiner Vernunft, dass es gegenwärtig sein muss, und die höchsten Erfahrungen intuitiven Vertrauens machen es unmöglich, seine All-Gegenwart und Realität zu bezweifeln. Für die Nichtwissenden und Halbwissenden, scheint dieses Symbol vielleicht keine Bedeutung zu haben, doch von den Erleuchteten und wahrhaft Weisen wird es als die Darstellung des absoluten ALLES der Realität gesehen. Betrachten sie dieses Symbol des unendlichen Raumes also mit Ehrfurcht, denn es stellt unsere höchsten (wenn auch schwachen) Bemühungen dar, die Natur der unendlichen Essenz des Seins auszudrücken!

KAPITEL 3

DIE SEELE DER WELT

In der geheimen Lehre der Rosenkreuzer finden wir den folgenden zweiten Aphorismus:

Der zweite Aphorismus

Der Keim innerhalb des kosmischen Eies nimmt Form an. Die Flamme ist wieder entzündet. Die Zeit beginnt. Ein Ding existiert. Handlung beginnt. Die Gegensatzpaare springen ins Sein. Die Weltenseele ist geboren und erwacht zur Manifestation. Die ersten Strahlen des neuen kosmischen Tages berühren den Horizont.

In diesem zweiten Aphorismus der Schöpfung, wird der Rosenkreuzer dazu geführt, seine Aufmerksamkeit auf das Konzept der Weltenseele zu richten – die erste Manifestation der ewigen Eltern. Die Weltenseele – die erste Manifestation – wird von den Rosenkreuzern von dem Symbol eines Kreises dargestellt, der im Zentrum einen schwarzen Punkt hat. Der Kreis stellt natürlich das unendliche Nicht-Manifestierte dar und der schwarze Punkt stellt den Brennpunkt der neuen Manifestation dar – den »Keim innerhalb des kosmischen Eies«, wie die alten Okkultisten die Idee poetisch ausgedrückt haben.

Das Konzept der Rosenkreuzer der Seele der Welt – der ersten Manifestation – stimmt mit ähnlichen Konzepten unterschiedlicher Formen der ältesten okkulten Lehren von mehreren großen esoterischen Schulen der Philosophie überein. In einigen Philosophien ist es als »Anima Mundi« oder als »Leben der Welt«, »Seele der Welt« oder »Weltengeist« bekannt. In anderen ist es als »Logos« oder »Das Wort« bekannt, in anderen als »Demiurg«. Der Geist des Konzeptes ist dies: Aus der nicht-konditionierten Essenz der unendlichen Nicht-Manifestation erhob sich eine elementare und universelle Seele, umhüllt von den Gewändern der dünnsten, elementarsten Formen der Materie, die das Potenzial und die latente Möglichkeit aller zukünftigen Universen des neuen kosmischen Kreises oder kosmischen Tages in sich barg. Von der Weltenseele wird im zweiten Aphorismus als »dem Keim im kosmischen Ei« gesprochen, solange dieser als der winzige Keim innerhalb des Eies betrachtet wird, der allmählich an Größe und Komplexität zunimmt und Form und Aktivität bildet.

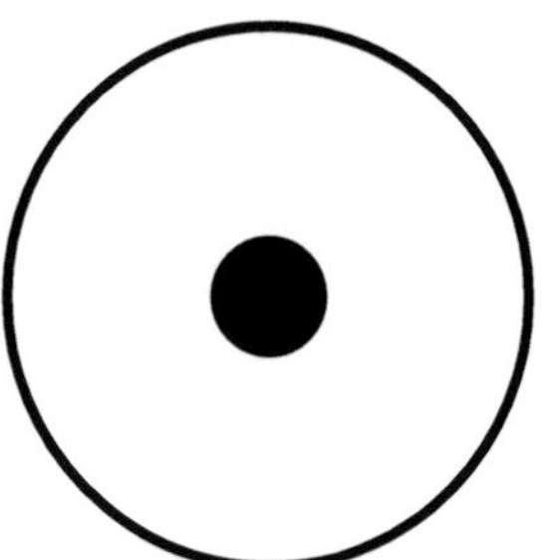

Abb. 4: Symbol der neugeborenen Weltenseele
(»Der Keim im inneren des Eies«)

Das Symbol des kosmischen Eies, dessen beseelter Keim die Weltenseele ist, ist ein sehr altes und im Gebrauch der antiken Welt weit verbreitetes Symbol. Ein hervorragender Okkultist

hat gesagt: »Woher kommt dies universelle Symbol? Das Ei war als ein sakrales Zeichen Teil der Kosmogonie aller Menschen auf der Erde und wurde sowohl aufgrund seiner Form als auch aufgrund seines inneren Mysteriums verehrt. Seit den frühesten mentalen Konzepten der Menschheit war es als das bekannt, was den Ursprung und das Geheimnis des Seins am erfolgreichsten darstellte. Die allmähliche Entwicklung des unbemerkbaren Keims in der geschlossenen Hülle; das innere Arbeiten, das aus dem latenten Nichts ein aktives Etwas erschuf, ohne jegliche offensichtlich von außen eingreifende Kraft und ohne Wärme speichern zu müssen. Der Keim hat sich allmählich zu einer konkreten lebenden Kreatur entwickelt, seine Schale zerbrochen und ist für die äußeren Sinne aller Wesen, die sich selbst erzeugt und selbst erschaffen haben, in Erscheinung getreten. Das muss seit Anbeginn ein ständig bestehendes Wunder gewesen sein.«

Die geheime Lehre erklärt den Grund für diese Bezugnahme auf die Symbole der prähistorischen Völker. Am Anfang hatte die »erste Ursache« keinen Namen. Später stellte man sie sich entsprechend der Fantasie der Denker als einen ewig unsichtbaren Vogel vor, der ein Ei ins Chaos fallen ließ, aus dem das Universum entstand. Also wurde Brahma »Kalahansa« (der »Schwan der Ewigkeit«) genannt, der zu Beginn eines jeden Mahamavantara (Weltenzyklus) ein »goldenes Ei« legte. Das versinnbildlicht den großen Kreis oder das O, das selbst ein Symbol für das Universum und seine sphärischen Körper ist.

Die erste Manifestation des Kosmos in Form eines Eies war die am weitesten verbreitete Überzeugung der Antike. Dieses Symbol war von den Griechen, Syriern, Persern und Ägyptern übernommen worden. In einem ägyptischen Ritual wird von dem Gott der Zeit und der Erde gesagt, dass er ein Ei oder ein Universum gelegt hat. Ra wird wie Brahma als schwanger mit dem Ei des Universums gezeigt. Bei den Griechen war das orphische Ei ein Teil der dionysischen und anderer Mysterien, während derer das irdische Ei gesegnet und seine Bedeutung erklärt wurde. Das Christentum – insbesondere die griechischen und lateinischen Kirchen – hat dieses Symbol voll und ganz übernommen und sieht darin eine Erinnerung an das ewige Leben oder an die Erlösung und Wiederauferstehung. Das wird durch den Kult um die »Ostereier« bestätigt. Von dem Ei der paganen Druiden bis zu dem roten Osterei der Slawen hat sich ein Kreis geschlossen. Und doch, ob im zivilisierten Europa oder bei den erniedrigten Völkern Zentralamerikas, finden wir denselben archaischen, einfachen Gedanken, wenn wir nur danach suchen und die ursprüngliche Idee des Symbols – in der Überheblichkeit unserer eingebildeten geistigen und physischen Überlegenheit – nicht entstellen.

Das Konzept der Weltenseele, so darf gesagt werden, ist in der einen oder anderen Form der Interpretation und unter verschiedenen Namen quasi universal. In vielen philosophischen Schulen der Antike wurde gelehrt, dass es eine Anima Mundi oder Weltenseele gab, von der alle individuellen Seelen offensichtlich abgetrennte (obwohl nicht wirklich getrennt) Einheiten sind. Die Überzeugung, dass alles Leben eine Einheit ist, wird durch fast alle der besten antiken Philosophien ausgedrückt. Und in der Tat darf gesagt werden, dass sie in subtil versteckten Formen auch die Basis der besten modernen Philosophien bildet.

In dem philosophischen Konzept des Logos finden wir eine andere, weiterentwickelte Form desselben fundamentalen Konzeptes. Der Begriff »Logos« trat erst durch die Philosophie des Heraklit von Ephesus hervor, wo er als das Gesetz der Natur erscheint, als das Objektive in der Welt, Ordnung schaffend und die Bewegung von Dingen regulierend. Der Logos formte einen wichtigen Teil des stoischen philosophischen Systems. Das aktive, der Welt innewohnende Prinzip wurde

Logos genannt. Der Begriff wurde ebenfalls als Bezeichnung für die universale, produktive Ursache verwendet.

Eine Autorität auf dem Gebiet der Geschichte der Philosophie hat über das Konzept des Logos gesagt: »Der Logos, ein vermittelndes Sein zwischen Gott und der Welt, wird durch die Welt der Sinne zerstreut. Der Logos existiert nicht seit Ewigkeiten, wie Gott, und doch ist seine Schöpfungsgeschichte nicht wie die unsere und die aller anderen erschaffenen Wesen. Er ist der von Gott Zuerst-Erschaffene und ist für uns unvollkommene Wesen fast wie ein Gott. Durch die Vermittlung des Logos erschuf Gott die Welt.«

In dem philosophischen Konzept des Demiurgen finden wir eine andere Form desselben grundlegenden Konzeptes. Demiurg war der Name, den die platonischen Philosophen einem erhabenen und mysteriösen Mittler gegeben hatten, durch den Gott das Universum angeblich geschaffen hat. Er war mit dem Natur-Gott der Pantheisten verwandt und mit der »lebendigen Natur« anderer philosophischer Schulen. Der Demiurg war das Leben der Welt oder das universelle Leben, von dem all die unzähligen Leben endlicher Kreaturen nur wie Funken einer Flamme oder wie Wassertropfen im Ozean sind. Und doch war das Konzept des Demiurgen im wahrsten Sinne nicht mit dem Gottes identifiziert, sondern war eher ein Konzept der ersten großen Manifestation Gottes, durch die er die Welt erschafft und erhält.

Die Idee eines universellen Willens, einer ursprünglichen Manifestation Gottes, die im Herzen der Natur existiert und daran arbeitet, das Universum aufzubauen und zu erhalten, kann in vielen modernen Philosophien gefunden werden. Der englische Philosoph Ralph Cudworth hat versucht diese Konzeption in seiner Idee des »Plastick Life of Nature« anzudeuten, er sagt: »Es scheint nicht so stimmig zu sein, dass die Natur als ein von der Gottheit unterschiedenes Ding weitgehend verdrängt oder als bedeutungslos dargestellt werden sollte, während Gott selbst alles sofort und wunderbar erledigt. Daraus würde folgen, dass alles entweder mit Zwang und Gewalt oder nur künstlich gemacht ist und nichts von alledem durch irgendein innewohnendes, eigenes Prinzip. Diese Ansicht wird weiterhin durch den langsamen und graduellen Vorgang der Entstehung der Dinge widerlegt, der dann als eitler und müßiger Pomp oder als verspielte Äußerlichkeit erscheinen würde, wenn die bewegende Kraft omnipotent wäre, wie auch von dem Verpfuschten und den Fehlern, die begangen werden, wo die Materie unpassend und widerspenstig ist, was dafür spricht, dass die bewegende Kraft nicht unaufhaltsam ist und die Natur solch ein Ding ist, das insgesamt nicht unfähig (wie auch die menschliche Kunst) ist, von der Widerspenstigkeit der Natur manchmal entmutigt und enttäuscht zu sein. Wohingegen eine omnipotente bewegende Macht ihre Arbeit in einem Moment liefern könnte, sie immer unfehlbar und unaufhaltsam machen würde, wobei keine Albernheiten und kein Eigensinn der Natur jemals in der Lage sind, so jemanden zu behindern oder ihn etwas verpfuschen oder stümperhaft machen zu lassen.

Also, da weder alle Dinge zufällig oder durch den führungslosen Mechanismus der Natur erschaffen werden, noch von Gott selbst vernünftigerweise angenommen werden kann, dass er alle Dinge sofort und wunderbar macht, darf daraus geschlossen werden, dass es unter ihm eine gestaltende, formgebende Natur gibt, die als nachrangiges und untergeordnetes Instrument widerstrebend diesen Teil seiner Vorsehung vollzieht, die aus einer regelmäßigen und geordneten Bewegung der Materie besteht. Außerdem muss eine höhere Vorsehung anerkannt werden, die den Vorsitz führt, die oft Defektes liefert und davon manchmal etwas verwirft, da die gestaltende Natur weder selektiv noch nach Gutdünken handeln kann.«

Andere philosophische Schulen, bemerkenswerterweise auch die von Schopenhauer, haben die Gegenwart eines universellen Geistes (dessen bedeutendste Eigenschaft Wunsch-Wille ist) postuliert, von dem das Universum der Kreaturen ausgegangen ist. Von diesem universellen Geist wird behauptet, dass er von Sehnen, Begierden, Suche und strebenden Wünschen erfüllt ist, um sich selbst in der phänomenalen Welt auszudrücken. Schopenhauer nennt das »den Lebenswillen«. Er wird eher als instinktiv anstatt intellektuell beschrieben, aber als Intellekt erschaffend, durch den er seinem Zweck des Selbstausdrucks besser dienen kann. Andere Philosophen haben sich an dem Konzept Schopenhauers orientiert und es mit unterschiedlichen Modifikationen fortgeführt. Dieselbe Idee wurde von einigen der alten buddhistischen Philosophen ausgedrückt. Der Begriff »Lebenswille« wird gebraucht, um die essenzielle Natur des universellen Geistes auszudrücken. Doch es muss angemerkt werden, dass der universelle Geist in solchen Philosophien eher als das ewige Elternpaar betrachtet wird anstatt als deren erste Manifestation. In gleicher Weise postuliert eine bestimmte Schule von Denkern die Existenz einer »lebendigen Natur«, die sich selbst in zahllosen lebenden Kreaturen und Dingen ausdrückt – danach besitzen alle Dinge im Universum in irgendeiner Form und in irgendeinem Grad Leben, wie die Rosenkreuzer es in der Tat auch sagen.

Doch es muss immer betont werden, dass die Weltenseele in der geheimen Lehre der Rosenkreuzer nicht als die unendliche Realität betrachtet wird, sondern lediglich als ihre erste Manifestation, aus der alle folgenden Manifestationen hervorgehen und in der sie sich schließlich wieder auflösen. Die Weltenseele ist nicht ewig, sondern im Gegenteil, sie erscheint und verschwindet entsprechend des Rhythmus der kosmischen Nacht und des kosmischen Tages.

Der zweite Aphorismus sagt: *»Die Flamme ist wieder entzündet.«* Die dunkle Nacht zerbirst durch die Form der Weltenseele noch einmal in die Flamme hinein, und das neue Universum beginnt.

Er sagt auch: *»Die Zeit beginnt.«* Das wird als wahr gesehen, weil die Veränderungen begonnen haben, und Veränderung ist die Essenz der Zeit und die Zeit ist das Maß für Veränderung.

»Ein Ding existiert.« Und zwar weil die Weltenseele in Wahrheit ein Ding ist mit all den Charakteristika von Dinglichkeit. Es kann in positiven Begriffen definiert und beschrieben werden. Es kann mit Logik betrachtet werden und durch intellektuelle Begriffe, obwohl es in der Vorstellung vielleicht nicht bildhaft erscheinen kann.

»Aktion beginnt.« Denn seit den ersten Anfängen des Keims im kosmischen Ei erscheint die Manifestation von Aktivität, Bewegung und Veränderung. Die Weltenseele ist in konstanter und ununterbrochener Aktivität – vom Moment ihrer schwächsten Dämmerung bis zum Moment ihrer letzten Zuckungen.

»Die Gegensatzpaare springen ins Sein.« Da jegliche Dinglichkeit von der Präsenz der Gegensatzpaare begleitet ist – von den im Kontrast zueinanderstehenden Qualitäten – ergibt sich, dass seit dem ersten schwachen Atem der Weltenseele die Differenzierung beginnt und sich die Polarität der Qualitäten darstellt.

»Die Weltenseele ist geboren und erwacht in die Manifestation hinein.« Die Weltenseele erwacht seit dem Moment ihrer Geburt

in die aktive Manifestation hinein. Während sie den treibenden Drang des Lebenswillens und des Ausdrucks in sich findet, schreitet sie mit einem elementaren Instinkt sofort voran, um die Manifestation höherer und komplexerer Lebensformen und Handlungen vorzubereiten.

»Die ersten Stahlen des neuen kosmischen Tages erscheinen am Horizont.« Mit der Ankunft der Weltenseele beginnt in der Tat der neue kosmische Tag und schreitet ohne Unterbrechung voran, bis ihn die Schatten der kosmischen Nacht in zyklischer Folge noch einmal überholen.

Die Lehre der Rosenkreuzer sagt, dass die Weltenseele keine Seele ohne Körper ist, sondern dass sie in das Gewand der dünnsten und ätherischsten Substanz gekleidet ist – in eine Substanz, die viel feiner und ätherischer ist als der härteste Stahl oder Granit. Aus dieser ätherischen Substanz webt die Weltenseele Körper für ihre Manifestationen, sogar die dichtesten Formen von Materie – und sogar die dünnen, körperlichen Formen der höheren Lebensformen, weit entfernt von unserer vergleichsweise groben irdischen Ebene.

Die Rosenkreuzer regen an, nicht von der Weltenseele zu denken, dass sie von den ewigen Eltern aus dem Nichts geschaffen wurde. Und es ist noch weniger richtig zu denken, dass sie durch Teilung oder Trennung aus der substanziellen Essenz der ewigen Eltern erschaffen worden ist (solche Ideen werden als logisch unmöglich und trügerisch erachtet). Im Gegenteil, man geht davon aus, dass die Weltenseele als eine *Idee* der ewigen Eltern existiert – so wie wir in einem Traum oder in einer Träumerei ein Ding vielleicht so sehen wie im wahren Sein. Oder mit anderen Worten gesagt, die Weltenseele existiert sogar lediglich als ein *Bild* in der unendlichen Imagination der ewigen Eltern und ist letztendlich nichts als ein *Schatten der Realität* und nicht die Realität selbst.

Von der Weltenseele darf gesagt werden, dass sie in der Morgendämmerung des kosmischen Tages wie ein gerade aus dem tiefen Schlaf erwachter Träumer ist, der versucht das Bewusstsein von sich selbst wiederzuerlangen. Sie weiß nicht, was sie ist, noch weiß sie, dass sie nur eine Idee der ewigen Eltern ist. Wenn sie ihre Gedanken mit Worten ausdrücken könnte, würde sie sagen, dass sie immer war, vor dem Moment aber im Schlaf war. Sie fühlt den Drang nach Ausdruck und Manifestation in sich selbst, einhergehend mit Bewusstsein und Instinkt. Dieser Drang ist ein Teil ihrer Natur und ihres Charakters und durch den Inhalt der Idee der ewigen Eltern in sie eingepflanzt worden, wodurch sie zum Leben erwacht ist. Wie ein neugeborenes Baby ringt sie nach Luft und beginnt, ihre Gliedmaßen zu bewegen. Und während sie ringt und sich bewegt, erhält sie Resonanz aus ihrer gesamten Natur, und ihr aktives Leben beginnt. Und hier verlassen wir die Weltenseele, die nach Luft ringt und versucht, ihre Gliedmaßen zu bewegen, für einen Moment (bildlich gesprochen natürlich). In dem folgenden Aphorismus wird ihre Zukunft dargelegt.

KAPITEL 4

DAS UNIVERSELLE ANDROGYNE

In den Lehren der Rosenkreuzer finden wir den folgenden dritten Aphorismus:

Der dritte Aphorismus

> Aus dem Einen wurden Zwei. Das Neutrum wurde zweigeschlechtlich. Maskulin und feminin – die Zwei in Einem – entwickelten sich aus dem Neutrum. Und die Arbeit der Schöpfung begann.

In diesem dritten Aphorismus der Schöpfung wird der Rosenkreuzer dazu geführt, seine Aufmerksamkeit auf das Konzept der Weltenseele zu richten – die erste Manifestation der ewigen Eltern – als ein zweigeschlechtliches, universelles Wesen. Dieses zweigeschlechtliche, universelle Wesen, das die Elemente und Prinzipien von beidem, dem Maskulinen und dem Femininen, in sich kombiniert, ist in den Lehren der Rosenkreuzer als »der universelle Hermaphrodit« und als »das universelle Androgyne« bekannt.

Der Begriff »Hermaphrodit« wird wie folgt definiert: »Ein Individuum, das die Geschlechtsmerkmale von beidem, dem Maskulinen und dem Femininen, besitzt.« Der Begriff ist durch das Zusammenfügen der beiden Namen Hermes und

Aphrodite entstanden. In Gebrauch kam der Begriff in der Antike durch die Legende von Hermaphroditus, dem Sohn des Hermes, und Aphrodite, die, während sie badete, mit der Nymphe Salmacis einen Körper bildete. Der Begriff »das Androgyne« ist definiert als: »Ein Individuum, das die Attribute von beidem, dem Maskulinen und dem Femininen, besitzt.« Der Begriff ist durch die Kombination zweier griechischer Worte entstanden, »Andros« bedeutet »Mann« und »Gyne« bedeutet »Frau«.

Die Vorstellung von Zweigeschlechtlichkeit in der universellen Manifestation oder im universellen Sein wird in der antiken esoterischen und okkulten Philosophie in allen Ländern überall angetroffen. Im antiken Griechenland, im antiken Indien und im antiken Atlantis, in Persien und Chaldäa formte dieses Verständnis einen wichtigen Teil der inneren Lehren. In ihren höchsten Formen lag diese Lehre in der Tiefe des Herzens der antiken Mysterien und war Ausdruck der höchsten und nobelsten Auffassung von der Würde und dem Wert der Geschlechtlichkeit. Doch von einem missbrauchenden und vulgären, gewöhnlichen Geist, von der herabwürdigenden Priesterschaft unterstützt, wurden diese Lehren verdreht und als Basis verschiedener degenerierter Phasen phallischer Verehrung benutzt, deren Spuren auf jeder Seite alter philosophischer oder religiöser Geschichte zu finden sind. Die Rosenkreuzer sind in ihrer Auffassung dem Abstieg in die Phallus-Verehrung niemals auch nur im Geringsten gefolgt, sondern im Gegenteil, sie haben die Flamme der wahren Lehre lebendig erhalten, und sie benutzen ihr besonderes Symbol als unverwechselbaren symbolischen Namen und als Emblem ihres Ordens.

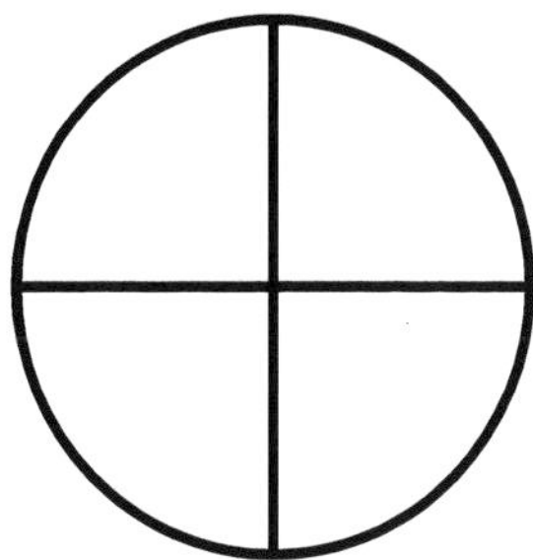

Abb. 5: Symbol des universellen Androgynen

Abb. 6: Symbol des phallischen Kreuzes

Um die Symbolik des universellen Androgynen zu verstehen, ist es wichtig, sich zuerst mit den beiden antiken Symbolen der Geschlechtlichkeit vertraut zu machen. In allen antiken Philosophien und Religionen finden wir das Kreuz (+) als Symbol der Männlichkeit und den Kreis (O) als Symbol für das Weibliche. Um das Zweigeschlechtliche, Hermaphrodit und Androgyn, darzustellen, werden die beiden Symbole, das Kreuz und der Kreis, auf die eine oder andere Art und Weise kombiniert. Die ursprüngliche Art und Weise war, das Kreuz in den Umfang des Kreises zu setzen. Doch später wurden verschiedene Formen des sogenannten »phallischen Kreuzes« benutzt, das aus dem Kreis oder Oval besteht und das Kreuz beibehält, das sich nach unten hin fortsetzt (siehe

Abbildung). Manchmal wird das Kreuz als der Buchstabe »T« dargestellt und der Kreis als der Buchstabe »O«.

Im dritten Aphorismus heißt es: *»Aus dem Einen wurden Zwei. Das Neutrum wurde zweigeschlechtlich. Maskulin und feminin – die Zwei in Einem – entwickelten sich aus dem Neutrum. Und die Arbeit der Schöpfung begann.«*

In diesem Aphorismus wird zu dieser äußerst wichtigen Lehre der Rosenkreuzer ein Hinweis gegeben, der das universelle Prinzip der Geschlechter in der Natur betrifft – die Präsenz und Aktivität der geschlechtlichen Gegensatzpaare, männlich und weiblich, die das Geheimnis der Schöpfung ausmachen. Der geheimen Lehre der Rosenkreuzer zufolge sind die Aktivitäten eines männlichen und eines weiblichen Prinzips in der gesamten Schöpfung gegenwärtig, beide von ihrer Natur her, in ihrem Charakter und in ihrem Ausmaß universell – beide sind entgegengesetzte Aspekte der Weltenseele, die agieren und reagieren, das eine auf das andere. Und so erzeugen sie jegliche kreative Aktivität und das »kosmische Werden« oder die universelle Aktivität und Veränderung. Die Lehren besagen auch, dass diese beiden geschlechtlichen Prinzipien auf allen Ebenen des Lebens arbeiten und sich manifestieren, vom Bereich unter den Mineralien zum Reich der Mineralien, zu den Pflanzen, zu den Tieren, zum Menschen, zum höchstentwickelten Menschen bis zum Reich der Engel oder Gott-Ähnlichen. Ebenso ist die Aktivität der Geschlechter in der Schöpfung in allem gegenwärtig und manifestiert.

Die obige Aussage über die Universalität der Geschlechtlichkeit scheint vielleicht überraschend für jemanden, der sich mit den alten Weisheiten der esoterischen Schulen noch nicht bekannt gemacht hat oder der mit den wagemutigen Vorstel-

lungen fortgeschrittener moderner Wissenschaft nicht vertraut ist. Aber für jemanden, der die alten Weisheitslehren gemeistert hat und der gleichfalls mit den besten, modernen, fortgeschrittenen, wissenschaftlichen Überlegungen vertraut ist, werden diese Aussagen nichts Befremdendes haben. Die antiken Lehren haben ganz klar gesagt, dass Geschlechtlichkeit in der gesamten manifestierten Schöpfung gegenwärtig und aktiv war. Und die moderne Wissenschaft beginnt, die Existenz der Geschlechtlichkeit in allen Dingen als schlüssig bewiesen zu akzeptieren.

Die antiken Lehren, die später in die frühen Lehren der Rosenkreuzer Eingang gefunden hatten, beinhalteten, dass es eine Re-Aktion auf eine Aktion gegeben haben muss – das Spiel einer Krafteinwirkung auf eine andere Kraft, damit es ein Werden, Veränderung und Schöpfung geben kann. Und die besten Lehren der Antike besagen, dass diese beiden polaren Kräfte in der Natur maskulin und feminin waren bzw. duale Aspekte des universellen Seins. Und die moderne Wissenschaft ist beschleunigt auf dem Weg, dieselbe großartige Wahrheit zu erkennen und zu lehren.

Die besten Lehren der modernen Wissenschaft besagen, dass es eine stimulierende oder befruchtende Aktivität in der Natur gibt, die auf die erschaffende Kraft reagiert, wobei Letztere auf die Vorhergehende reagiert. Und am anderen Ende der materiellen Skala finden wir die Lehre der Entdeckung, dass das Atom (früher für die letztendliche Form der Materie gehalten) aus einer Vielzahl von Elektronen, Korpuskeln oder Ionen (unterschiedliche Namen für dieselbe Sache) besteht, die in Höchstgeschwindigkeit umeinander kreisen. Früher wurde angenommen, dass die Elektronen einfach umeinander rotieren und dass alle in ihrem Charakter und von ihrer Natur her gleich sind. Aber spätere Entdeckungen haben gezeigt, dass die Formation der Atome eher durch die Aktion vieler kreisender positiver (oder maskuliner) Elektronen um ein zentrales negatives (oder feminines) Elektron entsteht, wobei die positiven (oder maskulinen) Elektronen anscheinend eine eigenartige Wirkung auf das negative (oder feminine) Elektron ausüben. Sie bringen es dazu, bestimmte Energien auszuschütten, die zum »Sich-Erschaffen« der atomaren Struktur führen.

Es steht in vollkommener Übereinstimmung mit der alten Lehre der Rosenkreuzer, dass der positive magnetische und elektrische Pol maskulin und der negative Pol entsprechend feminin ist (denn beide waren den antiken Alchemisten wohlbekannt). Doch leider werden die Begriffe »positiv« bzw. »negativ« mit falschen Implikationen gebraucht, wodurch viel Verwirrung entsteht. Zum Beispiel wird der Begriff »positiv« gebraucht, um Stärke und Realität zu bezeichnen, wohingegen Schwäche und Unrealistisches dem Begriff »negativ« zugeordnet werden. Doch die wirklichen Fakten der Naturwissenschaften führen uns die Unrichtigkeit solcher Interpretationen der Begriffe vor Augen. Der sogenannte »negative« Pol einer Batterie ist tatsächlich der Pol der Erschaffung bzw. Produktion neuer Formen und Energien.

Autoritäten auf diesem Gebiet ziehen es heute vor, den Begriff »Kathode« für den »negativen« Pol zu gebrauchen. Das Wort »Kathode« kommt aus dem Griechischen und bedeutet »Abstieg, »der Weg der Erschaffung« usw. Aus der Kathode einer Batterie steigen die großen Schwärme von Elektronen auf. Und aus demselben Pol kommen auch die wundervollen Strahlen, die in der modernen Physik eine so wichtige Rolle gespielt haben. Die Kathode einer Batterie ist die Mutter all der seltsamen Brut neuer Formen der Materie, die aufgetaucht sind, um die alten materialistischen Theorien zu widerlegen und um die alten wissenschaftlichen Konzepte zu zerstören. Die Kathode sollte der Realität und Wahrheit entsprechend

der »feminine Pol« genannt werden und der »positive Pol«, die Anode, der »maskuline Pol«, denn diese Begriffe benennen ihre wahre, besondere Aufgabe.

Die moderne Wissenschaft lehrt auch, dass die Elektronen, die aus negativer (femininer) Elektrizität bestehen, häufig von ihren maskulinen Korpuskel-Gefährten getrennt werden und eine unabhängige Laufbahn beginnen. Sie suchen die Vereinigung mit einem maskulinen Korpuskel, und wenn sie sie erreicht haben, hat ein neuer Zyklus kreativer Aktivität begonnen. Wenn sich das feminine Korpuskel mit einem neuen maskulinen vereinigt, taucht ein eigenartiges Phänomen auf. Die Korpuskel beginnen zu schwingen und umeinander zu kreisen, und das Ergebnis ist die Geburt eines neuen Atoms, in dem die maskulinen und femininen Energien in einem bestimmten Verhältnis zueinander verbunden sind. Das auf diese Weise geformte Atom manifestiert nicht die Eigenschaften von freier Elektrizität, sondern manifestiert eine völlig neue Zusammensetzung von Eigenschaften. Der Vorgang der Ablösung des femininen Elektrons wird »Ionisierung« genannt. Und aus solch einer Ablösung und der Formation neuer Vereinigungen entstehen die unterschiedlichen Phänomene von Hitze, Licht, Elektrizität, Magnetismus usw.

Genauso entstehen die unterschiedlichen Phänomene chemischer Anziehung und chemischer Abstoßung aus der Manifestation von Geschlechtlichkeit auf der atomaren Ebene, obwohl die Wissenschaft diese Realität noch nicht wahrgenommen hat. Die Wissenschaft lehrt, dass es »Hochzeiten«, »Scheidungen« und »Wiedervereinigungen« unter den Atomen gibt. Aber sie zögert, weiter zu gehen und zu versichern, dass dies Teil der universellen Manifestation von Geschlechtlichkeit ist. Doch diese Erklärung muss mit der Zeit kommen, denn der Beweis ist überwältigend überzeugend. Die explosiven Eigenschaften bestimmter Substanzen ergeben sich tatsächlich aus einer »Scheidung« atomarer und molekularer Teile – der Trennung der weiblichen und männlichen Teile unter dem Einfluss einer stärkeren Anziehung. Und die Formation unterschiedlicher Substanzen ergibt sich aus der Anziehung und Vereinigung bestimmter maskuliner und femininer Elemente der Materie. In der Alchemie war diese Tatsache immer bekannt. Die moderne Wissenschaft muss die »Eingebungen« der alten Alchemisten in Bezug auf dieses wichtige Faktum der Natur noch untermauern und bestätigen.

Die Wissenschaft hat die Manifestation der Geschlechtlichkeit sowohl im Reich der Pflanzen als auch im Reich der Tiere immer anerkannt. Doch dem Reich der Mineralien wurden die Vorzüge der Manifestation des universellen Prinzips der Geschlechtlichkeit nicht zugestanden. Doch neuere Entdeckungen haben Wissenschaftlern die Tatsache aufgezwungen, dass es bei der Kristallisation von Mineralien unfehlbare Beweise von der Präsenz und Aktivität der Geschlechtlichkeit gibt. Und in der nahen Zukunft wird herausgefunden werden, dass all die anderen Veränderungen in Mineralien das Ergebnis von geschlechtlicher Anziehung oder Abstoßung sind. Wie wir in dem folgenden Kapitel dieses Buches sehen werden, ist die Aktivität der Geschlechtlichkeit auch im mentalen Bereich des Lebens gegenwärtig.

Kurz, auf allen Ebenen des Lebens – den physischen, mentalen oder spirituellen – ist die Präsenz und Aktivität des universellen Prinzips der Geschlechtlichkeit in dem einen oder anderen Entwicklungsstadium oder der einen oder anderen Form zu finden. Die Geschlechtlichkeit der Natur ist unübersehbar.

Das Universum ist zweigeschlechtlich und alle Schöpfung auf allen Ebenen sind durch Geschlechtlichkeit erschaffen, und zwar nur durch Geschlechtlichkeit. Ein umfassendes Verständnis dieser Tatsache würde die Konzepte moderner

Wissenschaft revolutionieren und viele ausführbare Ideen ermöglichen, die jetzt lediglich als Träume im Geist fortgeschrittener Wissenschaftler existieren. Denen, die dies nicht klar sehen können, möchten wir sagen: Es wird zugestanden, dass alle physischen und mentalen Phänomene auf den Aktivitäten des Gesetzes der Anziehung beruhen. Wenn entdeckt worden ist, dass das Gesetz der Anziehung auf der ganzen Linie durch Geschlechtlichkeit funktioniert, und zwar nur durch Geschlechtlichkeit, dann wird gesehen werden, dass jegliche Aktivität geschlechtliche Aktivität ist.[1]

Wäre die Weltenseele ein Neutrum geblieben, dann gäbe es keine universelle Manifestation der Schöpfung. Dass das Prinzip der Geschlechtlichkeit erscheinen würde, war notwendig, damit die Schöpfung beginnen konnte. Nur durch die ständige und ununterbrochene Aktion und Reaktion der beiden geschlechtlichen Prinzipien in der Natur sind Schöpfung, Prozesse, Werden und Veränderung möglich. Und da alle Dinge das Ergebnis von Veränderung, Prozessen, Werden und Schöpfung sind, folgt daraus, dass es ohne Geschlechtlichkeit keine Dinge im Universum geben würde – und dass sogar die Weltenseele bis zum Ende ihrer Tage abgeschieden, allein und für sich geblieben wäre. Durch die Einführung der Geschlechtlichkeit entstand der Beginn der Erschaffung und der Schöpfung, wodurch der Eine zu Vielen wurde und die Gleichförmigkeit zu Variation und Vielfältigkeit. Die antiken Lehren liefern die einzig logische Erklärung für die Schöpfung. Aus dem Einen werden Zwei und aus den Zweien kommen die Vielen hervor.

---

1 Im Sinne von Dualität und Polarität. Siehe auch die Ausführungen von Thorwald Dethlefsen (Informationen am Ende des Buches), der umfassend über den wichtigen Aspekt von Polarität und Einheit referiert hat. (Anm. d. Hrsg.)

KAPITEL 5

DAS EINE UND DIE VIELEN

In der Lehre der Rosenkreuzer finden wir den folgenden vierten Aphorismus:

Der vierte Aphorismus

Das Eine wird zu Vielen. Die Einheit wird zur Vielfalt. Das Identische wird zur Unterschiedlichkeit. Und doch bleiben die Vielen das Eine. Die Vielfalt bleibt in der Einheit. Und die Unterschiedlichkeit bleibt identisch.

In diesem vierten Aphorismus der Schöpfung wird der Rosenkreuzer dazu geführt, seine Aufmerksamkeit auf das Konzept der Weltenseele zu richten – die erste Manifestation der ewigen Eltern – das Eine, das die Vielen manifestiert; eine Einheit, die sich als Vielfalt manifestiert; eine Identität, die sich als Variation manifestiert und die trotz dieser Manifestationen doch immer Eins, Einheit und dieselbe Identität bleibt.

Das Konzept der Weltenseele, die sich selbst als Vielfältigkeit, Unterschiedlichkeit und als Variationen manifestiert und doch immer Eins, Einheit und identisch bleibt, wird von den Rosenkreuzern durch das Symbol eines kleinen Kreises in einem größeren Kreis dargestellt, wobei der kleinere Kreis von kleinen Punkten bzw. Zentren der Manifestation ange-

füllt ist. Der äußere Kreis ist natürlich das unendliche Nicht-Manifestierte und der kleinere Kreis die Weltenseele. Die kleinen Punkte sind die individualisierten Zentren des Lebens, des Seins und der Aktivitäten, die von der Weltenseele manifestiert worden sind.

Dass alle Wesen in Wahrheit nur Ausdruck des einen Seins sind – Zentren von Bewusstsein, Form und Aktivität in sich selbst – ist ein fundamentaler Lehrsatz aller okkulten und esoterischen Lehren. Dass alles Sein Eins ist, alles Leben Eins, alle Form Eins, alles Bewusstsein Eins, ist allen wahren Schülern der okkulten und esoterischen Lehren der Vergangenheit und der Gegenwart, im Abendland und im Morgenland, Philosophen und Theologen bekannt. Hinter und unter den orthodoxen und exoterischen Lehren versteckt ist das Bestehen auf der essenziellen Einheit, Teil der inneren Lehren aller Schulen.

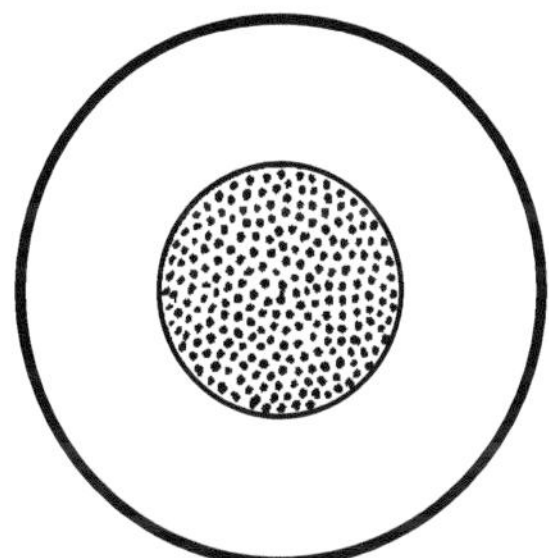

Abb. 7: Symbol der Vielen in dem Einen

Dass es nur ein Leben gibt und nicht viele Leben, ist eine fundamentale Aussage aller okkulten und esoterischen Glaubensrichtungen. Ferner darf von dem einen Leben nicht angenommen werden, dass es sich selbst spaltet und sich in Stücke, Teile und Partikel aufteilt, um den Schöpfungsvorgang und die Manifestation der Welt zu vollbringen. Stattdessen muss es eher so betrachtet werden, dass es sich in den vielen individuellen Spiegeln des Ausdrucks nur selbst reflektiert, so, wie sich die Sonne in den Millionen von fallenden Regentropfen oder in den Millionen kleinen, mit Wasser gefüllten Gläsern als Eins selbst reflektiert. Es gibt Millionen Reflexionen des Einen, aber nur den einen Einen in der Realität. Oder um ein anderes Bild zu gebrauchen, kann man sich den Einen als einen unendlichen Ozean des Seins vorstellen, in dem Millionen kleiner Blasen sind, jede offensichtlich getrennt für sich allein, aber sie alle sind in der Realität Zentren von Aktivitäten und Ausdruck in dem einen großen Ozean.

Getrenntsein ist, um es mit den Worten eines Autors zu sagen »eine Fiktion zur Arbeit der Schöpfung«. All die offensichtlich getrennten Dinge sind in dem Kreis der Weltenseele enthalten – und Letzterer ist in dem Kreis unendlicher Nicht-Manifestation enthalten.

Dieses esoterische Verständnis der Vielen in dem Einen und dem Einen in Vielen ist ein fundamentales Konzept der antiken esoterischen und okkulten Lehren. Doch wird dieselbe Wahrheit von der modernen, fortgeschrittenen Wissenschaft durch ihr Konzept der universellen Substanz in anderer Form dargestellt. Die Wissenschaft postuliert die Existenz einer universalen Substanz, die unter vielen Namen bekannt ist und aus der alle Dinge hervorgehen. Es ist nicht wichtig, ob diese universelle Substanz »Ursprungssubstanz« oder »unendliche und väterliche Energie« oder »universeller Äther« genannt wird. Es bleibt eine Tatsache, dass die Wissenschaft ihre Existenz als ein fundamentales, substanzielles Etwas benennt, in dem und von dem alle Formen und Phasen phänomenaler Existenz nur Manifestationen sind. Auch jene Schulen transzendentaler Philosophie, die die Existenz eines universellen Geistes postulieren, lehren, dass alle Formen und Phasen phänomenaler Existenz nur Gedankenformen des universellen Geistes sind. Und die alten brahmani-

schen Lehren teilen ebenfalls die Auffassung, dass die Vielen nur als Vorkommnisse aus dem Traum oder der Meditation des hohen Gottes Brahma existieren.

In allen Formen, Phasen und philosophischen Schulen finden wir das Vorkommen der Präsenz und Existenz Eines Etwas, von dem alles andere nur eine Manifestation ist. In der Tat haben uns die weisesten Philosophen dahingehend informiert, dass der ganze Sinn der Philosophie darin liegt, den einen bedingungslosen Grund von allem, was bedingt existiert, zu entdecken. Alle Philosophien, die diesen Namen verdienen, sind in ihrer Essenz monistisch. Eine führende Autorität der Geschichte der Philosophie informiert uns: »Monismus ist streng genommen eine Bezeichnung, die für alle Gedankensysteme anwendbar ist, die im Universum die Manifestation oder das Werk eines einzigen Prinzips sieht. Eine solche Einheit mag gleichzeitig die stillschweigende Voraussetzung und das Ziel aller philosophischen Wirkungen sein. Und so weit eine Philosophie es versäumt, die offensichtlich unabhängigen und sogar miteinander im Konflikt stehenden tatsächlichen Erfahrungen als Aspekte oder Elemente innerhalb eines größeren Ganzen zu harmonisieren, bleibt sie, so muss gesagt werden, hinter den notwendigen Idealen der Gedanken zurück. Dualismus ist in einer letztendlichen metaphysischen Bezugnahme das Eingeständnis des Versagens der Philosophie, ihre wahre Aufgabe zu erfüllen. Und dies ist die Rechtfertigung jener, die das Wort ständig als Begriff für einen Tadel verwenden.«

Und jetzt lassen Sie uns einen kurzen, vorläufigen Blick auf die Lehre der Rosenkreuzer werfen, und zwar in Bezug auf die Art und Weise, auf die der Eine vorging, um die Vielen zu werden – die Einheit zur Vielfalt – die Identität zur Variation werden zu lassen – und doch der Eine, die Einheit, die Identität der Weltenseele zu bleiben, unbeeinflusst und unverändert von ihrem Eintauchen in die Manifestation. Wir sehen die Evolution überall um uns herum. Doch wie alle Okkultisten und Wissenschaftler sehr gut wissen, muss jeder Evolution eine Involution vorausgegangen sein.

Während die moderne Wissenschaft ihre Entdeckungen im Zusammenhang mit der Evolution verfolgte, hat sie die Zwillings-Aktivität, die als Involution bekannt ist, fast völlig ignoriert. Das war bei den alten Okkultisten jedoch anders. Denn ihnen war die von einem modernen, frei heraus sprechenden Philosophen so überzeugend ausgedrückte Wahrheit wohl bekannt. Er sagte: »Man kann aus einer Sache nie etwas herausbekommen, was nicht schon darin enthalten ist.« Und für einen Schüler der esoterischen Lehren der Antike war jegliche Idee der Evolution, die nicht mit den die Involution betreffenden Lehren begann, wie ein Stück von Hamlet, in dem Hamlet keine Rolle spielte. Es gibt einen alten Spruch, der besagt: »Das, was evolviert ist, muss zuvor involviert gewesen sein.« In dieser einfachen Aussage ist der Inhalt einer bedeutenden okkulten Weisheit komprimiert.

Der Begriff »involvieren« bedeutet »einwickeln, verdecken, verstecken« usw. Der Begriff »evolvieren« bedeutet »auswickeln, entfalten, auspacken« usw. Mit diesem Wissen sieht der Schüler sofort, dass etwas, bevor es ausgewickelt, sich entfalten, ausgerollt werden kann, es zuvor eingewickelt, zusammengefaltet, eingerollt worden sein muss. Wir dürfen die Bedeutung, die diesen einfachen Begriffen anhaftet, nicht aus den Augen verlieren, egal wie viele hochtrabende Begriffe gebraucht werden, um diese zu ersetzen. Eine Sache bleibt dieselbe Sache, egal wie viele neue Namen ihr gegeben werden.

Wie gesagt drücken die esoterischen Lehren ganz klar und deutlich aus, dass es, bevor der wunderbare Vorgang der Evolution von einfachen zu komplexeren – von niedrigeren zu

höheren – Formen der Manifestation begann, eine Involution oder ein In-sich-hinein-Gehen der Weltenseele in die einfachen, groben, elementaren Formen der Materie gegeben hat. Die Schwingungen müssen zuerst heruntergefahren worden sein, bevor sie erhöht werden konnten.

Während die Weltenseele sogleich mit riesiger Geschwindigkeit und Kraft in den Abgrund der Manifestation eintauchte, erschuf sie materielle Gewänder aus dichtester und gröbster elementarer Materie. Heute ist uns diese extreme Form elementarer Materie nicht mehr bekannt, denn sie wurde auf diesem besonderen Planeten im Laufe der Evolution abgelegt. Auf anderen Planeten unseres Sonnensystems existiert sie jedoch noch. Diese Form oder die Formen elementarer Materie liegen unter der Ebene der Mineralien. Sie liegen so viel tiefer wie das gröbste der Wissenschaft bekannte Mineral im Verhältnis zu der am höchsten entwickelten Pflanze. In ihrer Beschaffenheit, Struktur und Dichte ist diese extreme Form elementarer Materie im Vergleich so viel gröber wie die niedrigste uns bekannte Form des Minerals im Verhältnis zu der höchsten Form ätherischen Dunstes oder strahlender, der modernen Wissenschaft bekannten Materie. Es ist müßig, diese Form der Materie beschreiben zu wollen, denn der gewöhnliche Geist kann sie in der Abwesenheit konkreter Illustration nicht erfassen.

Als der niedrigste Punkt auf der Skala der Involution erreicht war, bestätigte sich das Gesetz des Rhythmus selbst und das Aufwärtsklettern begann – die erste Bewegung der Evolution begann sich selbst zu manifestieren. Und genau an diesem Punkt begann die Manifestation dessen, was wir »Individualisation« nennen könnten oder »das Formen von Zentren der Aktivität und des Bewusstseins«. Die Weltenseele war in die Tiefe der Involution hinabgestiegen und begann dann, offensichtlich durch einen Abspaltungsprozess, aus

diesen Tiefen wieder aufzutauchen, in denen die aktiven neugeborenen Zentren der Aktivität sich selbst zu bestätigen begannen und sich zum Selbstausdruck aufwärtsbewegten. Die einfacheren Zentren, die die Okkultisten als Zentren der Aktivität in den Elektronen der Materie kennen, begannen Moleküle zu bilden. In dieser groben Materie war die Präsenz des Geistes selbstverständlich manifestiert, allerdings nur das schwächste Flimmern, denn die groben, die Materie umfangenden Hüllen haben die involvierten mentalen Prinzipien fast erstickt.

Als der Prozess der Evolution erst einmal begonnen hatte, schritt er schnell voran. Auf der Skala der Manifestation stiegen die Dinge höher und höher– in einem spiralartigen Vorgang überstieg jede Spirale die vorhergehende, und doch setzte sich jede offensichtlich im Kreis fort, wie alle fortschreitenden Dinge es tun. Die ersten Zeichen des Reiches der Mineralien begannen sich zu zeigen, aufgebaut auf der Basis der unter dem Mineral liegenden Form von Materie. Im Mineralienreich begannen sich höhere Formen des Lebens und des Geistes zu entwickeln, denn wie die Okkultisten wohl wissen, besitzen die Mineralien bis zu einem gewissen Grad beides – Leben und Geist. Und später erschienen dann die ersten Lebenszeichen der Pflanzen – Formen, die geringfügig über denen bestimmter Kristalle liegen.

Als die Temperatur auf der Erde einen Punkt erreicht hatte, bei dem im Allgemeinen angenommen wird, dass kein Leben möglich ist, gab es doch gewisse seltsame Lebensformen, die als halb mineralisch, halb pflanzlich beschrieben werden könnten. Diese Kristalle reproduzierten sich durch einen Abspaltungsvorgang und wuchsen aus dem Inneren heraus, wie die Pflanzen es tun. Diese Lebensformen bestanden aus denselben Materialien wie die Kristalle, aus denen sie sich entwickelten. Doch sie besaßen ein größeres Ausmaß

von Leben und Geist, und während sie aus einem Blickwinkel gesehen als Mineralien bezeichnet werden konnten, konnten sie aus einem anderen wahrhaftig als Pflanzen bezeichnet werden. Diese merkwürdigen Kreaturen sind wie auch alle anderen Zwischenformen verschwunden. Sie haben im Evolutionsprozess die Rolle von Brücken gespielt. Aber sie haben in den materiellen Körpern von beiden, Pflanzen und Tieren, ihre Spuren hinterlassen. Denn wir müssen uns daran erinnern, dass sogar die Körper der höchsten Lebensformen von Pflanzen und Tieren aus bestimmten chemischen Elementen zusammengesetzt sind, die aus dem Reich der Mineralien stammen, wie zum Beispiel Sauerstoff, Wasserstoff, Kohlenstoff, Stickstoff, Schwefel, Phosphor usw.

Die ersten Formen wirklichen Pflanzenlebens werden von den alten Lehren als eine jetzt ausgestorbene niedrige Form von Pflanzen beschrieben, von ihrer Erscheinung her kaum mehr als ein Kristall und doch die Charakteristika von Pflanzenleben manifestierend. Dann erschienen die Vorfahren dessen, was heute als »Chlomacea« bezeichnet wird, eine seltsame Gruppe niedriger Kreaturen, die die Charakteristika von beidem, pflanzlichem und mineralischem Leben einschließen, die sogar heute noch auf den Ablagerungen feuchter Felsen, auf der Rinde von Bäumen usw. gefunden werden. Aus dieser und einfacheren Kreaturen entwickelten sich die Vorfahren dessen, was heute »Bedecktsamige Pflanzen« genannt wird, oder die niedrigsten Formen von Pflanzenleben, und später die Vorfahren der »Nacktsamigen Pflanzen«, die wahrscheinlich die niedrigsten Formen tierischen Lebens sind, die der Wissenschaft heute bekannt sind.

Der Evolutionsprozess wird durch das ständige Streben von Leben und Geist in den Hüllen der Materie verursacht – das Streben, mehr und mehr von sich selbst auszudrücken und die Hüllen der Materie zu modellieren und in der Arbeit des

Selbstausdrucks zu nutzen. Protoplasma, die physische Basis von Pflanzen- und Tierleben, entwickelte sich auf diese Weise. Dann kam das einzellige Geschöpf, das den Schleim der Ozeane bewohnt. Dann erschienen Lebensformen, die aus Zellkolonien bestanden. Dann komplexere Formen von Zellkombinationen und so weiter und weiter, bis sich die höchsten uns heute bekannten Lebensformen entwickelten.

Schließlich entwickelte sich der Mensch, der dann begann, Geist und Gefühle zu verfeinern. Und damit fährt er immer noch fort. Doch der (heutige) Mensch ist nur in einem höheren Stadium des Evolutionsprozesses, und er wird wiederum von einem Super-Menschen der Zukunft abgelöst und der wiederum von gottähnlichen, engelhaften Kreaturen, wie sie auch heute in anderen und höheren Sphären existieren.

Doch erinnern Sie sich immer daran, dass es zwischen all den Millionen Arten von Lebensformen und den Millionen über Millionen über Millionen von Individuen, die diese Formen beseelen, keine wirkliche Trennung gibt. Alles Leben ist Eins – und alles Leben ist nur das Leben der Weltenseele. Daher haben wir in dem Symbol der Rosenkreuzer – die zahllosen Punkte innerhalb des kleineren Kreises, der wiederum in einen größeren Kreis eingeschlossen ist – das Bild der ewigen Eltern und ihrer ersten Manifestation, der Weltenseele, die sich in den zahllosen Lebensformen der Welt der Manifestation zeigt. Und der Prozess der Evolution schreitet immer noch fort. Es werden höhere und höhere Ausdrucksformen aus dem inneren des involvierten Wesens der Weltenseele hervorgehen, das immer danach strebt und darum ringt, sich selbst im Selbstausdruck zu manifestieren.

KAPITEL 6

DIE UNIVERSELLE FLAMME

In der geheimen Lehre der Rosenkreuzer finden wir den folgenden fünften Aphorismus:

Der fünfte Aphorismus

Das Eine ist die Flamme des Lebens. Die Vielen sind die Funken in der Flamme. Ist die Flamme erst einmal erleuchtet, dann entzündet sie alles in ihrer Sphäre. Das Feuer ist in allem und überall. Es gibt nichts Dunkles oder Kaltes in ihrer Sphäre.

In diesem fünften Aphorismus der Schöpfung wird der Rosenkreuzer dahin geführt, seine Aufmerksamkeit auf das Konzept des universellen Lebens zu richten – das Leben der Weltenseele, die alles in ihrer Sphäre der Existenz durchdringt. Diese Vorstellung der Weltenseele als ein flammendes Feuer von Leben, das im gesamten Universum in allen seinen Teilen besteht, wird von den Rosenkreuzern von dem Symbol eines mit flammendem Feuer gefüllten Kreises dargestellt.

In allen okkulten Lehren war das flammende Feuer immer ein Symbol für das Leben. Das ewige, universelle Feuer oder die Flamme, die alles in ihrem Einflussbereich entzündet und in ihrer Essenz doch immer unverändert und unvermindert

bleibt, war immer das beliebteste Symbol der Okkultisten für das universelle Leben in Manifestation. Wenn der Begriff »Geist« gebraucht wird, um »Leben« anzuzeigen, dann war die Flamme oder das Feuer immer das Symbol für »Geist«.

Für das Leben ist die Flamme tatsächlich das passendste Symbol, das man sich vorstellen kann. Denn während die Flamme immer gleich bleibt, ist sie doch niemals, nicht einmal in zwei aufeinanderfolgenden Sekunden, aus denselben Partikeln oder Funken zusammengesetzt. Die Flamme selbst bleibt in ihrer Essenz immer dieselbe und unverändert. Doch steht ihre Manifestation immer in Beziehung zu und wird begleitet von dem Erscheinen oder dem Verschwinden unzähliger kleiner Partikel materieller Substanz, die sie zu Funken entzündet, dann durch den Verbrennungsvorgang zerstört und durch andere Funken ähnlicher Natur ersetzt.

Abb. 8: Das Symbol der universellen Flamme des Lebens

Und so ist es mit dem universellen Leben. Es besteht in seiner Essenz immer gleichbleibend und unverändert fort. Und doch manifestiert es sich durch die unzähligen materiellen Formen, die kommen und gehen und wiederum von anderen Formen ersetzt werden, ständig selbst. Die Form erscheint, wird verbraucht und vergeht – doch die Flamme bleibt und überlebt alle Veränderungen. Wer tief in die esoterischen

Lehren eingetaucht ist, dem ist bewusst, dass es noch viele andere gute Gründe dafür gibt, warum die Flamme des Feuers das bestmögliche Symbol für das Leben ist. Doch es ist nicht angebracht, zu dieser Zeit und an dieser Stelle die weiteren Gründe zu vertiefen.

Früher wurde von der Wissenschaft gelehrt, dass das Universum aus zwei großen Kategorien von Dingen besteht, und zwar folgenden: (1) lebende Dinge und (2) leblose Dinge. Zu der ersten Kategorie gehörten alle Menschen und die Tiere, jedenfalls während der Zeit ihrer vitalen Existenz. Später wurden von der Wissenschaft die Pflanzen hinzugefügt, allerdings zähneknirschend. In die zweite Kategorie gehörten alle Dinge unter der Ebene der Tiere oder des Pflanzenreiches. Es wurde gelehrt, dass Mineralien, chemische Elemente usw. absolut leblos sind. Wer es wagte, diese allgemein akzeptierte Klassifizierung infrage zu stellen, wurde als inkompetent erachtet und nicht wert, ernsthaft in Betracht gezogen zu werden.

Doch die esoterischen Schulen und die Okkultisten haben immer auf dem Prinzip bestanden, dass es nichts Lebloses im Universum gibt – dass alles in irgendeiner Form, zu einem gewissen Grad oder in einer Phase von Leben erfüllt ist. Oh ja, die moderne Wissenschaft hat schließlich den Punkt erreicht, an dem sie in voller Übereinstimmung in diesem wichtigen Punkt den Okkultisten praktisch direkt ins Gesicht schaut. Die alte Vorstellung von einem halb leblosen Universum geht schnell vorüber, und die Vertreter der fortgeschrittenen Wissenschaft beginnen einander zuzuflüstern: »Das Universum ist als Ganzes und in all seinen Teilen lebendig.« Das ist aus wissenschaftlicher Sicht mit Sicherheit eine bemerkenswerte Veränderung.

Diese veränderte Auffassung der Wissenschaft wurde von Luther Burbank, dem »Zauberer des Pflanzenreiches«, folgendermaßen wunderschön ausgedrückt: »Alle meine Forschungen haben mich von der Vorstellung eines toten materiellen Universums, das von verschiedenen Kräften herumgeschleudert wird, weggeführt zu der eines Universums, das absolut alle Kraft, alles Leben, Seele, Gedanke, oder mit welchem Namen wir es benennen möchten, ist. Jedes Atom, Molekül, jede Pflanze, jedes Tier oder jeder Planet ist nur eine Verdichtung organisierter Einheiten von Kräften, die von stärkeren Kräften an ihrem Platz gehalten werden und dadurch eine Zeit lang verborgen bleiben, obwohl von unfassbarer Kraft strotzend. Alles Leben auf unserem Planeten ist sozusagen nur der äußere Rand dieses endlosen Ozeans von Kraft. Das Universum ist nicht halb tot, sondern ganz lebendig.«

Prof. Dolbear kommt bei seinen Annahmen allgegenwärtigen Lebens sogar auf den Äther des Raumes zurück, wenn er sagt: »Der Äther hat außer seiner Funktion bei Energie und Bewegung andere inhärente Qualitäten, aus denen unter passenden Umständen andere Phänomene wie z.B. Leben, Geist, oder was auch immer das Substrat enthält, erscheinen können.« Prof. Cope hat bekannt gegeben, dass »die Grundlagen des Lebens auf die Atome zurückgehen und vielleicht im universalen Äther zu finden sind«.

Saleeby sagt in seiner bekannten Arbeit über die Evolution, in der er die Arbeit von Herbert Spencer zu ihrer logischen Schlussfolgerung führt: »Leben ist *Potenzial* in der Materie. Lebensenergie ist kein einzigartiges Ding und zu einer bestimmten Zeit in der Vergangenheit erschaffen. Wenn es eine Evolution gibt, dann hat sich die lebende Materie durch natürliche Prozesse aus Materie entwickelt, die offensichtlich tot ist. Aber wenn Leben potentielle Materie ist, dann ist es tausendmal offenkundiger, dass Geist potentielles Leben ist. Der Evolutionist ist gezwungen zu glauben, dass Geist ein Potenzial in der Materie ist. (Ich nehme diese Wortwahl im

Moment an, aber nicht ohne zukünftige Kritik.) Eine mikroskopisch kleine Zelle, ein winziges Stückchen Materie, aus dem ein Mensch werden soll, hat das Versprechen und den Keim des Geistes in sich. Können wir nicht annehmen, dass die Elemente des Geistes in jenen chemischen Elementen – Kohlenstoff, Sauerstoff, Wasserstoff, Stickstoff, Schwefel, Phosphor, Natrium, Kalium, Chlor – gegenwärtig sind, die in einer Zelle gefunden werden? Nicht nur das, sondern wir müssen weiter gehen. Da wir wissen, dass jedes dieser Elemente und alle anderen aus einer nichtvariablen Einheit aufgebaut ist, dem Elektron, müssen wir behaupten, dass der Geist das Potenzial in der Einheit von Materie ist – in dem Elektron selbst. Es geht darum – die noble Wahrheit, die erstmals von Spinoza erkannt wurde – dass Geist und Materie das A und O dessen sind, was Goethe ›die lebendigen Gewänder Gottes‹ nannte. Beides sind sich ergänzende Ausdrücke der unergründlichen Realität, die beidem zugrunde liegt.«

Flammarion sagte: »Das Universum ist eine Dynamik. Das Leben selbst, von der rudimentärsten Zelle bis zu dem kompliziertesten Organismus, ist eine besondere Art der Bewegung, eine Bewegung, die von einer direkten Kraft bestimmt und organisiert ist. Die sichtbare Materie, die für uns im Moment für das Universum steht und die bestimmte klassische Lehren als Ursprung aller Dinge betrachtet – Bewegung, Leben, Gedanke –, ist nur ein leeres Wort ohne Bedeutung. Das Universum ist ein großartiger Organismus, kontrolliert von der Dynamik einer psychischen Ordnung. Der Geist schimmert durch jedes seiner Atome. Es ist Geist in allem, nicht nur in menschlichem und tierischem Leben, sondern auch in Pflanzen, in Mineralien und im Raum.« (Der Schüler muss sich immer daran erinnern: Wo Geist ist, da muss Leben sein, und wo Leben ist, da muss Geist sein. Daher die Wichtigkeit dieser Zugeständnisse der modernen Wissenschaft.

Haeckel macht in seinem Werk *Welträtsel,* das zuweilen die »Bibel des Materialismus« genannt wird, die folgende Aussage, die bemerkenswert ist, weil sie aus solch einer Quelle kommt: »Ich kann mir den einfachsten chemischen oder physischen Vorgang nicht vorstellen, ohne ihm Bewegungen der materiellen Partikel durch unbewusste Sinneseindrücke zuzuschreiben.« Noch einmal, er sagt: »Die Idee von chemischer Affinität besteht in der Tatsache, dass die unterschiedlichen chemischen Elemente die qualitativen Unterschiede in anderen Elementen wahrnehmen. Sie erfahren Freude und Abscheu im Kontakt miteinander und führen auf dieser Grundlage bestimmte Bewegungen aus.« Er fügt an anderer Stelle hinzu: »Die Sinneseindrücke und Reaktionen in Pflanzen und Tieren sind durch eine lange Serie evolutionärer Stadien mit einfacheren Formen von Sinneseindrücken verbunden, die wir in anorganischen Elementen finden, die sich durch chemische Affinität selbst offenbaren. Mit Anerkennung zitiert er folgende Aussage von Nageli: »Wenn die Moleküle etwas besitzen, das mit Sinneseindrücken zusammenhängt, wie weit entfernt auch immer, dann muss es unangenehm sein, ihren Anziehungen und Abstoßungen zu folgen, unangenehm, wenn sie gezwungen sind, es anders zu machen.«

Doch die moderne Wissenschaft stimmt den ältesten Auffassungen der Okkultisten, die das universelle Leben in der zuvor beschriebenen Weise betreffen, nicht nur durch allgemeine Aussagen zu, sie zitiert die Experimente und Entdeckungen führender Wissenschaftler, die in diese Richtung weisen, mit Anerkennung – Experimente, die die oben zitierten allgemeinen Aussagen beweisen. Lassen Sie uns ein paar dieser Experimente und Entdeckungen in den Laboratorien moderner Wissenschaft betrachten.

Die Wissenschaft hat in ihren Laboratorien sozusagen

Gegenstücke einer Kieselalge oder »lebendigen Kristalls« künstlich hergestellt – Kreaturen, die diesen Verbindungen zwischen mineralischen und tierischen Formen ähnlich sind. Die Kieselalgen sind kleinste geometrische Formen, die aus winzigen Schalen aus Silizium bestehen. Sie schließen einen winzigen Tropfen Plasma einem Klebstoff ähnlich ein. Diese Geschöpfe sind durch ein Mikroskop sichtbar und sie sind so klein, dass Tausende von ihnen auf einem Stecknadelkopf versammelt sein könnten. Sie sind Kristallen so ähnlich, dass eine sehr sorgfältige Untersuchung erforderlich ist, um sie von wirklichen Kristallen zu unterscheiden. Und doch sind sie lebendig und erfüllen alle Funktionen des Lebens.

Kristalle werden, wie Sie wissen, geboren, wachsen, leben und können durch Chemikalien oder Elektrizität getötet werden. Einige Forscher haben in bestimmten Kristallen Anzeichen elementarer geschlechtlicher Funktionen entdeckt. Ein wissenschaftlicher Autor sagte: »Kristallisation ist, wie wir jetzt lernen, nicht nur eine mechanische Zusammensetzung von toten Atomen – sie ist eine Geburt.« Der Kristall formt sich aus einer Mutter-Flüssigkeit und sein Körper wird systematisch aufgebaut, regelmäßig, einem klar definierten Muster oder Design folgend – dem Muster so genau entsprechend, wie die Körper der Pflanzen oder Tiere ihrem Muster entsprechen. Diese Gewissheit ist in der kristallenen kreativen Lebensaktivität gegenwärtig. Und der Kristall wächst nicht nur auf diese Weise wie eine Pflanze oder ein Tier, sondern er reproduziert sich selbst durch Trennung und Teilung, genauso wie die Individuen niedrigerer Formen von Pflanzenleben und Tierleben. Der entscheidende Punkt im Unterschied zwischen dem Wachstum und der Reproduktion von kristallinen Formen und der höherer Lebensformen wurde bisher wie folgt gesehen: Der Kristall erhält seine Nahrung von außen und baut seine körperliche Struktur auf seiner

Oberfläche auf, während die niedrigen Formen des Pflanzen- und Tierlebens ihre Nahrung auch von außen erhalten, ihre körperliche Struktur jedoch von innen her aufbauen. Wenn ein Kristall ein weiches Zentrum hätte und seine Nahrung auf die Weise des niedrigen Pflanzen- oder Tierlebens aufnehmen würde (von innen aufbauend), dann wäre es fast mit einer Kieselalge identisch. Oder wenn die Kieselalge von außen wachsen würde und ein hartes Zentrum hätte, dann könnte es als ein wahrer Kristall betrachtet werden. Also, wie Sie sehen, gibt es wirklich nur einen sehr kleinen Unterschied zwischen beiden. Und heute wird bei der Entdeckung künstlicher lebender Kristalle, die im Labor entwickelt werden, offensichtlich sogar diese Unterscheidung verwischt.

Sorgfältige wissenschaftliche Tests haben ergeben, dass es in Metallen so etwas wie eine Ermüdung der Elastizität gibt, die durch eine Ruhephase oder »Ferien« nachlässt. Das hat sich auch für Rasierklingen bewahrheitet, deren Schneiden sich durch eine kleine Ruhepause auch erholten und damit den alten »Aberglauben« von Benutzern von Rasierklingen bestätigten. Von Stimmgabeln wurde herausgefunden, dass sie ihre Vibrationskraft durch übermäßigen Gebrauch verlieren, während eine kleine Ruhepause sie wiederherstellt. Von Maschinen in Mühlen und Fabriken wurde herausgefunden, dass ihnen ein gelegentlicher »freier Tag« guttut. Von Metallen wurde entdeckt, dass sie Infektionen und anderen Krankheiten erliegen, und in einigen Fällen wurde herausgefunden, dass sie, wenn sie vergiftet waren, durch Gegengifte wiederhergestellt wurden. Von Fensterglas, insbesondere von buntem Kirchenfensterglas, wurde herausgefunden, dass es einer Infektionskrankheit erliegen kann, die sich von einer Scheibe zur anderen ausbreitet und die sich aus der Zersetzung der Substanz des Glases ergibt. Von Arbeiterwerkzeug wurde herausgefunden, dass es Müdigkeit erfahren kann und

nach einem gelegentlichen Urlaub oder längeren Ferien besser arbeitet. Jeder gut beobachtende Maschinist hat bei bestimmten Maschinen gewisse Veranlagungen festgestellt, auf die eingegangen werden muss.

Der beweiskräftigste wissenschaftliche Bericht zu diesem interessanten Thema, soweit uns bekannt, ist der, der die oft gelobte Reihe von Experimenten mit sogenannter nichtlebendiger Materie betrifft, die vor einigen Jahren durchgeführt wurde. Von dieser Reihe wird in dem Buch *Response in the Living and Non Living* von den Wissenschaftlern berichtet, die die Experimente unter Professor J. Chunder Bose von der Universität Kalkutta, der eine hohe Position in der wissenschaftlichen Welt innehatte, durchgeführt haben. Professor Boses Experimente sind in prominenten wissenschaftlichen Kreisen auf größtes Interesse gestoßen und waren bei der Erarbeitung von Schlussfolgerungen anderer Wissenschaftler, die dafür eintreten, dass »es so etwas wie tote Materie nicht gibt«, eine großartige Unterstützung.

Von der grundlegenden Aussage ausgehend, dass der beste und wahrhaftigste Test für die Präsenz von Leben die Reaktion der Materie auf externe Stimuli ist, hat Professor Bose gezeigt, dass sogenannte anorganische Materie, wie zum Beispiel Metalle, Mineralien usw., in vielen Fällen ähnlich wie die Materie, aus denen die Körper lebender Tiere, Pflanzen und Menschen bestehen, wenn nicht sogar genauso auf solche Stimuli reagieren. Er erfand gewisse sehr empfindliche Apparate, um solche Reaktionen zu registrieren und zu messen, deren Ergebnisse auf den Kurven eines sich drehenden Zylinders festgehalten wurden. Er benutzte in diesen Experimenten ein sehr empfindliches wissenschaftliches Instrument, das Galvanometer. Dieses registriert die schwächste Irritation von Nerven-Materie oder lebenden Muskeln. Die Experimente bewiesen, dass es auch die unterschiedlichen Mine-

ralien, Metalle usw. registrierte, die der Stimulation durch eine Kraft von außen ausgesetzt waren, wobei die Kurven und Spuren in beiden Fällen praktisch identisch waren.

Professor Bose berichtete, wenn er das Galvanometer an unterschiedliche Metallbarren anschloss, zeigten sie eine ähnliche Reaktion, wenn sie angeschlagen oder gedreht wurden. Je größer der Grad der im Metall verursachten Irritation war, desto größer war das Ausmaß der Reaktion. Es sollte bemerkt werden, dass die lebenden Nerven oder Muskeln in genau derselben Weise reagieren und registriert werden können. Und soweit das Instrument es anzeigte, war die Reaktion von Muskeln, Nerven, Metallen und Mineralien identisch. Genauso wie der Nerv nach häufig wiederholter Stimulation Ermüdung zeigte, konnte es auch vom Metall oder Mineral registriert werden.

Und genauso wie der Nerv oder Muskel die Erneuerung seiner Spannkraft nach einer Ruhepause erreicht hat, tat es auch das Metall oder Mineral. Auf alle Absichten und Zwecke hat die lebendige und nicht-lebendige Materie dieselbe Reaktion und denselben Beweis für Leben erbracht. Darüber hinaus haben die Instrumente, durch wiederholte Schocks verursacht so etwas wie »Tetanus« in den Metallen angezeigt. Auch konnte von der Genesung nach einer Ruhepause berichtet werden. Darüber hinaus haben mehrere Metalle aus anderen Gründen Ermüdung gezeigt. In einigen Fällen zeigten die Metalle die Wirkung von Giften und eine Erholung nach Verabreichung eines Gegenmittels, aber auch Zeichen von Erregung oder Intoxikation durch andere Formen der Stimulation.

Die Experimente haben auch gezeigt, dass Metalle einen schlafähnlichen Zustand manifestieren, dass sie getötet werden können, dass sie Erstarrung und Trägheit darstellen können, dass sie aufwachen und zu Aktivitäten erweckt wer-

den können, dass sie stimuliert, gestärkt, geschwächt oder in einen Rausch versetzt werden können, dass sie unter extremer Kälte oder Hitze leiden und dass sie genauso wie lebende Pflanzen und Tiere auf die Anwesenheit bestimmter Drogen reagieren. Ein Stück Stahl, das der Wirkung von Gift unterlag, zeigte auf dem feinen Instrument ein allmähliches Flattern und Schwächeln, das schließlich zum Tod führte, genauso wie ein Teil tierischer Materie oder ein Organ aus dem Körper eines Tieres oder ein Stückchen lebender Substanz des Planeten. Nach einer Wiederbelebung, bevor es zu spät war, reagierten beide, der Muskel und das Metall, allmählich. Eine höchst interessante Tatsache ist die Aussage des Experimentators, dass sogar das Gift, das dazu benutzt wurde, die Metalle zu töten, die gleiche Anfälligkeit auf das Wirken anderer Gifte zeigte und selbst durch Gifte »getötet« werden konnte. Im Fall dieser Metall-Tötungen jedoch war die molekulare Struktur offensichtlich nicht beeinträchtigt, ebenso wenig wie die ähnliche Struktur in tierischem Zellgewebe nicht beeinträchtigt ist. In beiden Fällen gab es offensichtlich eine Ursache von etwas im Inneren, das dazu führte, dass die Substanz aufhörte zu funktionieren, ein Etwas, das sehr wohl als eine »Seele« wie auch mit jedem anderen Begriff bezeichnet werden könnte.

Andere wissenschaftliche Laborexperimente haben höchst interessante Fakten, die die Produktion lebender Dinge aus nicht-lebender Materie betreffen, an den Tag gelegt. Dr. Charles Bastian aus London, England, hat mehr als fünftausend Mikrofotografien vorbereitet und ausgestellt, die die Evolution organischer, lebender Formen aus anorganischen, sogenannten »nicht-lebenden Formen« zeigen. Er sagt, dass er gewisse mikroskopisch kleine schwarze Punkte aus einer zuvor absolut klaren Flüssigkeit gewonnen hat, die sich allmählich vergrößern und in bestimmte Formen niedriger

Bakterien verwandeln. Professor Burke aus Cambridge, England, sagt, dass er aus einer sterilisierten Bouillon durch das Einwirken sterilisierten Radiumchlorids gewisse winzige lebende Körper produziert hat, die anschließend Wachstum und Reproduktion durch Teilung manifestiert haben.

Jeder Student der Chemie oder Physik ist mit sogenannter »metallischer Vegetation« vertraut, bemerkenswerterweise mit dem Fall des »Bleibaumes«, in dem die Erscheinung von Pflanzenformen auf einem Teil einer angesäuerte Lösung einer bestimmten metallischen Substanz manifestiert ist. Im Falle des »Bleibaumes« wird eine angesäuerten Lösung aus Bleiacetat in eine Flasche mit weitem Hals gefüllt. Von ihrem Korken hängt ein Stück Kupfer herab, an dessen Ende ein Stück Zink baumelt, das im Zentrum der Bleilösung hängt. Sobald der Korken auf der Flasche ist, beginnt etwas metallisches Blei auf dem Kupferdraht zu wachsen, das sehr feinem Moos ähnlich ist, allmählich Zweige entwickelt und Glieder und dann Blattverzierungen, bis sich schließlich ein Busch oder ein Baum gebildet hat. Andere Metalllösungen produzieren ähnliche Phänomene. Salpeter, das der Wirkung von polarisiertem Licht ausgesetzt ist, nimmt Formen an, die einer Orchidee ähnlich sind. Auf gefrorenen Fensterscheiben bilden sich Kristalle, die die Form von Blättern, Ästen, Blattverzierungen, Blüten, Blumen usw. annehmen. Viele Metalle neigen dazu, sich in Form von Gemüsepflanzen zu kristallisieren. Und das ist besonders bedeutsam, wenn wir uns daran erinnern, dass die moderne Wissenschaft beginnt, Kristalle als »fast lebend« zu betrachten, wie in dem vorhergehenden Absatz dieses Kapitels bemerkt.

Vor einigen Jahren enthielten wissenschaftliche Magazine Beiträge zu einem interessanten Experiment, das von einem deutschen Wissenschaftler durchgeführt wurde, der bestimmte metallische Salze verwendete. Der Wissenschaft-

ler setzte Salze der Aktivität eines galvanischen Stroms aus und war erstaunt zu entdecken, dass die Teile des metallischen Salzes begannen, sich in Pilzform – mit einem Stamm und einem schirmartigen Oberteil – um den (weiblichen) negativen Pol oder die Kathode der Batterie zu gruppieren. Diese metallischen Pilze erschienen zuerst transparent, entwickelten allmählich jedoch Farbe, wobei der Stamm schließlich die blasse Farbe von Stroh annahm, der Schirm hellrot wurde und unter der Oberfläche ein schwaches Rosa hervorschimmerte. Doch die aufregendste Besonderheit dieses Phänomens war, dass der metallische Pilz feine Adern oder Röhren im Inneren des Stammes hatte, durch die die Nahrung oder zusätzliches Material für das Wachstum transportiert wurde. Der Pilz wurde *von innen her ernährt,* wie das auch bei einem richtigen biologischen Pilz der Fall ist. Es schien, dass diese metallischen Pilze praktisch die eigentlichen Verbindungsstücke zwischen mineralischem und vegetativem Leben waren.

Wie an anderer Stelle in diesem Kapitel bereits gesagt wurde, steht die moderne Wissenschaft jetzt an der Schwelle (durch tatsächliche Beweise aus dem Labor) zu entdecken, dass es so etwas wie leblose Materie nicht gibt – und dass alles lebendig ist. Das haben die Okkultisten seit Tausenden von Jahren behauptet. Wie ein Autor sagte, scheint es wie im Fall des großen Tunnels durch die Alpen, wo die beiden Arbeitertrupps von beiden Seite des Berges beginnend schnell die Stelle erreichten, an der sie nur durch eine dünne Scheidewand voneinander getrennt waren, wo sie die Geräusche der Hämmer der anderen, die die dünne trennende Wand zwischen den beiden Trupps durchdrangen, schon schwach hören konnten. Die Okkultisten können jetzt in Ruhe auf den Tag warten, an dem die moderne Wissenschaft die alten Lehren esoterischer Schulen tatsächlich für sie beweisen wird.

Darüber hinaus wird die Wissenschaft, wenn sie die Wahrheit dieses alten okkulten Grundsatzes einsieht, der Erkenntnis näher kommen, dass alle Kraft Willens-Kraft ist und dass die Bewegungen von Elektronen, Atomen, Molekülen und Massen von Materie auf »Gefühle« aus dem Inneren reagieren, die sich aus der Anziehung oder Abstoßung von anderen materiellen Formen und einem »Willens«-Impuls darauf ergeben. Das haben Haeckel und Nageli (obwohl sie als materialistische Wissenschaftler bezeichnet werden) vor langer Zeit schon beansprucht. Die Behauptung der Materialisten, dass Leben und Geist Qualitäten der Materie sind, braucht nur umgekehrt zu werden, um die Wahrheit aufzuzeigen, die vor langer Zeit von den alten Okkultisten geäußert wurde, nämlich dass Materie nur das äußere Gewand der *Seele* (Leben-Geist) ist und dass alle materiellen Formen von Leben und Geist beseelt sind. Die Behauptung der Materialisten ist nur eine verdrehte Pyramide des Irrtums, während die Behauptung der Okkultisten die stabil platzierte und in der Gründlichkeit ruhende wahre Pyramide der Wahrheit ist – der Felsen der Zeitalter, der niemals umgeworfen werden kann, denn er ruht direkt und fest auf der ewigen Basis des Seins.

Erinnere dich an den Aphorismus, oh Schüler der Rosenkreuzer, dass *»das Feuer in allem und überall ist: Es gibt nichts Dunkles oder Kaltes in seiner Sphäre.«*

KAPITEL 7

DIE EBENEN DES BEWUSSTSEINS

In den geheimen Lehren der Rosenkreuzer finden wir den folgenden sechsten Aphorismus:

Der sechste Aphorismus

So wie Leben die Essenz des Geistes ist, so ist das Bewusstsein die Essenz des Lebens. Der Geist ist Eins und doch manifestiert er sich in vielen Formen des Lebens. Das Leben ist Eins und doch manifestiert es sich in vielen Formen des Bewusstseins. Während es unzählige Formen manifestierten Bewusstseins gibt, können die Weisen Bewusstsein auf sieben verschiedenen Ebenen manifestieren. Diese Bewusstseinsebenen sind den Weisen als folgende bekannt: (1) die Ebene der Elemente, (2) die Ebene der Mineralien, (3) die Ebene der Pflanzen, (4) die Ebene der Tiere, (5) die Ebene der Menschen, (6) die Ebene der Halbgötter, (7) die Ebene der Götter.

In diesem sechsten Aphorismus der Schöpfung wird der Rosenkreuzer dazu geführt, seine Aufmerksamkeit auf das Konzept des Lebens-Bewusstseins zu richten, das sich auf seinen sieben Ebenen manifestiert. Dieses Konzept wird von den Rosenkreuzern durch das Symbol einer durch sieben Kreise verbundenen Kette dargestellt, wobei jedes Verbindungsglied ein anderes auf jeder Seite durchdringt.

Der sechste Aphorismus besagt sehr weise, dass »das Leben die Essenz des Geistes ist«. Egal, was auch immer Geist sein mag oder nicht sein mag, es kann nicht verleugnet werden, dass der Geist die Eigenschaften des Lebens besitzen muss, um Geist sein zu können. Ebenso besagt der Aphorismus: »Bewusstsein ist die Essenz des Lebens«, was auch offensichtlich ist. Denn egal, was Leben sonst noch sein mag oder nicht sein mag, es kann nicht verleugnet werden, dass Leben die Attribute des Lebens besitzen muss.

Ein moderner Schriftsteller hat gut ausgedrückt, dass »Geist die Lebendigkeit des Lebens« ist, und natürlich, Geist ist nichts außer einem Begriff, der benutzt wird, um Bewusstseinszustände kenntlich zu machen. Selbst ein durchschnittlicher Mensch bezeugt stillschweigend die Tatsache einer notwendigen Präsenz von Bewusstsein im Leben, und zwar durch seine Unterscheidungsfähigkeit der verschiedenen Formen lebender Dinge. Je höher die Manifestation des Bewusstseins in etwas Lebendigem ist, desto höher ist der Grad des Lebens, das er hinzufügt. Und wenn die Anzeichen von Bewusstsein fehlen, dann wird das Ding »leblos« genannt. Der Beweis bewusster Aktivität in mineralischen Formen führt unmittelbar zu dem Gedanken, dass Mineralien lebendig sein müssen. Bewusstsein manifestiert sich in seiner Essenz als die Eigenschaft, Eindrücke von außen kommender Stimuli zu empfangen, und die Kraft, darauf zu reagieren. Der Schüler wird diese Eigenschaft als grundlegenden Test für eine Substanz sofort erkennen.

Abb. 9: Symbol der sieben Ebenen des Bewusstseins

Genauso wie die Rosenkreuzer der fundamentalen Überzeugung sind, dass alles lebendig ist (siehe vorhergehendes Kapitel), so sind sie gleichsam der fundamentalen Überzeugung, dass alles bewusst ist. »Doch an dieser Stelle kann Halbwissen leicht in eine Falle geraten und den Überzeugungen der Rosenkreuzer etwas hinzufügen, das ihnen recht fremd ist. Denn in den Lehren der Rosenkreuzer ist das Wort »Bewusstsein« nicht auf Bewusstseinszustände reduziert, die uns am vertrautesten sind, sondern es wird eher für alle Formen des Gewahrseins gebraucht, egal ob höher oder tiefer als unser alltägliches Bewusstsein.

Der Begriff »Bewusstsein« ist einer der am schwierigsten adäquat zu definierenden, und zwar aus ganz natürlichen Gründen. Denn Bewusstsein kann nur in Begriffen seiner eigenen Erfahrung definiert und beschrieben werden. Es gibt keinen anderen analogen Begriff, der dazu dienen könnte, ihn jemandem verständlich zu machen, der keine Erfahrung von Bewusstsein hat. Das Wort, das die allgemeine Idee vermutlich am besten ausdrückt, ist der Begriff »Gewahrsein«.

Die Lehren der Rosenkreuzer vertreten die Auffassung, dass sich Bewusstsein auf sieben Ebenen manifestiert, von denen jede Ebene mit denen zu ihren beiden Seiten verbunden ist und sich mit ihnen überlappt (siehe Abbildung). Doch jede

Ebene besteht aus sieben untergeordneten Ebenen und jede untergeordnete Ebene wiederum aus sieben kleineren Ebenen und so weiter, bis die Multiplikation sieben Mal stattgefunden hat. In der folgenden Übersicht wird jede der sieben Ebenen des Bewusstseins der Lehre benannt und ihre wichtigsten Charakteristiken beschrieben.

1. Die Ebene der Elemente

Auf dieser Bewusstseinsebene sind die Aktionen und Reaktionen zwischen den feinen Elementen manifestiert, aus denen alle materiellen Formen bestehen. Hier erscheint das Spiel zwischen den Atomen, den Elektronen, den Ionen, den Korpuskeln und den noch zarteren Partikeln von Substanz, von denen die Wissenschaft noch keine Kenntnisse hat. Und um noch weiter zurückzugehen, kann gesagt werden, dass auf dieser Ebene das Spiel der Stoffteilchen stattfindet, die noch viel feiner und zarter als die Elektronen sind, die wiederum feiner als die Atome sind. Wir können wenig zu diesen praktisch unbekannten Formen und Teilen der Materie sagen, obwohl die okkulten Lehren recht voll von ihnen sind.[2]

Aus vorhergehenden Zitaten von Haeckel und anderen modernen Wissenschaftlern haben wir gesehen, dass die fortgeschrittene, moderne Wissenschaft die Anwesenheit von etwas wie Bewusstsein in den Atomen der Materie erkennt und ihre Bewegungen dem »Mögen und Nicht-Mögen«, »Liebe und Hass« zuschreibt, die aus der Wahrnehmung bestimmter Qualitäten ineinander entstehen. Unsere Antwort darauf lautet: Selbstverständlich bedeutet das, dass die Atome

---

2 Die Theorien der Quantenphysik sind diesen Zusammenhängen »auf der Spur«. (Anm. d. Hrsg.)

Gefühle und Willen besitzen und manifestieren –in einer sehr elementaren Form, in einem bestimmten Abschnitt und bis zu einem gewissen Grad. Diese Manifestationen von Bewusstsein der Atome erbringen Resultate, von denen Autoren, die über diese Themen schreiben, jedoch meistens keine Notiz nehmen, weder in den Reihen der Okkultisten noch in der Wissenschaft. Lassen Sie uns diese nun kurz betrachten.

Die Wissenschaft lässt uns wissen, dass alle Formen physischer Energie oder Kraft, die sich als Licht, Hitze, Elektrizität, Magnetismus usw. manifestieren, aus den Schwingungen der Partikel entstehen, aus denen Materie besteht. Diese Schwingungen entstehen natürlich durch die Bewegung der Partikel. Und diese Bewegungen werden durch die Manifestation von Anziehung und Abstoßung zwischen den Partikeln erzeugt. Wenn wir weitergehen, sehen wir, dass die Manifestation der Anziehung und Abstoßung zwischen den Partikeln der Materie aus dem »Mögen und Nicht-Mögen«, aus »Liebe und Hass« zwischen den Atomen und Partikeln erzeugt wird – und dass diese wiederum nichts als *Manifestationen elementaren Bewusstseins* sind. So sehen wir hier, dass sogar die Manifestation physischer Energie und Kraft nur die Begleiterscheinung und das Ergebnis der Präsenz und Aktivität elementaren Bewusstseins ist.

Auf dieser Bewusstseinsebene arbeiten viele den Okkultisten bekannte Formen von »Magie«. Ein Okkultist bewegt Materie nicht, indem er unter Zuhilfenahme seines Geistes und Willens physische Kraft anwendet, sondern indem er mit der Kraft seines eigenen Bewusstseins auf das Bewusstsein der materiellen Atome einwirkt. Dies ist selbstverständlich nicht der richtige Ort, sich mit den Einzelheiten dieser Etappe des Okkultismus zu befassen, aber es wurde daran gedacht, hier auf die Quelle und die Natur der Kraft, die dieser Art okkulter Phänomene zugrunde liegt und auf das »Warum und Wofür« ihrer Manifestation hinzuweisen.

Wie alle großen Ebenen des Bewusstseins enthält die Ebene des elementaren Bewusstseins sieben Unter-Ebenen, und jede dieser sieben untergeordneten Ebenen wiederum sieben, bis die Multiplikation sieben Mal stattgefunden hat. Die untergeordnete Ebene, die wir gerade kurz betrachtet haben, ist nur eine von sieben, und die übrigen sechs sind genauso wichtig. In diesen nicht genannten Unter-Ebenen gibt es der modernen Wissenschaft und nicht-informierten Menschen absolut unbekannte Manifestationen, von denen die okkulten Meister jedoch eine sorgfältige und gründliche Studie angefertigt haben.

2. Die Ebene der Mineralien

Auf dieser Bewusstseinsebene sind die Aktionen und Reaktionen der Moleküle manifestiert, aus denen die Mineralien zusammengesetzt sind, aber auch die Massen mineralischer Materie. Genauso wie die Atome der Materie Anziehung und Abstoßung manifestieren, die im Mögen und Nicht-Mögen des Bewusstseins ihren Ursprung haben, so manifestieren die Moleküle der Materie ein ähnliches Mögen und Nicht-Mögen, das aus der Anziehung und Abstoßung zwischen den Molekülen und Massen von Materie resultiert. Die Moleküle und Partikel, aus denen zum Beispiel ein Stück Stahl zusammengesetzt ist, halten aufgrund der anziehenden Kraft der Kohäsion zusammen, und nicht weil sie durch irgendein mechanisches, von der Natur benutztes Mittel zusammengehalten werden. Auf dieselbe Weise manifestiert die Gravitation ihre anziehende Kraft.

Darüber hinaus sind auf einigen höheren der untergeordneten Ebenen dieser Hauptebene der Mineralien die Kristallisa-

tionen von mineralischen Partikeln gemäß eines bestimmten Prinzips eines Musters im Bewusstsein dieser Partikel verankert. Der Kristall ist auf einer bestimmten Ebene aufgebaut, genauso wahrhaftig wie die Eichel oder die Eiche – und in all diesen Fällen ist das Muster nur eine Idee im Bewusstsein der miteinander verbundenen Partikel. Der universale Erbauer arbeitet genauso wahrhaftig und wundervoll durch das Bewusstsein der mineralischen Partikel wie durch die Partikel der Menschheit, die wir »individuelle Menschen« nennen. Das Studium der Kristalle und ihre Entstehung wird dem durchschnittlichen Menschen eine ganz neue Gedankenwelt eröffnen und ihm einen Blick in die Werkstatt des universellen Erbauers gewähren, in der er Dinge sehen wird, die er bisher nicht vermutet oder erträumt hat.

Die allgemein verbreitete Meinung ist, dass Kristalle durch mechanische Prozesse gebildet werden wie zum Beispiel durch Druck von außen usw. Doch sowohl ein achtsamer Student der Wissenschaft als auch der Okkultist weiß, dass die Entstehung eines Kristalls ein *Wachstumsprozess* ist und in demselben Maße aus gespeicherten psychischen Ideen seiner Partikel resultiert wie das Wachstum einer Pflanzensubstanz oder eines Tierkörpers. Ein Student der Kristallographie ist von der Präsenz von Leben und Bewusstsein in der Welt der Kristalle schnell überzeugt.

Bei der Kontemplation der Ebene des Mineralienbewusstseins muss sich der Student vergegenwärtigen, dass es mineralische Formen gibt, die weitaus gröber sind als die für uns auf der Erde sichtbaren, und auch dass es Formen und Phasen mineralischen Lebens gibt, die weitaus feiner und höher entwickelt sind als die, mit denen wir hier vertraut sind. Die okkulten Lehren enthalten höchst interessante Informationen über (uns) unbekannte mineralische Formen und Manifestationen.

Es darf hier erwähnt werden, dass die alten Alchemisten (und einige der wahren modernen Alchemisten) in den Fakten des Mineralienbewusstseins das fehlende Verbindungsstück ihrer Wissenschaft gefunden haben. Da der Okkultist ein umfangreiches Verständnis des Bewusstseins von Metallen oder Mineralien hat, ist er in der Lage, mit ihnen und durch sie Transformationen herbeizuführen, die mit den Mitteln der Chemie oder mit mechanischen Methoden, Metalle zu behandeln, nicht möglich wären. Hier wird zu einem äußerst wichtigen Thema wieder beiläufig ein Hinweis gegeben.

3. Die Ebene der Pflanzen

Auf dieser Bewusstseinsebene sind die Aktionen und Reaktionen der protoplastischen Zellen manifestiert, aus denen die Pflanzen bestehen. Und auf dieser Ebene wie auch auf den anderen Bewusstseinsebenen sind hohe und tiefe untergeordnete Ebenen und Unterteilungen Letzterer zu finden.

Im niedrigen Bereich dieser Ebene finden wir Pflanzenleben, das kaum von den höheren Formen mineralischen Lebens unterscheidbar ist. Wie wir zuvor gesehen haben, ist es in der Tat kaum möglich, eine feste Grenze zu markieren, die die beiden großen Ebenen trennt. Denn alle Ebenen gehen ineinander über und sind in den niedrigen und höheren Bereichen ihrer Aktivität miteinander verbunden. Wir haben die Kieselalgen oder »lebenden Kristalle« erwähnt, die von den besten Autoritäten als die fehlende Verbindung zwischen den beiden großen Bereichen von Leben und Bewusstsein gesehen werden, die in der Tat aber eher Pflanzen als Mineralien sind. Die Kieselalgen gehören zu einer Kategorie blütenloser Pflanzen. Sie sind von einer Siliziumfläche bedeckt, was ihnen ein kristallines Aussehen verleiht. Sie präsentieren die Erscheinung kristalliner bruchstückartiger Teilchen, die im Allge-

meinen von geraden Linien begrenzt, flach, steif und brüchig meistens im Schlamm nisten, in dem sie sich zu verschiedenen Formen und Kombinationen vereinen und von denen sie sich oft wieder trennen. Sie multiplizieren und reproduzieren sich durch Teilung und Verbindung.

Im Jahre 1886 experimentierte Professor Van Schrom in Neapel, Italien, mit Bakterien der asiatischen Cholera und untersuchte diese unter seinem Hochleistungsmikroskop. Er fühlte sich von der Gestalt der doppelten Pyramiden der Bakterien angezogen, die von ihrer Form her meistens aussahen wie richtige Kristalle. Diese »lebenden Kristalle« manifestierten Wachstum und Bewegung und schienen lebendig und bewusst zu sein. Durch diese Experimente kam er zu dem Schluss, dass alle Bakterien lebende Kristalle produzieren, und seine weiteren Experimente schienen seine Behauptung zu bestätigen. Diese Bakterien-Kristalle sind aus homogenem, eiweißhaltigem Material zusammengesetzt, das anfangs farblos und strukturlos ist und das in einer bestimmten Phase seiner Lebensgeschichte seine Qualitäten zu verlieren scheint und zu eigentlich »toten« Kristallen wird. Diese lebenden Kristalle scheinen von einer inhärenten Kraft, die einer vitalen Aktion ähnlich ist, gezwungen, eine geometrische Form anzunehmen. Und während sie diese Anzeichen von elementarem vegetativen Leben besitzen, weisen sie auch die charakteristischen Qualitäten von Kristallen auf, und zwar Zerfall, Inklusion, Absorption und Polarisierung. Spätere Untersuchungen haben die Präsenz ähnlicher lebender Kristalle in dem Sekret lebender Organismen offenbart.

Dass Leben in den Pflanzen gegenwärtig ist, scheint kaum jemand zu hinterfragen. Doch es scheint vonseiten der orthodoxen Wissenschaft der Wunsch zu bestehen, Bewusstsein und intelligente Aktivität zu bestreiten. Die fortgeschrittenen Vertreter der modernen Wissenschaft aber zögern nicht, das

Vorhandensein bewusster, intelligenter Aktivität in Pflanzen positiv zu beurteilen, zu bestätigen und ihre Behauptungen mit logischen Argumenten energisch zu verteidigen – gesichert von unumstößlichen Fakten, die sie in ihren Experimenten im Labor gesammelt haben. Diese Wissenschaftler treten dafür ein, dass das Vorhandensein der Phänomene der Ernährung, der Reproduktion und der physikalischen und chemischen Veränderungen aufgrund von Anpassung der positive Beweis der Präsenz vitaler Intelligenz im Organismus ist, in dem das Vorgenannte manifestiert ist.

Professor Bieser sagt: »Letztendlich ist die Adaption der beste Beweis für die Gegenwart intelligenten Lebens in Formen und Einheiten von Materie. Anpassung, auch ›physiologische Adaption‹ genannt, besser jedoch ›psychologische Adaption‹, ist die einzige Waffe, mit der lebende Organismen destruktive Kräfte von Bedingungen in der Natur bekämpfen. In all ihren Formen ist die Adaption die mehr oder weniger erfolgreiche Kooperation lebender Organismen mit den Gesetzen der Natur. Sie ist nicht das Ignorieren der Natur. Wenn wir Adaption als Kriterium für die Bestimmung des Vorhandenseins von Intelligenz annehmen, dann ist es keine Schwierigkeit, die Frage der Gegenwart von Leben zu beantworten. Die perfekteste automatische Maschinerie hat kein Leben. Denn sie kann sich nicht im Geringsten an sich verändernde Bedingungen der Umwelt anpassen und sich selbst auf diese Weise vor Vernichtung schützen, wenn diese Notwendigkeit durch die Anwendung einfacher intelligenter Handlungen besteht.«

Bei ihrer Betrachtung der Frage nach der Präsenz von Bewusstsein im Pflanzenreich teilen die Autoren die Manifestationen von Intelligenz in drei Kategorien ein, die da sind: *Trophosen,* oder die zur Nahrungsaufnahme gehörenden Vorgänge; *Neurosen,* oder die das Nervensystem betreffenden

Vorgänge, und *Psychosen,* oder die Gedankenprozesse betreffenden Vorgänge.

Die Manifestation von Trophosen, oder die zur Nahrungsaufnahme gehörenden Vorgänge, sind sogar in den niedrigsten Formen von Pflanzenleben zu finden. Sogar die Zellen der niedrigsten Pflanzen nehmen Nahrung auf und ersetzen die Ausscheidungen ihres Systems mit frischem Material, das sie in ihr System aufnehmen. Diese Vorgänge erfordern ein sehr einfaches Nervensystem, oft praktisch überhaupt kein Nervensystem. Doch nichtsdestoweniger ist in jedem Vorgang der Nahrungsaufnahme nicht nur die Präsenz von Leben, sondern bis zu einem gewissen Grad auch Bewusstsein manifestiert. Selbst die niedrigsten Pflanzenarten sind in der Lage, genau zwischen nährenden und nicht nährenden Partikeln von Materie zu unterscheiden. Die meisten Pflanzen besitzen kein Nervensystem, jedenfalls hat die Wissenschaft bisher noch keines entdeckt. Aber nichtsdestoweniger manifestieren sie charakteristische Trophosen, die bis *zu einem gewissen Grade deren Anforderungen entsprechen,* jedoch selten über diese Anforderungen hinausgehen.

Andere Pflanzen haben ein vergleichsweise relativ hoch entwickeltes Nervensystem oder etwas, was dem entspricht, und manifestieren Neurosen oder zu einem Nervensystem gehörende Vorgänge eines vergleichsweise relativ hohen Grades. Das trifft auf die »sensitiven Pflanzen« und gewisse andere Pflanzen zu, die in dieser Richtung hoch entwickelt sind. Einige Orchideen und eine paar andere Pflanzen manifestieren Neurosen und weisen damit klar auf die Präsenz von Bewusstsein und einem gewissen Grad von intelligenter Aktivität hin.

Auf einer noch höheren Entwicklungsstufe finden wir gewisse Arten von Pflanzen, die wirkliche Psychosen oder Gedankenprozesse betreffende Vorgänge manifestieren, obwohl Letztere im Vergleich zu denen, die sich in höheren For-

men im Reich der Tiere manifestiert haben, in einem relativ niedrigen Stadium sind. Über diese Kategorie von Manifestationen ist der durchschnittliche Student nicht so gut informiert. Daher ist es ein guter Gedanke, die Aufmerksamkeit auf den folgenden Seiten auf diese faszinierenden Phänomene des Pflanzenlebens zu richten. Wir denken, dass eine sorgfältige Betrachtung dieser Fakten, die dem Studenten jetzt unterbreitet werden, ihm eine klare Erkenntnis des Vorhandenseins in der Tat bewusster Aktivität im Pflanzenreich ermöglichen wird, sodass er die Aussage von Professor Bieser, einer eminenten Autorität, akzeptieren kann, der gesagt hat: »Während wir glauben, dass die Intelligenz von Menschen, Tieren und Pflanzen im Wesentlichen derselben Art ist, wissen wir doch, das sie in Grad und Form enorm unterschiedlich ist. Sogar Menschen weisen einen unterschiedlich hohen Grad an Intelligenz auf. Aber das nur, weil manche ihre Bedürfnisse aufgrund ihrer Natur ein wenig klarer sehen können als andere und sie unter günstigeren Bedingungen leben – das ist alles!«

Dr. J. E. Taylor, eine Autorität auf dem Gebiet der Pflanzenpsychologie sagt: »Der Grund dafür, warum den Pflanzen Bewusstsein und Intelligenz im Allgemeinen abgesprochen wird, ist vielleicht der, weil wir auch in der Struktur der am höchsten entwickelten Spezies keine spezialisierten Nervenbahnen finden, durch die Reize geleitet werden können oder etwas, wo sie registriert werden, wie im Fall der Ganglien und in den Gehirnen höher entwickelter Tiere. Doch wir sollten uns daran erinnern, dass keines der Geschöpfe der Untergruppen der Protozoen[3] eine Nervenstruktur besitzt, während viele der nächsthöher organisierten Untergruppe der Tiere, die Coelenterata[4], keine entsprechenden Spuren

3 Urtierchen (Anm. d. Übers.)

4 Hohltiere, dazu gehören Rippenquallen und Nesseltiere. (Anm. d. Übers.)

und nur Reste einer schwachen Entwicklung aufweisen. Und doch sprechen wir diesen niedrig organisierten Tieren ein schwaches und diffuses Bewusstsein nicht ab oder sogar die Möglichkeit, dass ihre Struktur so modifiziert ist, dass sie aus gesammelten Erfahrungen ihrer Art, die wir Instinkt nennen, profitieren können.«

Darwin sprach von der wunderbaren Sensitivität der Wurzelspitzen von Pflanzen, als er sagte: »Es ist kaum übertrieben zu sagen, dass die Wurzelkeime, die so ausgestattet sind, dass sie angrenzende Teile mit der Kraft ihrer Bewegung dirigieren können, *wie ein Gehirn eines der niedrigeren Tiere* funktionieren. Das Gehirn liegt innerhalb des vorderen Endes des Körpers, empfängt Eindrücke der Sinnesorgane und dirigiert die allgemeinen Bewegungen.

Professor Cope sagt: »Wir können verstehen, wie bei parasitärem Verhalten – oder anderen Arten, das Leben ohne Anstrengung zu erhalten – die Adaption neuer und geschickter Bewegungen unnötig würde und das Bewusstsein selbst selten gefordert würde. Ständige Ruhe würde von Unterbewusstsein gefolgt und später von Unbewusstsein. Das scheint die Geschichte des gesamten Pflanzenreiches zu sein.«

Dr. J. C. Arthur sagt in seiner interessanten Arbeit *The Sagacity and Morality of Plants:* »Ich habe zu zeigen versucht, dass sogar das Einfachste, egal ob Pflanze oder Tier, durch seine sehr lebendige Natur und durch das Ringen um seine Erhaltung mit bewussten Gefühlen, mit Freude und Schmerz als seinem einfachsten Ausdruck ausgestattet sein muss. Ich habe mir sagen lassen, wenn man auf Java durch das Gewirr sensitiver Pflanzen geht, verneigen sie sich auf beiden Seiten des Weges meterweit ausweichend, als seien sie plötzlich zu Leben erwacht, nur um sich durch eine unsichtbare Macht wieder in leblose Stöcke zu verwandeln.

Protoplasma ist die physikalische Basis von Leben, sowohl

der Pflanzen als auch der Tiere. Seine erste differenzierte oder modifizierte Form ist das merkwürdige mikroskopisch kleine Tierchen, das wir »Amöbe« nennen. Während wir seine Bewegungen beobachten, können wir nicht umhin, seinem Leben ein schwaches Bewusstsein zuzuschreiben. Amöboide Strukturen sind häufig sogar in den niedrigsten Pflanzenformen zu finden, und in ihrem Gewebe können amöboide Bewegungen beobachtet werden. Sie zeugen auch von Gewohnheiten und intelligenten Bewegungen der Zoosporen[5] von Seetang und vieler anderer Algen und von der Fortbewegung der Anthereozoa von Moosen, Farnen usw. Bis vor wenigen Jahren wurden diese Objekte als Tiere klassifiziert und niemand hat bezweifelt, dass sich diese sogenannten Tiere bewusst und intelligent verhielten.

Nichts muss mehr betont werden als die Zuneigung und Abneigung von Pflanzen. Menschen können dieselben Gefühle kaum mit mehr Bestimmtheit ausdrücken. Ansammlungen von verbreiteten Pflanzen führen Handlungen aus, die, von Menschen ausgeführt sofort in eine Kategorie von richtig oder falsch eingeordnet würden. *Es gibt kaum eine Tugend oder ein Laster, das seine Entsprechung nicht auch im Pflanzenreich hätte.* Was das diesbezügliche Verhalten betrifft, gibt es zwischen den niedrigen Tieren und den Pflanzen nur geringe Unterschiede.«

Eine der elementarsten Manifestationen von Bewusstsein und bewussten Handlungen im Leben von Pflanzen ist, was das »Gefühl für Schwerkraft« genannt wurde oder der Sinn, durch den die Pflanze das Auf und Ab der Richtung des Wachstums erkennt. Der keimende Samen schickt seine Wurzeln immer nach unten, egal wie der Samen in den Boden gelegt wurde. Das darf nicht nur für die Wirkung der Gravita-

5 ageschlechtliche Sporen (Anm. d. Übers.)

tion gehalten werden, denn die Keimlinge bewegen sich nach oben und weg vom Zentrum der Schwerkraft, genauso real, wie sich die Wurzeln nach unten in seine Richtung bewegen. Experimente haben gezeigt, dass dieser »Sinn für eine Richtung« ein genauso realer Sinn ist wie irgendein anderer der besonderen Sinne der Lebensformen der niedrigen Tiere. In dem Experiment wurde versucht, einen keimenden Samen herumzudrehen, mit dem Ergebnis, dass die Wurzeln etwa innerhalb eines Tages wieder nach unten wachsen und die Keimlinge nach oben. Ein französischer Botaniker namens Duhamel hat einmal Bohnen in einen mit feuchter Erde gefüllten Zylinder getan. Nachdem sie zu keimen begonnen hatten, drehte er den Zylinder ein wenig zu einer Seite. Am nächsten Tage drehte er ihn ein bisschen weiter in dieselbe Richtung. Er drehte ihn jeden Tag ein wenig weiter, bis er ihn schließlich mehrere Male im Kreis gedreht hatte. Dann nahm er die Pflanze heraus, schüttelte die daran hängende Erde ab und sah, dass die Wurzeln und Keimlinge der Bohnen im Kreis gewachsen waren – es zeigten sich zwei perfekt geformte Spiralen, eine der winzigen Wurzeln und die andere der winzigen Keimlinge. Die Wurzeln hatten in ihrem stetigen Bestreben, sich nach unten zu bewegen, eine perfekte Spirale geformt, während die Keimlinge in ihrem ununterbrochenen Bemühen, nach oben aufzusteigen, eine andere perfekte Spirale beschrieben haben. Auch nicht die größten Bemühungen können die Wurzeln einer Pflanze dazu bewegen, nach oben zu wachsen oder die Keimlinge nach unten. Jede Wurzel und jeder Keimling hat seinen eigenen Richtungssinn, dem er vertrauensvoll und ohne Ausnahme folgt. Auf dieselbe Weise klettern rankende Pflanzen aus ähnlichen Gründen vertrauensvoll zu dem nächsten Stützgegenstand, und wenn sie entwunden werden, kehren sie, wenn möglich, in der folgenden Nacht zu der alten Stütze zurück.

Sorgsam vorbereitete sich bewegende Bilder, die über längere Zeit entstanden, zeigen, dass sich die Bewegungen der Ranken ähnlich der Bewegungen der Gliedmaßen von Tieren verhalten – den Fühlern und Greifarmen des Oktopus zum Beispiel.

Die Wurzeln der Pflanzen haben nicht nur den allgemeinen Richtungssinn, der sie veranlasst, nach unten zu wachsen – trotz aller Versuche, das zu verhindern –, sondern sie haben auch einen Sinn für Feuchtigkeit, der sie veranlasst, in die Richtung von Wasser zu wachsen. Viele Pflanzen wenden auch ihre Blätter und Blüten dem Licht zu, egal wie oft sie in die andere Richtung gedreht wurden. In dunklen Kellern senden Kartoffeln ihre Keimlinge oft 6 bis 9 Meter in die Richtung von Licht, das durch einen winzigen Spalt in der Mauer scheint. Pflanzen besitzen in einigen Fällen in sehr hohem Maße auch einen Geschmackssinn. Mithilfe dieses Sinnes können sie unterschiedliche Substanzen ausfindig machen und solche Substanzen auswählen, die ihrer Nahrung zuträglich sind. Sie können zwischen reichhaltigem und armem Boden unterscheiden und auch zwischen verschiedenen Chemikalien unterschiedlicher Nahrungswerte. Sie bewegen ihre Wurzeln immer in die Richtung der besten Nahrung und auch der von Feuchtigkeit. Nicht nur die Wurzeln von Pflanzen bewegen sich in die Richtung von Wasser. Es wurden Beispiele zitiert, bei denen sich die Blätter von Pflanzen des Nachts in ein mehrere Zentimeter entferntes, mit Wasser gefülltes Gefäß herabneigen. Insektenfressende Pflanzen erkennen den Unterschied zwischen der Substanz lebender Tiere, Teilchen anorganischer Materie oder Pflanzensubstanzen. Letztere stoßen sie ab, als ob sie angewidert wären. Es wurden Experimente durchgeführt, bei denen ein wenig Käse in die Reichweite solcher Pflanzen gelegt wurde, und obwohl ihnen Käse natürlich nicht vertraut war, sie seine stickstoff-

haltige Natur doch zu erkennen schienen und ihn bereitwillig verschlangen, wie sie es auch mit einem Stück Fleisch oder mit einem Insekt getan hätten.

Viele Studenten sind zweifellos mit der Prägung »sensitiver Pflanzen« vertraut, die bei Berührung einen bemerkenswerten Grad von Empfindsamkeit an den Tag legen. Viele insektenfressende Pflanzen manifestieren einen ähnlich hohen Grad von Empfindsamkeit, obwohl natürlich auf andere Art und Weise. Die Blätter der Venusfliegenfalle falten sich zusammen und fangen auf diese Weise das unglückliche Insekt, das durch süßen Saft, der als leckerer Köder auf dem Blatt erscheint, in die Falle gelockt wurde. Das Zusammenfalten der Blätter folgt dem durch die drei sensitiven Borsten oder Haare ausgelösten Alarm, die als Fühler tätig sind und die Anwesenheit der Insekten wahrnehmen. Erdkrumen oder Regentropfen werden von den Fühlern als »keine Nahrung« erkannt, und die Blätter schließen sich durch deren Anwesenheit darauf nicht. Andere Pflanzen reagieren sehr empfindlich auf Lichtunterschiede. Sie schließen sich zu bestimmten Zeiten, wobei die Zeit der Spezies der Pflanze entsprechend variiert. Früher wurde angenommen, dass diese empfindsame Reaktion auf Licht nur chemisch bedingt war. Doch Experimente haben gezeigt, dass solche Pflanzen, wenn sie in einen dunklen Raum gebracht werden, dieses Schließen in einem graduell abnehmenden Maße mehrere Tage lang beibehalten und damit das Vorhandensein einer Gewohnheit in ihrem Bewusstsein anzeigen. Diese Gewohnheit signalisiert das Vorhandensein von Geist sogar noch überzeugender als das Schließen selbst. Gewisse Farne welken, wenn ihre Wedel zu oft berührt werden. Im Falle von Samen ist die Präsenz von Bewusstsein und mentalen Vorgängen manifestiert. Nicht nur im Vorgang des Sprießens, sondern auch in anderen Prozessen weist der Samen Zeichen von Leben und Geist

auf. Bestimmte Samen werden durch fließende Gewässer – durch die sie sich mithilfe von kleinen hervorspringenden Filamenten, die sie wie Beine benutzen und mit denen sie ans Ufer paddeln, auf ihrem Weg zu den für sie fruchtbaren Böden hindurcharbeiten – an ihren zukünftigen Standort getragen. Ein Botaniker hat in Anbetracht einer bestimmten Spezies dieser schwimmenden Samen bemerkt: »Ihre Bewegungen sind so seltsam lebendig, dass es unglaublich erscheint, dass diese winzigen Objekte, die sich gut im Wasser fortbewegen, wirklich Samen und keine Insekten sind.«

Bestimmte Pflanzen machen sich andere zur Beute. Sie entwickeln sich windende Bänder um andere Pflanzen oder Bäume herum, die sich an der äußeren Hülle der Rinde emporarbeiten und als Sauger fungieren, wobei die parasitäre Pflanze Nahrung durch die größere Pflanze aufnimmt, wodurch Letztere mit der Zeit erliegt und sprichwörtlich von der anhaftenden Pflanze um der Nahrung willen getötet wird. In Südamerika gibt es Variationen dieser Kletterer, die sich auf diese Weise bis zur Spitze eines hohen Baumes hocharbeiten. Und nachdem sie ihren Wirt getötet haben, schwenken sie lange Ranken durch den Wind, bis sie einen anderen Baum zu fassen bekommen, der wiederum seiner Vitalität und seiner Nahrung beraubt wird. So geht es weiter, bis der Parasit von einem großen Kreis von ruinierten Opfern umgeben ist. Andere Parasiten begnügen sich damit, sich in einen Baumstamm hineinzubohren, dann genügend Saft von diesem aufzunehmen, um sich in die Lage zu versetzen, selbstständig ohne weitere Anstrengung weiterleben zu können. Es ist bekannt, dass diese Gewohnheit des parasitären Verhaltens im Laufe der Geschichte der Pflanzen einige Spezies erworben haben, genauso wie einige Tiere (und Menschen) ähnliche Gewohnheiten entwickelt haben.

Andere Pflanzen nehmen sich Tiere zur Beute. Sie sind mit

mentalen Fähigkeiten ausgestattet, die sie in die Lage versetzen, ihre Opfer effizient zu fangen. Es gibt bei den insektenfressenden Pflanzen typische Beispiele von Anpassung der Mittel zu diesem Zweck, auf die wir uns zuvor bezogen haben. Doch darüber hinaus gibt es bestimmte Formen von Pflanzen, die viel größere Tiere fangen und fressen und die prinzipiell in tropischen Ländern gefunden werden. Der Naturalist Dunstan berichtete, dass er am Ufer des Nicaraguasees eine besonders heimtückische Pflanze dieser Art entdeckt hat, die von den Einheimischen »Nase des Teufels« genannt wird. Diese buschartige Pflanze ist mit langen Ranken bzw. mit schwarzen, flexiblen, starken, glatten, peitschenartigen Fühlern ohne Blätter ausgestattet, die eine heimtückische Flüssigkeit absondern. Diese Ranken werden von der Pflanze benutzt, um kleine Tiere, die unter ihrem Busch entlanglaufen, zu umschlingen, sie ausbluten zu lassen und ihr Fleisch dann zu absorbieren. Eines Tages ging der Naturalist am Ufer des Sees entlang und wurde von dem Geschrei und Gekreische seines kleinen Hundes erschreckt. Als er unter den Busch kroch, fand er das kleine Tier straff von mehreren dieser schwarzen, schleimigen, bandartigen Ranken umfangen, die durch Wundreiben und Scheuern scharf in sein Fleisch eindrangen, bis er an mehreren Stellen anfing zu bluten. Er empfand und beschrieb diese Schnüre, die Ranken oder Zweige dieser besonderen fleischfressenden Pflanze, quasi als einen »Land-Oktopus«. Die Tropenbewohner erzählen sich gruselige Legenden von menschenfressenden Pflanzen oder Bäumen dieser Art. Aber bisher hat die Wissenschaft real noch keine Exemplare dieser Art gefunden. Doch es wird eingeräumt, dass ihre Existenz nicht außerhalb der Grenzen des Möglichen liegt. Andere Pflanzen haben Wurzeln, die kleine verborgene Tiere, wie zum Beispiel Maulwürfe fangen, töten und ihre Nahrung dann langsam aus deren Blut und Fleisch

aufnehmen. Auch das Pflanzenreich hat, den besten Autoritäten zufolge, sowohl seine Verbrecher und Würger als auch seine Vampire.

Professor Bieser sagt: »Eine andere Pflanze, die bei Berührung Reizbarkeit zeigt und die Fähigkeit besitzt, mithilfe langer, schlanker, flacher Stämme oder Röhren Wasser zu finden und aufsteigen zu lassen, ist eine Variation von Orchideen, die vor einigen Jahren von E. A. Suverkrop aus Philadelphia entdeckt wurde. Diese Pflanze wächst auf Baumstämmen, die über sumpfigen Gebieten am Ufer des Rio de la Plata und an anderen Flüssen der Umgebung wachsen. Wenn diese Orchidee Wasser haben möchte, windet sich ihr schlanker Stamm allmählich nach unten, bis er das Wasser berührt. Dann windet sich der Stamm langsam wieder nach oben, um das Wasser, das er in seinen hohlen Raum oder in seine Röhre in seinem Inneren eingesogen hat, dort zu entleeren, wo die Wurzeln der Pflanze entspringen. Manchmal, wenn direkt unter der Pflanze kein Wasser ist, bewegt sich der Stamm auf seiner Suche nach Wasser zuerst in die eine Richtung und dann in eine andere. Und wenn er schließlich Wasser findet, vollführt er den oben beschriebenen Vorgang. Wird diese Pflanze berührt, wenn der Stamm ausgestreckt ist, verhält sie sich sehr ähnlich wie die sensitive Pflanze (Mimose), und der Stamm windet sich in einer Spirale schneller nach oben, als wenn er das Wasser nach oben führt.«

Die Experimente des »Zauberers des Pflanzenlebens«, Luther Burbank, geben uns viele Beispiele von der Art und Weise, auf welche der Geist der Pflanzen auf eine veränderte Umwelt reagiert und sich verbesserte Bedingungen zunutze macht, indem sich die Pflanze anpasst. Niemand kann die Arbeiten moderner Botaniker studieren oder lange mit Pflanzen arbeiten, ohne für sich selbst viele Fakten zu entdecken, die beweisen, dass in den Pflanzen nicht nur Leben ist, sondern auch

genug Geist, um den Zwecken und Bedürfnissen der Existenz der Pflanzen zu dienen. Einige Wissenschaftler haben es für möglich gehalten, dass – wenn die Umgebung einer Pflanze genügend verändert wird, wodurch latente Möglichkeiten mentaler Handlungen angeregt werden können – es wahrscheinlich ist, dass sich Pflanzen entwickeln werden, die sich in ihrer mentalen Aktivität niedrigen Tierformen annähern, wenn sie Letztere nicht sogar übertrumpfen.

4. Die Ebene der Tiere

Auch hier entdecken wir wieder, dass es keine feste Trennungslinie zwischen aneinandergrenzendem Bewusstsein gibt. Genauso wie wir gesehen haben, dass das Bewusstsein der Mineralien fließend in das Bewusstsein der Pflanzen übergeht, so geht auch das Pflanzenbewusstsein fließend in das Bewusstsein von Tieren über. Bei niedrigen Formen von Tierleben ist es in der Tat manchmal fast unmöglich, ganz klar zu sagen, ob eine bestimmtes in Betracht gezogenes Gebilde eine Pflanze oder ein Tier ist. Formen, die die Wissenschaft früher als Tiere betrachtet hat, werden jetzt der Kategorie der Pflanzen zugeordnet. Und andere Gebilde, die die Wissenschaft früher dem Pflanzenreich zugehörig betrachtet hat, werden jetzt der Kategorie von Tierleben zugeordnet. Der Okkultist hat erkannt, dass diese zur Debatte stehenden Gebilde in den Bereich gehören, in dem sich die beiden Ebenen vermischen, wie bereits auf den vorhergehenden Seiten beschrieben.

Das Bewusstsein der Tiere variiert von dem ersten schwachen Schimmer in einzelligen Kreaturen im Schleim der Ozeanböden bis hin zu ihrer vollkommenen Entwicklung in den höchsten Formen von Tierleben wie dem Pferd, dem Hund, dem Elefanten usw. In allen Fällen können wir jedoch sehen, dass jede Kreatur in ausreichendem Maß mit Intelli-

genz ausgestattet ist, um den Bedürfnissen und Anforderungen gerecht zu werden, die nötig sind, um sich der Umgebung anzupassen. Während die Umwelt an Komplexität zugenommen hat, haben sich die Lebensformen der Tiere, um den Anforderungen gerecht zu werden, entweder im Bewusstsein angepasst oder sind im Laufe der Evolution ausgestorben.

Beide, sowohl die Wissenschaft als auch die okkulten Lehren, lassen uns wissen, dass das Leben der Tiere seinen Ursprung im Schleim der Ozeanböden hatte und die Form von einzelligen Kreaturen annahm. Die bekannteste Form von einzelligen Tieren sind die Prokaryoten, die aus nur einer einzigen Zelle bestehen, die wie ein winziger Tropfen Klebstoff ist. Es gehört der niedrigsten Kategorie von Tierleben an, die als Protozoen bekannt ist. Das Prokaryot lebt im Wasser und ist ein sehr kleiner form- und farbloser, schleimiger, klebriger Tropfen von protoplastischer Substanz. Es hat keinerlei Organe und alle seine Teile sind sich ähnlich. Es fehlen ihm die separaten Organe oder Teile, mit denen es die Aufgaben lebender Kreaturen ausführen kann, wie sie in den höheren Lebensformen gefunden werden. Und doch führt diese organlose Kreatur dieselben Prozesse durch, und zwar Ernährung, Reproduktion, Reaktion auf Reize und willentliche Handlungen. Jeder Teil des Prokaryot ist in der Lage, Nahrung und Sauerstoff aufzunehmen. Es ist ganz Magen und ganz Lunge. Darüber hinaus ist es ein sich reproduzierender Organismus. Es umschließt seine Nahrung, wie ein Tropfen Klebstoff ein winziges Körnchen einschließt. Dann nimmt es die Nährstoffe seiner Nahrung durch jeden Teil seiner Oberfläche auf, der mit der Nahrung in Berührung kommt. Es bewegt sich fort, indem es einen Teil seiner selbst wie einen winzigen Schwanz oder Finger nach außen verlängert. Das stellt einen »falschen Fuß« dar, mit dem er sich nach vorne, hinten oder seitwärts fortbewegt, schiebt oder zieht. Wenn es so weit

ist, zieht es den »falschen Fuß« in seine allgemeine Substanz zurück und ist genauso wie vorher. Es hat keine geschlechtliche Unterscheidung, vermehrt sich jedoch einfach, indem es größer wird und sich dann in zwei Teile spaltet – und der Vorgang ist vorbei. Jetzt gibt es zwei Prokaryoten, wo einen Moment zuvor nur ein Prokaryot war. Und doch empfängt dieses einfache Geschöpf Eindrücke von außen und reagiert darauf. Es sucht seine Nahrung und flüchtet vor seinen Feinden. Es hat all den Geist, den es braucht.

Als Nächstes finden wir auf der aufstrebenden Skala des Tierlebens die Amöben. Diese Kreatur ist auch ein einzelliges Tier. Sie bewegt sich durch eine stetige Projektion des »falschen Fußes« und ein darauffolgendes Zurückziehen desselben fort, was ihr das Aussehen eines Mehrfingers oder mehrfüßigen Dinges gibt. Diese Kreatur hat Ansätze von Teilen und Organen. Vor allem hat sie im Zentrum einen Nukleus und auch einen sich ausdehnenden und zusammenziehenden Hohlraum im Inneren, den sie zum Halten, Verdauen und Ausscheiden von Nahrung benutzt – sozusagen einen rudimentären Magen. Sie hat auch so etwas wie eine Haut auf der Oberfläche und ihr Inneres kann nicht nach außen gekehrt werden, und umgekehrt kann ihr Äußeres nicht nach innen kommen wie bei ihren Brüdern, den Prokaryoten, ohne ihr Leben zu zerstören.

Lassen Sie uns hier einen Moment innehalten, bevor wir zur Betrachtung der höheren Formen von Tierleben übergehen. Der Sinn dieser Pause ist, unsere Aufmerksamkeit auf die Ähnlichkeit der Prokaryoten und der Amöbe mit einer Zelle des menschlichen Körpers zu richten. Die gewöhnlichen Zellen eines höher entwickelten Tieres und eines Menschen sind den Prokaryoten in vieler Hinsicht sehr ähnlich, während die weißen Korpuskel im Blut von Tieren und Menschen eine erstaunliche Ähnlichkeit mit Amöben aufweisen. Das

bezieht sich auf ihre Größe, allgemeine Struktur und Fortbewegung – und tatsächlich klassifiziert die Wissenschaft sie als »Amöboide«. Die weißen Korpuskeln unseres Blutes – diese Amöboiden – verändern ihre Form, nehmen auf intelligente Art und Weise Nahrung auf und leben mit Bewegungen, die zweifellos Gedanken und Willen zeigen, ein offensichtlich unabhängiges Leben.

Die Zellen, aus denen die tierischen und menschlichen Körper bestehen, sind wirklich unabhängige lebende Kreaturen, von denen jede mit genügend Geist ausgestattet ist, der sie in die Lage versetzt, das für ihre Lebensaufgabe Notwendige zu leisten. Mithilfe des Vorgangs der den Okkultisten als »Gruppen-Geist« bekannt ist – bei dem eine gewisse Anzahl von unabhängigen Zellen ihre Aktivitäten koordinieren –, bewerkstelligen diese Zellen die koordinierte Arbeit von Organismen. Jeder Geist einer Zelle entspricht perfekt den Anforderungen für seine besondere Aufgabe. Die Arbeit dieser Zellen, dem Blut die exakt benötigte Menge von Nährstoffen zu entnehmen, ist nur ein untergeordneter Beweis der Gegenwart eines solchen Geistes in ihnen. Der Verdauungsvorgang, die Assimilation usw. sind andere Hinweise auf die Intelligenz dieser Zellen und Zellgruppen. Bei der Heilung von Wunden, bei der die Zellen dahin eilen, wo ihr Dienst gebraucht wird, haben wir ein eindrucksvolles Beispiel für die selektive Intelligenz von Zellen. Die Zellen des Körpers sind ununterbrochen bei der Arbeit und führen die vielseitigen Aufgaben des Organismus aus. Entsprechend der Natur der zu erledigenden Aufgabe, arbeiten sie in kleinere oder größere Gruppen aufgeteilt zusammen.

Einige Körperzellen sind »aktive Arbeiter«. Sie produzieren die Sekrete und Flüssigkeiten, die bei den unterschiedlichen Tätigkeiten für das System gebraucht werden. Andere gehören zu den »Reserven« und werden unter »Warten auf Auf-

träge« geführt. Sie warten für den Fall eines Unfalls oder einer Notsituation auf den Aufruf zur Arbeit. Manche sind stationär, andere sind nur stationär, bis sie aufgerufen werden, sich in Bewegung zu setzen, um irgendwelche Anforderungen zu erfüllen. Wiederum andere sind ständig in Bewegung. Einige unternehmen regelmäßige Reisen und andere sind wild Herumwandernde. Einige der sich bewegenden Zellen führen die Arbeiten von Trägern aus. Einige bewegen sich von Ort zu Ort und erfüllen sonderbare Aufgaben. Andere sorgen für die »Abfallentsorgung« und eine große Anzahl von Zellen stellen die »Polizeigewalt« für den Körper dar bzw. agieren als »Zell-Armee«.

Die Trägerzellen – die roten Blutkörperchen – reisen in den Arterien und Venen, tragen während ihrer arteriellen Ausreise eine Menge Sauerstoff mit sich und bringen bei ihrer Rückreise Abfallprodukte des Systems mit, die in den Lungen verbrannt werden. Andere Zellen bahnen sich ihren Weg durch die Wände der Arterien, Venen und durch das Körpergewebe, um Reparaturarbeiten auszuführen. Die Polizei- und Soldatenzellen im Blut schützen das System vor den Attacken von Krankheitserregern, Bakterien und anderen schädlichen Besuchern oder Eindringlingen. Wenn eine beschützende Zelle mit einem Eindringling dieser Art in Kontakt kommt, fängt sie ihn ein und verschlingt ihn. Wenn diese Aufgabe für eine Zelle zu groß ist, ruft sie die anderen zur Unterstützung auf, und mit gemeinsamer Kraft ergreifen sie den Eindringling und versuchen ihn aus dem System zu entfernen.

Die Arbeit der Zellen, die Wunden heilt, liefert eines der eindrucksvollsten Beispiele für die Anwesenheit von Intelligenz in den Zellen. Wenn ein Teil des Körpers verwundet ist, so kann beobachtet werden, dass das Gewebe, die Lymph- und Blutgefäße, die Drüsen, Muskeln, Nerven und manchmal sogar die Knochen bedient werden. Das Nervensystem schlägt

Alarm und die reparierenden Zellen eilen in großer Anzahl an die Wundstelle. Das fließende Blut wäscht den Schmutz und die Fremdkörper aus oder es versucht es wenigstens. Dann gerinnt das Blut und formt einen Schorf, um die Wunde zu schützen. Zu diesem Zeitpunkt sind Millionen von Blutzellen an Ort und Stelle angekommen und sofort beginnen die Reparaturarbeiten. Indem sie diese Arbeit tun, weisen die Zellen auf die wunderbarste Aktivität und Intelligenz hin. Auf beiden Seiten der Wunde beginnen die Zellen des Gewebes, der Nerven, der Blutgefäße usw. sich schnell zu vermehren, allmählich eine Brücke über den Raum zwischen den beiden Seiten der Wunde zu formen und beide Seiten zusammenzubringen. Bei dieser Brückenarbeit demonstrieren sie Intelligenz und das Erkennen von Sinn und System. Die Zellen der Blutgefäße verbinden sich mit gleichartigen Zellen auf der entgegengesetzten Seite der Wunde und formen neue Gefäße, durch die das Blut fließen kann. Ebenso verfahren die Zellen des Bindegewebes und auch die Zellen der anderen Arten von Körpersubstanz. Dann, nachdem die »innere Arbeit« vollendet ist, formen neue Epidermis-Zellen eine neue Haut über der Wunde.

Das hier Gesagte vermittelt Ihnen einen flüchtigen Einblick in die wundervolle intelligente Arbeit der Zellen, während sie ihre Aufgabe im Körper erfüllen. Was nicht erwähnt wurde, ist ebenso wunderbar. Genau genommen sind die Zellen des Körpers wie die individuellen Bienen in einem Bienenstock unabhängige, lebendige Geschöpfe, die für das gemeinsame Wohl zusammenarbeiten.

Die obige Abschweifung geschah, um mit der wunderbaren Intelligenz vertraut zu machen, zu der die Manifestation durch die Gegenstücke der Prokaryoten und der Amöben in der Lage ist – jenen niedrigen Formen von einzelligen Lebewesen, die wir auf den vorhergehenden Seiten betrach-

tet haben. Ein Verständnis der Fakten des oben Beschriebenen wird jedem Schüler die vollständige Wahrnehmung und Wertschätzung der Wahrheit der zuvor gemachten Aussage ermöglichen, nämlich dass *jedes lebendige Geschöpf, vom Höchsten bis zum Niedrigsten, den Anforderungen seiner Lebensaufgabe und seinen Aktivitäten entsprechend bis zu einem gewissen Grad mit Bewusstsein und Intelligenz ausgestattet ist.*

Einige der Amöben – die Kieselalgen zum Beispiel – scheiden feste Materie aus dem Wasser aus. Sie bauen sich selbst winzige Häuschen oder Muscheln, um sich vor ihren Feinden zu schützen. Diese Gehäuse haben winzige Öffnungen, durch die das Geschöpf seine »falschen Füße« herausstrecken kann, um sich fortzubewegen und Nahrung aufzunehmen. Aus den Skeletten dieser winzigen Kreaturen haben sich in vielen Teilen der Welt Kalkablagerungen gebildet.

Die Nächsthöheren auf der Skala sind die Infusorien[6], die sich durch ihre winzigen vibrierenden Fädchen oder fadenähnlichen Anhänge unterscheiden, die sie zur Fortbewegung benutzen und um ihre Nahrung einzufangen. Diese Fäden sind beständig. Sie bilden im Tierreich den Anfang der Manifestation von beständigen Gliedmaßen. Diese elementaren Kreaturen haben auch rudimentäre Mundöffnungen entwickelt und einen kurzen Schlund, also einen rudimentären Hals, eine Luft- und eine Nahrungspassage.

Dann kommen die Schwämme, schleimige Geschöpfe, die ein schwammartiges, weiches Skelett haben. Diese Geschöpfe benutzen auch peitschenartige Fäden, mit denen sie Nahrung sammeln. Dann kommen die Polypen, die an schwimmenden Objekten haften und einen nach unten gerichteten Mund mit Fangarmen haben, die ihm zum Ergreifen der Nahrung dienen. Die Quallen, die auch zu dieser Familie gehören,

6 z. B. Wimpertierchen (Anm. d. Hrsg.)

haben rudimentäre Muskeln, deren Zusammenziehen diesem Geschöpf ermöglicht zu schwimmen. Sie besitzen auch ein rudimentäres Nervensystem, rudimentäre Augen und Ohren. Als Nächstes in der aufsteigenden Skala kommt der Seestern, der Seeigel und Ähnliches, von denen einige ein klar bestimmbares Nervensystem, einen richtigen Magen und Augen haben. Dann kommen die Annulosa oder die zusammengefügten Kreaturen, aus denen die verschiedenen Familien von Würmern, Krebsen, Spinnen, Ameisen usw. bestehen. Zu dieser großen Familie gehören fast vier Fünftel aller bekannten Lebensformen aus dem Tierreich. Ihre Körper sind wohlgeformt und sie haben gut entwickelte Nervensysteme, Augen und andere Sinnesorgane. Einige höher entwickelte Formen haben ein Kreislaufsystem, das blutähnliche Flüssigkeiten und Sauerstoff in alle Körperteile des Geschöpfes verteilt. Die Insekten mit ihren vielen Variationen sind auf der Skala dieser großen Familie am höchsten entwickelt. Ihre Charakteristika brauchen hier nicht beschrieben zu werden, da jeder damit vertraut ist. Die Wunder der Spinnen, der Ameisen oder Bienen sind von großen Naturalisten beschrieben worden. Ein Student braucht keine weitere Bestätigung des Vorhandenseins von Intelligenz im Wesen dieser winzigen Kreaturen und in ihren Beziehungen zueinander innerhalb der Welt der Insekten. Darwin hat einmal gesagt, dass »das Gehirn der Ameisen, obwohl nicht viel größer als ein Punkt, eines der wunderbarsten Atome der Materie der Welt ist, vielleicht sogar wunderbarer als das Gehirn des Menschen.« Dann kommen die Weichtiere, zu deren Gruppe die Austern, Muscheln, Schnecken usw. gehören. Einige der höher entwickelten Formen dieser Familie haben Anzeichen einer rudimentären Wirbelsäule und können womöglich als das Verbindungsglied zwischen Nicht-Wirbeltieren und Wirbeltieren betrachtet werden.

Als Nächstes auf der aufsteigenden Skala kommen die Wirbeltiere, die ihren Namen aufgrund des Vorhandenseins einer Wirbelsäule, eines Spinalkanals oder eines Rückgrats und eines Skelettes im Inneren haben, im Gegensatz zu den niedrigeren Lebensformen mit äußeren Skeletten. Am untersten Ende der Skala der Wirbeltiere ist die große Familie der Fische mit höheren und weniger entwickelten Spezies zu finden. Dann kommen die Reptilien, zu deren Spezies die Schlangen, die Echsen, Schildkröten, Krokodile usw. gehören. Es gibt viele Verbindungsglieder zwischen der Familie der Fische und der der Reptilien und auch viele zwischen der Familie der Reptilien und der Familie der Vögel, die die nächsthöher entwickelten sind. Unter den Vögeln finden wir vor allem in der Familie der Krähen Beispiele eines hohen Grades von Intelligenz.

Über den Vögeln kommen als Nächstes die Säugetiere, die durch verschiedene seltsame Verbindungsglieder mit der Familie der Vögel verbunden sind. Das australische Schnabeltier zum Beispiel ist solch eine eigenartige Kreatur. Es legt Eier, und wenn die Jungen geschlüpft sind, werden sie mit Milch aus der Brust genährt. Zu der großen Familie der Säugetiere gehören folgende Untergruppen von Tieren: die *Kloakentiere* (Monotremen) oder halb Vogel-, halb Säugetier-Geschöpfe, die *Beuteltiere* oder milchgebende, einsteckende Tiere, die ihre noch nicht ganz entwickelten Jungen bis zu deren Reife in eine äußere Tasche stecken – wie zum Beispiel die Opossums und Kängurus –, und die *plazentalen Säugetiere* oder Kreaturen mit einer Plazenta oder einem Fortsatz, durch den das Junge vor der Geburt in der Gebärmutter ernährt wird. Das ist die königliche Linie, in der die höher entwickelten Formen von Säugetieren voranschreiten.

Bei den *plazentalen Säugetieren* sind folgende Untergruppen zu finden: die *Edentate* (Nebengelenktiere) oder zahnlose Geschöpfe genannt, wie die Faultiere, die Ameisenbären, die

Gürteltiere usw.; die *Sirenia* oder Seekühe, Gabelschwanzseekühe oder Seeschweine (Dugongs) usw.; die *Cetacea* oder Wale, Delphine, Tümmler usw., die den Fischen zwar ähnlich, aber richtige Säugetiere sind (sie gebären ausgereifte Junge, die an der Brust genährt werden), die *Unguluta* oder Huftiere, wie zum Beispiel das Pferd, die Kuh, das Rhinozeros, das Flusspferd, das Schwein, das Kamel, das Reh, das Schaf usw.; die *Hyracoidea* (Schliefer) oder die Familie der Kaninchen, Hasen usw.; die *Proboscidea* oder Rüsseltiere wie zum Beispiel die Elefanten; die *Carnivora* (Raubtiere) oder Fleischfresser, einschließlich des Seehundes, des Bären, des Hundes, des Wolfes, des Löwen, des Tigers, des Leoparden usw. Der Wolf und ähnliche Tiere gehören zu der Untergruppe der Hunde, während der Löwe, der Tiger und ähnliche Tiere zu der Untergruppe der Katzen gehören. Und dann sind da noch die *Rodentia* oder Nagetiere, zu denen die Ratte, der Hase, der Biber, das Eichhörnchen, die Maus usw. gehören, weiter die *Insectivora* oder Insektenfresser, wie zum Beispiel der Maulwurf, die Spitzmaus, der Igel usw.; die *Chiroptera* oder Fledertiere einschließlich der großen Familie der Fledermäuse usw.; die *Lemuriformes* oder Lemurenfamilien, deren Individuen den Affen vom Aussehen her ähnlich sind, zusätzlich aber einen langen, buschigen Schwanz haben und eine spitze Schnauze wie ein Fuchs. Sie sind wie kleine Füchse mit Händen und Füßen von Affen. Weiter die *Primaten* oder die Familie der affenähnlichen Geschöpfe, des Pavians, des Menschen-Affen, des Gibbon, des Gorillas, des Schimpansen, des Orang-Utan und schließlich das Verbindungsglied zwischen den affenähnlichen Formen und dem Menschen.

Der Student wird auf der aufsteigenden Skala des Tierlebens zahllose verschiedene Spezies, Unter-Spezies und Variationen von Spezies erkennen. Und in jeder wird irgendein kleiner Unterschied in Bezug auf den Grad und die Quali-

tät der von der Kreatur manifestierten Intelligenz festgestellt werden. Sogar unter den einzelnen Tieren derselben Spezies ist ein großer gradueller Unterschied derartiger Manifestationen zu finden. Doch insgesamt kann eine bestimmte allgemeine Bewusstseinsebene auf der einen Seite im Unterschied zu der Ebene der Mineralien und auf der anderen Seite im Unterschied zu der Ebene des Menschen, als die Ebene der Tiere bezeichnet werden.

Die Ebene des Menschen

Wenn wir von der Ebene des Tier-Bewusstseins auf die Ebene des menschlichen Bewusstseins gehen, erkennen wir bald die Gegenwart eines neuen Elementes von Bewusstsein. Dieses Element ist als ein »Bewusstsein von sich selbst« bekannt oder als das Bewusstsein, das den Menschen, der um sich selbst weiß, in die Lage versetzt zu sagen: »Ich bin ich« – um sich selbst, unabhängig von den Gedanken, als Denkender zu identifizieren; als Handelnder, unabhängig von der Handlung; als Fühlender, unabhängig von dem Gefühl; als Wollender, unabhängig von gewollten Aktivitäten; als bewusstes Subjekt, unabhängig von dem Phänomen der Sinne. Es ist wahr, dass dieses neue Bewusstsein in den einfachen Formen menschlichen Lebens existiert, jedoch nur als ein schwaches Dämmern. Und während der Aufstieg des Menschen voranschreitet, flammt diese neue Bewusstheit in höheren und noch höheren Formen auf. Was dieses neue »Sich-seiner-selbst-bewusst-Sein« ist, sehen wir gegenwärtig.

Wenn wir an den Menschen denken, müssen wir uns daran erinnern, dass einfache Menschen – nur wenig vom Affen entfernt – genauso viel Mensch sind wie das höchste Individuum der heutigen Menschheit oder wie sein noch höher stehender Nachkomme von Morgen. Und wir dürfen nicht vergessen, dass die Ebene des menschlichen Bewusstseins in einer Hinsicht eng mit der Ebene des Tier-Bewusstseins verbunden und vermischt ist. Die besten wissenschaftlichen und okkulten Lehren sind der Auffassung, dass der Mensch und der Affe Nachkommen eines gemeinsamen Vorfahren aus längst vergangenen Zeitaltern sind. Der gemeinsame Vorfahre war der Stamm, von dem auf der einen Seite der menschliche Zweig und auf der anderen Seite der des Affen entsprang.

Die Betrachtung des charakteristischen Bewusstseinsstadiums, das uns als des Menschen »Bewusstsein von sich selbst« bekannt ist, wird in folgendem Kapitel weiterverfolgt. In diesem Kapitel wird auch die Betrachtung der beiden noch höheren Bewusstseinsebenen aufgenommen, die uns als die »Ebene der Halbgötter« und die »Ebene der Götter« bekannt sind.

KAPITEL 8

DIE DREI HÖHEREN EBENEN DES BEWUSSTSEINS

In diesem Teil unserer Präsentation sind wir jetzt bei dem Thema der geheimen Lehre der Rosenkreuzer angekommen, insbesondere bei der Phase, die als »die sieben Ebenen des Bewusstseins« bekannt ist und in der wir den Schüler bitten, die Phasen des Bewusstseins zu betrachten, die über der Ebene des Tier-Bewusstseins liegen. Entsprechend geht es bei unserer gegenwärtigen Betrachtung um jene drei großen Ebenen des Bewusstseins, die mit der Ebene des menschlichen Bewusstseins beginnen, die Ebene des Bewusstseins der Halbgötter einschließen und ihre höchste Manifestation auf der Ebene des Bewusstseins der Götter finden.

Während diese drei höheren Bewusstseinsebenen Teil des Symbols der Rosenkreuzer der sieben Ebenen des Bewusstseins sind, d.h. der sieben verbundenen Kreise, haben die Rosenkreuzer auch ein besonderes Symbol, durch das sie diese wunderbaren höheren Ebenen des Bewusstseins darstellen möchten, und zwar das Symbol der *drei verbundenen Kreise* (siehe Abb. 10). Es wird hier auch bemerkt, dass jeder der Kreise mit den beiden anderen auf jeder Seite verbunden ist. Der Umfang jedes Kreises geht über den der anderen beiden auf jeder Seite hinaus. Das stellt dar, dass jede Bewusstseinsebene mit den anderen vermischt ist, eine Wahrheit, die, während wir kommentarlos mit der Lehre dieses Kapitels voranschreiten, offensichtlicher wird.

5. Die Ebene des menschlichen Bewusstseins

Die Ebene des menschlichen Bewusstseins ist, wie ihr Name schon sagt, die Ebene bewusster Aktivität, die von Menschen manifestiert wird, die in ihrer Entwicklung mehr oder weniger fortgeschritten sind. Diese Bewusstseinsebene ist, wie all die anderen sieben Bewusstseinsebenen, in sieben Unterebenen aufgeteilt und jede von ihnen wiederum in sieben usw., wie in den vorhergehenden Kapiteln dieses Buches erklärt. Darüber hinaus ist diese Ebene an einem Pol mit den höchsten Unterebenen der Ebenen des Tier-Bewusstseins verbunden und vermischt sich mit ihnen, während sie sich an ihrem anderen Pol mit den unteren Untergruppen der nächsthöheren Ebene vermischt, d.h. mit der Ebene des Bewusstseins der Halbgötter. Noch einmal, wenn wir dem Symbol der drei verbundenen Kreise folgen, dann ist derselbe Mensch, der bis zu einem gewissen Grad auf der Ebene des menschlichen Bewusstseins manifestiert ist, mit den beiden höheren Ebenen in Berührung, die als die Ebene des Bewusstseins der Halbgötter und die Ebene des Bewusstseins der Götter bekannt sind.

Der Grund dafür, dass die Rosenkreuzer diese drei höheren Ebenen in einer Dreieinigkeit und offensichtlich von den unteren drei Ebenen getrennt anordnen, ist, dass die individuelle Seele auf diesen drei höheren Ebenen des Bewusstseins ein Bewusstsein von sich selbst oder von dem »Ich bin« manifestiert – wenigstens bis zu einem gewissen Grad –, während dieses »Ich«-Bewusstsein auf den unteren vier Ebenen gar nicht vorhanden ist und die mentale Aktivität mehr oder weniger automatisch und instinktiv ist. Diese Unterscheidung wird im Weiteren noch deutlicher.

In den niedrigsten Formen menschlichen Bewusstseins ist die menschliche mentale und emotionale Aktivität kaum stärker als bei den höher entwickelten Tieren. In der Tat schei-

nen die Tiere in einigen Fällen einen größeren Grad intellektueller Kraft an den Tag zu legen, wenn auch nur instinktiv. Doch sogar in den niedrigsten Formen menschlichen Lebens erscheint zumindest ein schwaches Glimmen von einem Bewusstsein von sich selbst oder die Überzeugung, das »Ich-bin-ich«, die Form von Bewusstsein, durch die das menschliche Individuum sich seiner selbst als einem individuellen Wesen bewusst wird. Dies ist, mehr als der Grad intellektueller Entwicklung, das charakteristische, unterscheidende Merkmal für den Menschen.

Es ist recht schwierig, den tatsächlichen Unterschied zwischen den höchsten Formen des Tier-Bewusstseins und den niedrigsten Formen des menschlichen *Bewusstseins von sich selbst* klar in Worte zu fassen, obwohl der Unterschied zwischen dem höchst entwickelten Tier und dem am weitesten entwickelten Menschen in dieser Hinsicht sehr deutlich ist. Zugegebenermaßen ist die Erklärung schwierig. Doch es darf gesagt werden, dass auch im Falle des höchst entwickelten Tieres das Bewusstsein immer nach *außen* gerichtet ist, während es sogar in der niedrigsten Art von Mensch zumindest ein schwaches Ausmaß eines nach *innen* gerichteten Bewusstseins gibt. Das Tier denkt immer an äußere Dinge, während sogar der einfachste Mensch zuweilen an *sich selbst* denkt – sich selbst zum Objekt der eigenen Gedanken macht, wenigstens in dem Sinne, dass er seine eigenen Gefühle, Ideen usw. betrachtet und sie mit anderen vorhergehenden vergleicht. Oder noch einmal: Für das Tier gibt es keine »innere Welt« oder »etwas im Inneren«, während der Mensch seiner »inneren Welt« oder »etwas im Inneren« im Gegensatz zu »etwas im Äußeren« immer gewahr ist (wenigstens in einem gewissen Umfang).

Eine beliebte psychologische Illustration, die den Unterschied zwischen dem einfachen Bewusstsein der höher ent-

wickelten Tiere und dem »Selbst-Bewusstsein« des Menschen verdeutlicht, hat ein Autor wie folgt beschrieben: »Ein Pferd, das draußen im kalten Regen und Hagel steht, fühlt das Unbehagen zweifellos und womöglich den Schmerz, denn wir wissen durch Beobachtungen, dass das Tier beides fühlt. Doch das Pferd ist nicht in der Lage, seine mentalen Zustände zu analysieren und sich zu fragen, wann sein Meister wohl zu ihm nach draußen kommt, oder daran zu denken, wie grausam es ist, es außerhalb des warmen Stalls stehen zu lassen, oder sich zu fragen, ob es morgen wohl in den kalten Regen hinausgeschickt wird, oder anderen Pferden gegenüber, die im Stall stehen, Neid zu empfinden oder sich zu fragen, warum es gezwungen ist, in kalten Nächten draußen zu sein usw. – wie ein Mensch es unter denselben Bedingungen tun würde. Ein Pferd spürt das Unbehagen genauso wie ein Mensch und es würde nach Hause laufen, wenn es das könnte, genauso wie ein Mensch. Aber es kann sich selbst nicht bemitleiden noch über seine Individualität oder Persönlichkeit nachdenken, wie ein Mensch das tun würde – noch würde es sich fragen, ob solch ein Leben letztendlich lebenswert ist. Es ›weiß‹, aber es ›weiß nicht, dass es weiß‹, wie ein Mensch. Das Tier kann sich ›selbst nicht erkennen‹.«

Doch wir dürfen nicht dem Fehler verfallen anzunehmen, dass der einfache Mensch oder auch der weniger entwickelte Mensch der modernen Zivilisation die Fähigkeit, sich seiner selbst bewusst zu sein, in hohem Maße besitzt. Im Gegenteil, in beiden Fällen kann wohl gesagt werden, dass diese Form des Bewusstseins nur in einem Zustand der Dämmerung existiert – und doch ist diese Dämmerung ein deutlicher Fortschritt für die Dunkelheit der mentalen Nacht. Ein moderner Psychologe sagt über die vergleichsweise höheren Formen von Selbst-Bewusstsein: »Viele Menschen haben niemals mehr als eine vage Vorstellung solch einer mentalen

Einstellung. Sie nehmen sich immer für selbstverständlich und richten den Blick niemals nach innen.«

Die Entwicklung höherer Formen von Selbst-Bewusstsein kann in der graduellen Entfaltung des Geistes eines Kindes beobachtet werden. Sowohl auf der mentalen als auch auf der physischen Ebene durchläuft und wiederholt ein Neugeborenes die Stadien der Evolution seiner Vorfahren. In einem bestimmten Stadium der mentalen Evolution oder Entwicklung kommt für das kleine Kind eine bestimmte Phase, in der es zu der ihm dämmernden Erkenntnis erwacht, dass es ein Individuum ist anstatt nur ein Haufen von Gefühlen und Wünschen. Bis zu einem bestimmten Punkt spricht das kleine Kind in der dritten Person von sich selbst, also von »Johann« oder »Marie« usw. Dann beginnt es, wenn es von sich selbst spricht, plötzlich die Worte »ich« oder »mich« zu benutzen, obwohl es beim Gebrauch dieser Pronomen vielleicht grammatikalische Fehler macht, besteht doch nie ein Zweifel daran, dass das Kind genau weiß, wofür sie stehen, es weiß: »Ich bin ich.«

Einige Psychologen weisen auf die Tatsache hin, dass viele Kinder ein dem Grauen ähnliches Gefühl erleben, wenn sie diese Wahrnehmung von »Ich« oder ihrer Individualität erstmals erfahren. Einige Autoren haben bestätigt, dieses seltsame Gefühl von Alleinsein und die Trennung von allen anderen Dingen empfunden zu haben, als dieser Sinn für ihre Individualität sie in ihrer frühen Kindheit erstmals erfasst hatte. In einigen Fällen wird die sich lichtende Dämmerung eines Bewusstseins von sich selbst von einer sich neu entwickelnden Scham und Schüchternheit begleitet oder von dem mehr oder weniger krankhaften Zustand, der unter dem allgemeinen Namen »Selbstbewusstsein« bekannt ist. Mit dieser Fähigkeit der Innenschau geht oft die Tendenz einher, sie zu frei anzuwenden und dadurch auf der einen Seite krankhaft oder auf der anderen Seite dümmlich-egoistisch und eingebildet zu werden.

Ein Autor beschreibt diesen besonderen Zustand neu erwachten Bewusstseins sehr schön: »Obwohl dieses Gefühl des Getrenntseins und des Abgesondertseins, während der Mensch älter wird, weniger intensiv ist, ist es in einem mehr oder weniger großen Maße doch immer vorhanden, bis ein höherer Zustand erreicht wurde, in dem es wieder verschwindet. Und dieser sich seiner selbst bewusste Zustand ist für viele sehr schmerzlich. Viele empfinden sich in verschiedene mentale Zustände verwickelt, von denen sie glauben, sie selbst zu sein oder unauflösbar mit sich selbst verbunden zu sein. Und das Ringen zwischen dem erwachenden Ego und seiner begrenzenden Hülle ist in einigen Fällen sehr schmerzlich. Und während der Mensch sich seiner selbst bewusst voranschreitet und sich dem Ende nähert, an dem er Befreiung erfährt, wird der Schmerz noch stärker. Der Mensch isst vom Baum der Erkenntnis und beginnt zu leiden. Er wird aus dem Garten Eden vertrieben, aus dem Kind-Bewusstsein, in dem das Individuum wie die Vögel gelebt hat, unbekümmert in Bezug auf die Angelegenheiten seiner höheren Natur. Der Mensch bezahlt das Geschenk des Selbst-Bewusstseins teuer – doch es ist es wert. Denn schließlich erreicht er die Höhen höheren Bewusstseins und wird von seiner Last befreit.«

Mit dem dämmernden Gewahrsein der eigenen mentalen Zustände kommt man zu der Erkenntnis, dass andere Menschen ähnliche Zustände erfahren. Und man beginnt über diese Vorgänge in anderen zu spekulieren und nachzudenken. Dann kommt das Bedürfnis, mit anderen über die eigenen Ideen zu kommunizieren und an diese Gefühle der Vernunft zu appellieren. All dies unterstützt die Entwicklung des Intellekts und logischen Denkens, die charakteristische Merkmale des sich entwickelnden menschlichen Bewusst-

seins sind. Der Mensch beginnt eine Antwort auf die vielen »Warum« zu suchen, die sich ihm präsentieren. Und er versucht das Unbekannte durch das Bekannte zu ergründen. Er fährt fort, Anwendungen zu erfinden, die dem Erlangen von Dingen dienlich sind, die er sich wünscht. Er rüstet seinen Intellekt für den Streitwagen seiner Wünsche und lenkt ihn durch den Befehl seines Willens, des Kampfwagenführers.

Wie gesagt, der Mensch zahlt tatsächlich einen Preis für sein sich entwickelndes Bewusstsein. Er bezahlt, während er in das neue Gebiet bewusster Existenz und Erfahrung voranschreitet, einen sich ständig erhöhenden Preis. Je mehr er weiß, desto mehr erwünscht er. Und je mehr Verlangen er hat, desto mehr leidet er unter dem Schmerz, es nicht zu haben. Die Fähigkeit zu leiden ist der Preis, den der Mensch für sein Voranschreiten auf der Skala bezahlt. Aber er hat eine entsprechende Kapazität für Freude, die ihn begleitet. Er hat nicht nur den Schmerz ungestillten Verlangens nach dem Besitz materieller Güter und physischer Wünsche, sondern auch den Schmerz, der aus dem Mangel an Intelligenz entsteht, Antworten auf die im Umfang ständig zunehmenden Probleme zu finden, die sich seinem sich stetig entwickelnden Intellekt zur Lösungsfindung präsentieren. Und er leidet auch unter unbefriedigten Sehnsüchten, Enttäuschungen, nicht erlangten Zielen und Ambitionen und unter dem ganzen Rest der Liste.

Das Tier lebt sein Leben und ist zufrieden – denn es weiß es nicht besser. Wenn es genug zu fressen hat, einen Platz zum Schlafen und einen Gefährten, dann ist es zufrieden und fragt nicht nach mehr. Es hat wenig Bedürfnisse, und da sein Maß an Glücklichsein nicht hoch ist, fehlt ihm die Kapazität für mentale und emotionale Schmerzen, die jene weiter oben auf der Skala besitzen. Und viele Menschen stehen nur wenig über diesem Zustand. Sie sind leicht zufriedenzustellen. Sie wissen nicht um das unbefriedigte Verlangen, das andere unglücklich sein lässt. Sie haben keine unbeantworteten Fragen. Sie träumen nicht einmal von der Existenz solcher Fragen. Aber während der Mensch voranschreitet, möchte er multiplizieren, und sein Schmerz nimmt zu. Neue Bedürfnisse werden nur teilweise befriedigt und die nicht befriedigten Überreste bereiten ihm Schmerz. Die Zivilisation wird immer komplexer und neue Bedürfnisse und Mängel manifestieren sich. Der Mensch bindet sich an Dinge und erschafft sich selbst künstliche Bedürfnisse, die er sich bemühen muss zu erfüllen. Sein Intellekt versagt oft dabei, ihn nach oben zu führen, und versetzt ihn oft lediglich in die Lage, neue und subtilere Mittel und Wege zu erfinden, die die Sinne erfreuen, was dem Tier oder dem einfachen Menschen in gewisser Weise nicht möglich ist. Manche Menschen machen eine Religion aus ihrer Sinnlichkeit und aus ihrem Verlangen und sinken in dieser Hinsicht unter die Ebene der Tiere. Andere werden eitel und eingebildet und erfüllt von einem aufgeblasenen Gefühl von der Wichtigkeit ihrer Persönlichkeit. Andere erschöpfen ihre Kapazität für Freude und Glück, indem sie außerhalb von sich selbst nach dem Glücklichsein suchen anstatt in ihrem Inneren. Dies sind die dunklen Schatten des hellen Lichtes menschlichen Bewusstseins. Und doch finden die Schatten im wirklich evolutionären Prozess immer ihren Gegenpol.

Während der Mensch im Bewusstsein seiner selbst auf der Skala voranschreitet, stellt er doch fest, dass er in seinem Gefühl für sich selbst allmählich von seiner Hülle und von seinen Werkzeugen unabhängig wird. Er beginnt zu erkennen, dass es ein »Ich bin« in ihm gibt, für das alle Gefühle, Emotionen, Wünsche und sogar Gedanken und Ideen nur Erscheinungen sind. In diesem höheren Zustand nimmt er sich selbst als ein »Ich bin« wahr, das von seinen mentalen und emotionalen Werkzeugen und Besitztümern umgeben

ist – als eine Sonne, die von ihren sich drehenden Welten und Aktivitäten umgeben ist. Er erkennt, dass das Ego nicht nur dem Körper, sondern auch den Gedanken und den Gefühlen überlegen ist. Und jetzt lernt er, wie er seinen Körper meistern und auf intelligente Weise nutzen kann, aber auch wie er seinen Intellekt und seine Emotionen auf intelligente Weise meistern und nutzen kann.

Ein bekannter Schriftsteller hat vom Menschen in diesem fortgeschrittenen Stadium gesagt: »Wenn wir bereit sind, an diese Meisterschaft des Körpers zu glauben, müssen wir bereit sein, an die Meisterschaft unserer eigenen inneren Gedanken und Gefühle zu glauben. Dass der Mensch Opfer irgendwelcher Gedanken ist, die zufällig Besitz von seinem Geist ergreifen, wird im Allgemeinen als unvermeidbar angenommen. Er mag es bereuen, dass ihn die Angst vor einem Gerichtsverfahren am folgenden Tag die ganze Nacht über wachgehalten hat, und dass er nicht die Macht hatte, selbst zu bestimmen, ob er wach bleiben sollte oder nicht, scheint eine überspannte Forderung zu sein. Die Vorstellung einer drohenden Katastrophe ist zweifellos unbeliebt, aber seine (sagen wir) Ablehnung verfolgt den Geist umso hartnäckiger und es ist nutzlos, sie zu verdrängen.

Und doch ist dies eine absurde Bemerkung. Denn der Mensch, der Erbe aller Zeitalter, ist geschunden von den schwächlichen Kreaturen seines eigenen Gehirns. Wenn uns ein Steinchen im Stiefel quält, dann werfen wir es hinaus. Wir ziehen den Stiefel aus und schütteln es heraus. Und wenn die Sache erst einmal richtig verstanden worden ist, dann ist es genauso leicht, einen aufdringlichen und unangenehmen Gedanken aus dem Geist zu verjagen. Daran sollte es keinen Zweifel und keine geteilten Meinungen geben. Die Sache ist offensichtlich, klar und ohne Makel. Es sollte genauso einfach sein, einen unangenehmen Gedanken aus dem Geist zu vertreiben, wie einen Stein aus dem Schuh zu schütteln. Bis ein Mensch das gelernt hat, ist es unsinnig, über seinen Aufstieg über die Natur und alles Folgende zu sprechen. Er ist nur Sklave und Opfer eines geflügelten Trugbildes, das durch die Gänge seines eigenen Gehirns flitzt.

Doch die müden und vergrämten Gesichter, die wir zu Tausenden sehen, auch unter den Wohlhabenden der Zivilisation, beweisen nur allzu klar, wie selten diese Meisterschaft erreicht wird, wie selten es in der Tat ist, einen *Menschen* zu treffen. Wie weit verbreitet es aber ist, ein Geschöpf zu entdecken, das von tyrannischen Gedanken (oder Vorsicht oder Wünschen) gejagt, kauernd und wimmernd unter der Peitsche – oder eigener zufälliger Einbildung – nur gehorsam dem Lenkenden nachläuft, der das Sagen hat und der ihn davon überzeugt, dass er frei ist – mit dem wir nicht sorglos und vertraulich sprechen können. Diese fremdartige Präsenz ist immer da und passt auf.

Es ist eine der vielversprechendsten Lehren bestimmter Schulen okkulter Philosophie, dass die Fähigkeit erreicht werden muss, Gedanken zu vertreiben oder sie wenn nötig auf der Stelle zu töten. Natürlich erfordert diese Kunst Übung, aber wie auch bei anderen Künsten ist sie kein Mysterium und keine Schwierigkeit mehr, wenn sie erst einmal erlernt ist. Und es ist die Übung wert. Es darf fairerweise in der Tat gesagt werden, dass das Leben erst beginnt, wenn diese Kunst erworben ist. Denn wenn es offensichtlich bei uns liegt, die ganze Schar in ihrer enormen Vielzahl, Vielfalt und Kapazität zu dirigieren, zu versenden und anzuwenden, was aufgezeichnet wurde, anstatt von individuellen Gedanken regiert zu werden, dann wird das Leben im Vergleich zu dem, was es vorher war, so weit und groß, dass sein vorhergehender Zustand fast als vorgeburtlich erscheinen mag. Wenn Sie einen Gedanken gegenwärtig töten können, dann können

Sie alles mit ihm machen, was Sie möchten. Und darum ist diese Macht so wertvoll. Sie befreit den Menschen nicht nur von mentaler Qual, sondern sie gibt ihm eine konzentrierte Kraft, mentale Arbeit zu erledigen, die ihm zuvor absolut unbekannt war. Die beiden Dinge entsprechen einander.

Während dieser Arbeit muss der Gedanke sehr konzentriert sein, ungestört von allem, was in diesem Zusammenhang nicht relevant ist. So wird er wie von einer großen Maschine mit riesiger Kraft und perfekter Ökonomie – kein Verschleiß und keine Tränen der Reibung oder der Verlagerung von Teilen – zerstoßen, da unterschiedliche Kräfte gleichzeitig arbeiten. Dann, wenn die Arbeit beendet ist, wenn es keine Gelegenheit für den Gebrauch der Maschine mehr gibt, muss sie sofort anhalten, absolut – ganz anhalten – keine Sorge (als wenn einer Schar von Jungen erlaubt worden wäre, mit einer Lokomotive, sobald sie im Schuppen angekommen ist, ihre Späße zu treiben) – und der Mensch muss sich in die Region seines Bewusstseins zurückziehen, in dem sich sein wahres Selbst aufhält. Ich sage, dass die Kraft der Gedankenmaschine durch die Fähigkeit, sie einerseits in Ruhe zu lassen und sie andererseits einzeln mit Konzentration auf andere zu benutzen, enorm ansteigt. Sie wird ein wirkliches Werkzeug, das ein Meister niederlegt, wenn die Arbeit erledigt ist, und nur der Pfuscher ständig mit sich herumträgt, um zu zeigen, dass er der Besitzer ist.«

Wenn ein Schüler die in den oben zitierten Absätzen ausgedrückten Ideen meistert, dann wird er in der Tat ein Meister des Geistes. Und wenn er die Idee auf die Ebene seiner Emotionen ausdehnt und dort dieselbe Idee und Methode praktiziert, dann wird er auch ein Meister seiner Emotionen – eine Errungenschaft unschätzbaren Wertes. Doch bevor er eine der beiden Techniken anwenden kann, wird es notwendig sein, zu der vollständigen Erkenntnis der Tatsache zu kommen, das dieses Selbst – sein wirkliches Ich – etwas ist, das noch höher steht und Gedanken und Emotionen übersteigt. Er muss in eine lebhafte Erkenntnis des »Ich bin« eintreten, bevor er in Bezug auf diese Errungenschaft hoffen darf, sagen zu können »Ich tue«. Wie die alten Meister der Rosenkreuzer zu sagen pflegten: »Wenn das ›Ich‹ sich selbst als das Selbst und den Meister erkennt, dann erst ist es in der Lage, seinen Thron zu besteigen und seinen Untertanen aus der Welt seiner Gedanken, Wünsche, Gefühle und Emotionen seinen Willen aufzuzwingen.«

Das erleuchtete Ich kann seine Kraft auf die oben beschriebene Art und Weise manifestieren. Aber es kann seinen Willen auch in dem Bereich tätig werden lassen, den die beliebte moderne Psychologie sich entschieden hat, das »Unterbewusstsein« zu nennen. Letzteres ist lediglich der große Bereich des Geistes, der außerhalb der Grenzen des Feldes liegt, auf das die konzentrierte Aufmerksamkeit gerichtet ist. In diesem Bereich findet ein großer Teil des Denkens des durchschnittlichen Menschen statt, dessen Ergebnis mehr oder weniger zufällig im Feld seiner Aufmerksamkeit aufleuchtet. Ohne tief in dieses Thema einzusteigen, würden wir an dieser Stelle sagen, dass der Mensch, der die Realität und die Kraft des Ich begriffen hat, in der Lage ist, diesem Teil seiner mentalen Maschinerie positive Befehle zu geben und sie nicht nur dazu zu bringen, die Arbeit gedanklicher Klassifikation, Induktion und Deduktion für ihn zu vollziehen, sondern das Ergebnis solcher Arbeit auch zu jeder Zeit und an jedem Ort in seine bewusste Aufmerksamkeit zu bringen. Die Meister des Geistes erleichtern sich auf diese Weise von viel Plackerei gewöhnlicher intellektueller Vorgänge. Sie erhalten entsprechend des Ausmaßes ihres Trainings und ihrer Einstellung, die sie in der Lage sind, dem vorgenannten Bereich ihres Geistes zu gebieten, logisch perfekte und anwendbare Ergebnisse.

Schließlich sollte der Schüler darauf aufmerksam gemacht werden, dass der durchschnittliche Mensch nur auf einigen der niedrigeren Unterebenen und Unterabteilungen der Ebene des menschlichen Bewusstseins gewahr ist und dass es innerhalb dieser Ebene wundervolle Bereiche gibt, die darauf warten, von den Weisen der Menschheit und von den Generationen der Zukunft erforscht zu werden. Die Weisen der Menschheit warten nicht Jahrhunderte lang auf die langsame Evolution der Mehrheit der Menschheit, sondern nehmen die »Abkürzung« zu den höheren Unterebenen, indem sie entsprechend aufgezeigter Vorgaben fähiger Lehrer achtsam trainieren. Diese Lehrer haben die Tugend und den Wert dieser Methoden demonstriert, die den fortgeschrittenen Okkultisten seit Tausenden von Jahren bekannt waren und von ihnen gelehrt wurden. Die Lehren der Rosenkreuzer sind ein glänzendes Beispiel solcher Errungenschaften.

Auch ohne die beiden noch höheren Bewusstseinsebenen zu nennen, erreicht die erleuchtete Menschheit womöglich Höhen geistiger Leistungsfähigkeit, die so weit über den Träumen der durchschnittlichen Person der Menschheit liegen, dass sie wie wildeste Fiktion erscheinen.

6. Die Ebene des Bewusstseins der Halbgötter

Es gibt eine Bewusstseinsebene, die noch viel höher ist als die des menschlichen Bewusstseins – und sogar der höchsten Unterebenen dieser großen Ebene –, die von den Rosenkreuzern fantasievoll »die Ebene des Bewusstseins der Halbgötter« genannt wird. Und zwar weil Individuen, die diese Höhen erreichen und in der Lage sind, auf dieser Ebene bewusst zu sein, so viel höher über dem Menschen stehen, dass sie »fast wie Götter« erscheinen. Die Rosenkreuzer lehren, dass auf dieser hohen Ebene des Seins bestimmte, sehr fortgeschrittene Seelen weilen, die einmal Menschen waren, jetzt im Vergleich zum Menschen aber wie Götter sind, die bei der großen Arbeit der Entwicklung der Menschheit im allgemeinen Verlauf spiritueller Evolution behilflich sind.

Die Lehre besagt, dass sich die gesamte Menschheit langsam auf die höhere Bewusstseinsebene zuentwickelt. Dessen werden sich die Zeitalter von jetzt an bewusst sein. Doch inzwischen haben bestimmte fortgeschrittene Seelen die menschliche Ebene durchschritten und sind in die höhere Ebene übergegangen, von wo aus sie dem Rest der Menschheit helfen und diesen unterstützen. Darüber hinaus erleben individuelle Menschen, die sich aus einem oder mehreren wohlbekannten Gründen schnell entwickeln, ein »Aufleuchten von Bewusstsein« aus der vorgenannten höheren Ebene, das sie, jedenfalls für den Moment, in bewussten Kontakt mit der höheren Ebene bringt. Die Seiten der Berichte von Mystikern sind voll von Aussagen über derartige Erfahrungen. Dieses Aufleuchten drückt sich in bestimmten Formen poetischer Höhen, religiöser Erhebung und mystischer Erfahrungen aus und wird von dem Menschen, der diese Erfahrung gehabt hat, aufgezeichnet. Da solche Berichte meistens in philosophischen oder religiösen Begriffen, oder entsprechend den allgemeinen Überzeugungen des Menschen, der den Kontakt oder die »Erleuchtung« erfahren hat, gegeben werden, erkennt der Mensch nicht ganz, aus welcher Quelle dieses Aufleuchten der Wahrheit gekommen ist.

Während der letzten Jahre wurden viele solcher Erfahrungen geordnet und unter der allgemeinen Bezeichnung »kosmisches Bewusstsein« in die Arbeiten von Schriftstellern aufgenommen. In den meisten Fällen sind Personen, die solch eine Erfahrung gemacht haben, und jene, die sie aufgezeichnet haben, der Ansicht, dass das wahrgenommene Aufleuchten des Bewusstseins das Höchstmögliche ist. Doch so schön

diese Erfahrungen auch sein mögen, so sind sie in den meisten Fällen doch nur ein Aufleuchten von Einblicken in das Licht von einigen der unteren Unterebenen der großen Ebene der Halb-Götter. Es existieren zahllose höhere Ebenen, die auf die Entfaltung des Seins warten, damit ihr Licht und ihr Glanz erfahren werden kann. Und hinter all diesen existiert die höchste Ebene von allen, die Ebene der Götter, für die der ganze Rest nur ein schwacher Schatten der Realität ist.

Das charakteristische Merkmal der Bewusstseinsebene der Halbgötter ist die Einheit mit dem universellen Leben – das Bewusstsein des Lebens aller Manifestation. Dies ist, mit vielen graduellen Unterschieden und Formen natürlich, das charakteristische Merkmal aller Erfahrungen dieser großen Ebene bewusster Aktivität. Auf dieser Ebene fühlt sich der Mensch in engem Kontakt mit dem Rest der Schöpfung – ein mit *allem* vereinter Teil (nicht getrennt davon). Die Erfahrung auch nur eines kurzen Momentes im Kontakt mit dieser Ebene des Seins macht die häufigste mystische Erfahrung aus, die Weise, Seher, Poeten und erleuchtete Seelen aller Zeitalter besungen haben und über die sie uns mit für diese Aufgabe unzulänglichen Worten zu informieren versucht haben. Das Studium dieser mystischen Berichte wirft viel Licht auf das Thema. Sie sind es wert, dass alle wahren Schüler der Lehren der Rosenkreuzer ihnen Zeit und Aufmerksamkeit widmen. Doch der Schüler muss immer daran denken, dass diese Erfahrungen weder das Ende aller Gedanken zu diesem Thema sind noch das letzte Wort der Wahrheit. So wertvoll dieser Teil der Lehre auch ist, darf er doch nie mit dem höchsten Gipfel des Berges der Wahrheit verwechselt werden.

Diejenigen, die das Aufblitzen der Erleuchtung oder den flüchtigen Einblick in das Feuer des kosmischen Bewusstseins erfahren haben – beide Phänomene gehören der Ebene des Bewusstseins der Halbgötter an –, sind zu der Erkennt-

nis tatsächlicher Einheit allen Lebens im Universum gekommen und zu der realen Wahrnehmung, dass das Universum von einem Leben beseelt ist, das in jedem Teil seiner Ausmaße und seiner Manifestation verbreitet ist und es durchdringt. Hinzu kommt die Gewissheit, dass es nichts »Totes« im Universum gibt – dass jeder Teil und jeder Anteil, individuell und kollektiv, instinktvolles Leben ist. Nicht nur das, sondern wenigstens während der Zeit der Erfahrung ist da ein Gefühl von absoluter Sicherheit, dass der Mensch mit diesem Einen Leben in Verbindung steht und in der Tat ein Zentrum von Aktivität innerhalb seiner Präsenz ist.

Darüber hinaus sollte darauf hingewiesen werden, dass mit solchen Erfahrungen nicht nur die intellektuelle Überzeugung bestimmter vorgenannter Fakten einhergeht, sondern im Gegenteil auch ein tatsächliches, direktes und sofortiges Wissen um solche Fakten. Der Mensch, der diese Erfahrung hat, weiß diese Dinge, genauso wie er weiß, dass er selbst lebendig und im Universum gegenwärtig ist. Es ist unmöglich, jemandem die Natur dieses Bewusstseins genau zu vermitteln, der nicht wenigstens ein schwaches Aufleuchten davon erlebt hat. Es kann nur aus sich selbst heraus beschrieben werden.

Ein paar Minuten, nachdem das erhebende Bewusstsein verflogen ist, bleibt in den meisten Fällen eine Erinnerung zurück, die dem Menschen für immer erhalten bleibt und die ihm solch eine Gewissheit der Wahrheit gibt, derer er Zeuge war, dass nichts seine Überzeugung davon erschüttern kann. Es muss daran erinnert werden, dass dieses Aufleuchten des Bewusstseins Prophezeiungen eines Bewusstseinszustandes sind, der irgendwann in der Zukunft der normale Bewusstseinszustand der Menschheit sein wird. Darüber hinaus darf nicht vergessen werden, dass es bestimmte fortgeschrittene Seelen auf dieser Erde gibt, für die dieses Stadium oder dieser

Zustand des Bewusstseins der normale und gewöhnliche ist – und in denen eine Wahrnehmung des realen Bewusstseins von Eins-Sein mit dem universellen Leben existiert. Solche Wesen sind im Vergleich mit dem durchschnittlichen Menschen tatsächlich Halbgötter. Einige der Gründer großer Religionen und andere ihrer Art waren von diesem Bewusstsein erfüllt und strebten danach, es in verschleierter Form für ihre Anhänger zu manifestieren, die nicht stark genug waren, die volle Wahrheit zu ertragen. Viele dieser großen Seelen sind auf der irdischen Ebene physisch noch gegenwärtig. In neu inkarnierten Formen setzen sie ihre Arbeit fort und streben danach, die Menschheit zu erheben.

Ein moderner Poet drückt die Überzeugung von der universellen Einheit allen Lebens wie im Folgenden aus. Er gebraucht Worte, die von all denen erkannt werden, die ein Aufleuchten des kosmischen Bewusstseins erlebt haben.

Denn Alles ist Eins, und alle sind ein Teil
und nicht getrennt, wie sie zu sein scheinen;
Und das Blut des Lebens hat ein einziges Herz.
Es schlägt in Gott, im Erdklumpen und in mir!

Walt Whitman, der das kosmische Bewusstsein selbst erlebt hat, sagt von seinem Erlebnis:

Wie ohnmächtig, in einem Augenblick
Eine andere Sonne, unbeschreiblich, blendet sie mich voll,
Und all die Gestirne, die ich kannte, und hellere,
unbekannte Gestirne,
Ein Augenblick im zukünftigen Land, im Land des Himmels.

Ich kann nicht wach sein, denn nichts sieht mir so aus
Wie zuvor,
Oder ich bin wach – zum ersten Mal – und alles zuvor
War ein bedeutungsloser Schlaf.

Wenn ich versuche vom Besten zu erzählen, das ich finde,
Ich kann nicht;
Meine Zunge ist untauglich auf ihrem Stamm,
Meine Atmung gehorcht ihren Organen nicht,
Ich werde ein stummer Mensch.

Seinen Freunden zufolge hatte Tennyson flüchtige Einblicke und Blitze von kosmischem Bewusstsein, und in vielen seiner Gedichte hat er die Gedanken und Gefühle ausgedrückt, die ihn zu jener Zeit erreicht haben. Das Folgende ist eine gute Darstellung des Letzteren:

Denn Wissen ist wie die Schwalbe über dem See,
Die schaut und den Oberflächenschatten reizt,
Aber noch nie in den Abgrund gefallen ist,
Den Abgrund aller Abgründe, unten, im
Blauen Himmel und See, im Grün der Erde,
Und in einem von Millionen und Abermillionen von Samen,
Der aufspringt und wieder aufspringt für immer mehr
Und immer wieder verschwindet und niemals verschwindet
Und öfter, mein Sohn, denn mehr als einmal, wenn ich
Allein saß, mich in mir selbst drehte
Das Wort, dass das Symbol meiner selbst ist,
Das sterbliche Symbol meines Selbst wurde gelöst
Und glitt in das Namenlose wie eine Wolke, die
mit dem Himmel verschmilzt. Ich berührte meine Glieder.
Die Glieder waren seltsam, nicht meine – und doch gab es keinen
Schatten von Zweifel,

Sondern absolute Klarheit, und durch den Verlust des Selbst
Passte der Samen eines so großen Lebens zu unserem,
Wo die Sonne strahlt, ohne Schatten durch Worte,
Die selbst nur Schatten einer Schattenwelt sind.«

Vor einigen Jahren hat Dr. Richard Maurice Bucke, Toronto, Kanada, ein Buch mit dem Titel *Kosmisches Bewusstsein* herausgegeben, in dem er eine Reihe sehr interessanter Erfahrungen dieser Richtung gesammelt hat, die von Menschen wiedergegeben wurden, die solche Erlebnisse hatten. Sowohl Dr. Brucke als auch sein Freund Walt Whitman und einige andere engere Freunde hatten das Aufleuchten auf derselben Bewusstseinsebene erfahren. Aus den Betrachtungen dieser Erfahrungen leitet er folgende allgemeine Ideen ab:

»Über dem Bewusstsein von uns selbst, oberhalb der einfachen Bewusstseinsfähigkeiten, liegt eine dritte und höhere Form von Bewusstsein, die gegenwärtig in der Menschheit erscheint. Wenn diese höhere Form des Bewusstseins erscheint, dann geschieht das, wie es sein muss, im frühen Erwachsenenalter eines Menschen, etwa im Alter von fünfunddreißig Jahren, fast immer zwischen dem dreißigsten und vierzigsten Lebensjahr. Während der letzten zweitausend Jahre ist das gelegentlich vorgekommen und es wird immer häufiger geschehen. Soweit das beobachtet wurde, gehorcht es tatsächlich den Gesetzen, denen jede sich entwickelnde Fähigkeit unterliegt. Heute existieren auf der Welt viele mehr oder weniger vollkommene Beispiele dieser neuen Fähigkeit. Es war mein Privileg, mehrere Männer und Frauen, die sie besaßen, persönlich kennengelernt zu haben und die Gelegenheit gehabt zu haben, von ihnen zu lernen. Im Laufe der nächsten paar Jahrtausende sollte aus der gegenwärtigen Menschheit eine höher entwickelte Menschheit gebo-

ren werden, die diese höhere Form des Bewusstseins besitzt. Diese neue Art von Menschen, wie sie wohl genannt werden darf, wird im Verhältnis zu uns die Position einnehmen, wie wir sie im Verhältnis zu dem einfachen Bewusstsein des Homo Alalus[7] haben. Der Anbruch dieser höheren, besseren und glücklicheren Menschheit würde die lang andauernden Qualen ihrer Geburt während zahlloser Zeitalter unserer Vergangenheit rechtfertigen. Und es steht an erster Stelle meiner Überzeugungen, von deren Grundlagen ich mich bemüht habe, Ihnen einige zu unterbreiten, dass sich im Laufe der Evolution eine neue Menschheit entwickelt.«

In einem anderen Teil seines Buches nennt Dr. Bucke die folgenden allgemeinen Charakteristika dieser besonderen Art von Erfahrungen, die er in seinem Buch aufgezeichnet hat: »In den letzten drei Jahren habe ich dreiundzwanzig Fälle dieser sogenannten kosmischen Bewusstseinserfahrungen gesammelt. In jedem Fall war das Einsetzen oder Hereinkommen der neuen Fähigkeit immer sehr plötzlich und unmittelbar. Unter den außergewöhnlichen Gefühlen, die der Geist erfährt, ist eine plötzliche Wahrnehmung des Eingetauchtwerdens in eine Flamme oder in ein strahlendes Licht. Das passiert, ohne Besorgnis zu erregen, oder äußeren Anlass und kann zur Mittagszeit oder mitten in der Nacht geschehen. Zu Anfang mag der Mensch tatsächlich das Gefühl haben, wahnsinnig zu werden.

Diese Gefühle gehen mit einer Art Wahrnehmung von Unsterblichkeit einher, nicht nur mit dem Gefühl der Sicherheit, dass es ein zukünftiges Leben gibt – das wäre nur eine geringe Einsicht –, sondern mit dem betonten *Bewusstsein,* dass das Leben, das jetzt gelebt wird, ewig ist, wobei der Tod

7 nach Haeckel der noch nicht sprachbegabte Affenmensch (Anm. d. Hrsg.)

nur als ein triviales Ereignis gesehen wird, das seine Kontinuität nicht beeinflusst. Darüber hinaus ist da ein Gefühl des Ausgelöschtseins von Sünde und eine intellektuelle Kompetenz, die nicht nur über die alte Ebene hinausgeht, sondern auf eine völlig neue und höhere Ebene.

Der Mensch mit kosmischem Bewusstsein wird nicht derselbe sein, der heute existiert. Und mehr als der gegenwärtige wird er derselbe Mensch sein, der vor der Evolution des Bewusstseins von sich selbst existiert hat. Ein neuer Mensch wird aus uns geboren und dieser neue Mensch wird die Erde in Zukunft besitzen.«

Emersons wundervolles Essay »Die Über-Seele« weißt ganz klar auf sein Wissen um die hier erwähnten Erfahrungen in Verbindung mit dem hin, was »kosmisches Bewusstsein« genannt wird. Die folgenden Zitate daraus dienen dazu, seine allgemeinen Gedanken zum Thema abzuschließen:

»Ich glaube unaufhörlich, dass unsere Konstitution einen gewissen Enthusiasmus erforderlich macht, der dem individuellen Bewusstsein von der göttlichen Gegenwart beiwohnt. Der Charakter und die Dauer dieses Enthusiasmus variiert mit dem Zustand des Individuums und reicht von Ekstase, Trance und prophetischer Inspiration – die seine seltenere Erscheinung ist – bis zum schwächsten Glimmen tugendhafter Emotionen. In dieser Form wärmt er wie unsere Kaminfeuer all die Familien und Verbindungen von Menschen und macht Gesellschaft möglich. Die Öffnung für eine religiöse Auffassung des Menschen wurde immer von einer gewissen Tendenz zum Wahnsinn begleitet, als ob mit einem Übermaß von Licht bestrahlt. Der Trance von Sokrates, das Eins-Sein von Plotinus, die Vision von Porphyry, die Bekehrung von Paulus, die Aurora von Jakob Böhme, die Zuckungen von George Fox und seinen Quäkern und die Erleuchtung von Swedenborg sind von dieser Art. Was im Falle dieser bemerkenswerten Menschen eine Entfesselung war, wurde in abgemilderter Form in zahllosen Beispielen des täglichen Lebens gezeigt. Überall verleugnet die Geschichte der Religion eine Tendenz zum Enthusiasmus. Die Begeisterung der Herrnhuter[8] und Quietisten[9] – in der Sprache der Kirche des neuen Jerusalem ›die Öffnung des inneren Sinns der Welt‹ –, die Wiedererweckung der calvinistischen Kirchen und die Erfahrungen der Methodisten sind unterschiedliche Formen dieser Schauer von Ehrfurcht und Freude, durch die individuelle Seele, die sich mit der universellen Seele vermischt. Die Natur dieser Offenbarungen ist immer dieselbe. Es sind Wahrnehmungen des absoluten Gesetzes. Es sind Antworten auf die Fragen der Seele. Die Seele antwortet nie mit Worten, sondern durch die Sache selbst, nach der gefragt wurde.

Wir leben in Folgen, in Trennung, in Teilen, in Partikeln. Inzwischen ist die Seele des Ganzen im Menschen, die weise Ruhe, die universelle Schönheit, zu der jeder Teil und jeder Partikel in gleicher Weise im Verhältnis steht, das ewig Eine. Und diese tiefe Kraft, in der wir existieren, deren Glückseligkeit uns allen zugänglich ist, ist in jeder Stunde nicht nur selbstständig und vollkommen, sondern der Akt des Sehens

---

8 Eine aus der böhmischen Reformation kommende überkonfessionell-christliche Glaubensbewegung, die vom Protestantismus und dem späteren Pietismus geprägt wurde. (Anm. d. Hrsg., zitiert nach Wikipedia vom 07.03.2015)

9 Eine Sonderform der christlichen Mystik, Theologie und Askese. Der Quietismus hat seine Wurzeln im katholischen Bereich, wurde jedoch vom Lehramt als Irrlehre und falsche Form der Lebensführung verworfen. Kernaussage ist, dass der Mensch zunächst sein Ich völlig aufgeben und an Gott übergeben müsse, um danach in völliger Ruhe und Gleichmut zu leben. Sobald dieser Zustand im inneren Gebet, in der Schau Gottes erreicht ist, werden äußere asketische Praktiken eher hinderlich. Der Quietismus des Gebetes lehnt daher das mündliche Gebet, den Empfang der Sakramente, überhaupt alle äußerlichen religiösen Formen ab, der Quietismus des Lebens zudem die Bedeutung des Tugendstrebens und des Kampfes gegen die Sünde. (Anm. d. Hrsg., zitiert nach Wikipedia vom 07.03.2015)

und das gesehene Ding, der Seher und das Schauspiel, das Subjekt und das Objekt sind eins. Wir sehen die Welt Stück für Stück als die Sonne und den Mond, das Tier, den Baum. Doch das Ganze, von dem sie die leuchtenden Teile sind, ist die Seele. Nur durch die Vision dieser Weisheit kann das Horoskop der Zeitalter gelesen werden. Nur durch das Zurückkommen auf unsere besseren Gedanken, indem wir uns dem Geist der Prophezeiung ergeben, der in jedem Menschen angelegt ist, können wir wissen, was es sagt. Die Worte jedes Menschen, der aus diesem Leben spricht, müssen für diejenigen eingebildet klingen, die zu ihrem eigenen Teil nicht in denselben Gedanken zu Hause sind. Ich wage nicht, dafür zu sprechen. Meine Worte tragen nicht ihren erhabenen Sinn. Sie sind untauglich und kalt. Nur Es selbst kann inspirieren, wen Es will, und schau, ihre Rede soll lyrisch und süß sein und universell wie das Aufkommen des Windes. Und doch wünsche ich, sogar mit profanen Worten, wenn ich die heiligen nicht benutzen darf, auf den Himmel dieser Gottheit hinzuweisen und zu berichten, welche Hinweise ich in der transzendenten Einfachheit und Energie des Höchsten Gesetzes gesammelt habe.«

So lauten die allgemeinen Berichte von der Natur und vom Charakter dieser flüchtigen Einblicke in das universelle Bewusstsein, das Menschen aller Zeiten hier und da erfahren haben. Lassen Sie uns jetzt die entflammten Kräfte jener betrachten, zu denen flüchtige Eindrücke (oder mehr) in dieses Bewusstsein gekommen sind. Denn ein Zunehmen von Wissen bringt dem Gesetz von Ursache und Wirkung zufolge immer ein Zunehmen von Macht mit sich.

Zunächst einmal, wenn der Mensch auch nur eine schwache Ahnung von diesem Universellen Bewusstsein hat, unter welchem Namen es auch bekannt sein mag, dann stattet ihn das mit einem gewissen In-Berührung-Sein mit all dem Rest

des Lebens aus. Mit einer feinen Intuition vermag er unter günstigen Bedingungen vielleicht etwas zu sagen, zu schreiben, zu malen, vorzuführen oder Musik zu produzieren, die das Stadium vitaler, mentaler und emotionaler Aktivität jeglicher eigenen Erfahrung übersteigt. Solch ein Mensch hat eine innige Beziehung zu oder ist in Übereinstimmung mit den zahlreichen vielfältigen Lebensformen, und er ist in der Lage, sie durch seinen eigenen Selbstausdruck darzustellen. Dies ist das Geheimnis der Genialität großer Künstler, Schriftsteller, Musiker, Poeten und anderer, die durch ihr eigenes, ihnen entsprechendes Medium die Botschaften ausdrücken, die sie von den anderen Lebensformen erhalten, mit denen sie durch feine Fäden der Einheit verbunden sind. Solch ein Mensch kann (in seiner Vorstellung) in die Erfahrung irgendeiner und aller Formen des Lebens eintreten und diese dann in bildlicher oder hörbarer Form in einem Ausmaß darstellen, das von ihrer eigenen Entwicklung abhängig ist.

Darüber hinaus sind solche Menschen in ihrer Sympathie universal und können mit jeder Lebensform, mit der sie in Kontakt kommen, mitfühlen. Das hat zur Folge, dass sie dazu neigen, ein Mögen, Verbundenheit und Verständnis in anderen Menschen und lebendigen Geschöpfen zu inspirieren. Viele der großen erleuchteten Seelen der Menschheit, die dieses Bewusstsein mindestens bis zu einem gewissen Grad entwickelt haben, fühlen sich mit allen Verhaltensweisen und Bedingungen menschlichen Lebens vertraut und in vielen Fällen auch mit den niedrigen Lebensformen. Sympathie ist als ein »Gefühl von Kameradschaft« definiert worden, und es ist unmittelbar einsichtig, wenn man ein Kameradschaftsgefühl mit dem ganzen Leben hat (und solche Menschen haben das bis zu einem gewissen Grad), dann werden bestimmte Verbindungen der Sympathie und Einheit geschaffen, die dazu dienen, den Menschen mehr oder weni-

ger mit allem Lebendigen zu vereinen. Im Falle der großen Lehrer der Menschheit – wie den Gründern der großen Religionen und ähnlichen Seelen – müssen wir feststellen, dass diese hervorragenden und ausgezeichneten Menschen eine universale Sympathie und Verständnis für alles Leben haben, was ihnen eine Universalität verleiht, die sie zu Bürgern aller Länder und Bewohnern aller Zeiten macht.

Noch einmal, viele so hochbegabter Menschen haben für andere Lebensformen und Dinge eine gewisse Anziehungskraft, die es ihnen möglich macht, solche Bedingungen, Umgebungen und Menschen anzuziehen, die für ihr eigenes Wohlbefinden und Glücklichsein an ihre Umgebung am besten angepasst sind. Und das verleiht ihnen auch gewisse sogenannte »übernatürliche« Kräfte über die Natur. Wer bewusst mit der Natur identifiziert ist, ist in der Lage, »Wunder« in der Natur zu bewirken. Wir können dieses Thema zu dieser Zeit und an diesem Ort aus verschiedenen guten Gründen nicht vertiefen. Doch das oben Beschriebene ist für diejenigen ein starker Hinweis, die bereit sind, die Wahrheit über gewisse Entwicklungsphasen, die das Leben und die Natur betreffen, zu hören und zu verstehen.

Was wir von Menschen dieses Bewusstseinsstadiums, die *blitzartige oder kurze Einblicke* erlangt haben, in unserer Betrachtung bisher gesagt haben, gilt in einem viel größeren Maße für jene, die *voll* in die höheren Unter-Ebenen dieser großen Bewusstseinsebene *eingedrungen* sind. Auf diesem und auf anderen Planeten leben Wesen, die in diesem Stadium des Bewusstseins so voll erwacht und entwickelt sind, dass sie für den durchschnittlichen Menschen übernatürliche Wesen sind. Viele dieser Wesen erfüllen wichtige Aufgaben für die Entfaltung und Besserung der Menschheit. Viele von ihnen sind von durchschnittlichen Menschen, die in der Vergangenheit mit ihnen in Kontakt gekommen sind,

als Engel oder Halbgötter betrachtet worden. Und viele von ihnen sind die unsichtbaren Helfer, auf deren Gegenwart viele Menschen durch reale Erfahrungen aufmerksam gemacht worden sind.

Viele Mitglieder der weißen Bruderschaft der Menschheit gehören den höheren Stadien dieser großen Ebene des Bewusstseins an. Und leider ist es einigen, die als schwarze Magier bekannt sind, gelungen, »in das Königreich des Himmels dieser Ebene einzubrechen« und ihre Macht zu missbrauchen. Doch diese werden unweigerlich von der Natur selbst bestraft. Sie werden entweder gezwungen, sich den Legionen des Lichtes anzuschließen, oder sie werden von den Kräften der Natur, die sie selbst für egoistische und unedle Ziele in Bewegung gesetzt haben, ausgestoßen und zerstört.

7. Die Ebene des Bewusstseins der Götter

Wie wir gesehen haben, ist es äußerst schwierig, in verständlichen Begriffen über die Entwicklungsstadien des Lebens und der Aktivitäten der zuletzt erwähnten Ebene des Bewusstseins zu sprechen. Wie viel schwieriger muss es sein, auf das Leben und die Aktivitäten der höchsten Ebene von allen hinzuweisen – auf die Ebene des Bewusstseins der Götter! Auf dieser höchsten Bewusstseinsebene leben jedoch Wesen, die so hoch auf der Skala des Wissens, der Macht, des Lebens und des Segens angesiedelt sind, dass es sogar das Vorstellungsvermögen eines fortgeschrittenen Schülers oder Lehrers kaum erfassen kann. Dies ist die Ebene der Götter, die in Wahrheit so weit fortgeschritten ist, dass sie quasi dem Konzept der vom Menschen geschaffenen Götter verwandt ist, die für das Universum verantwortlich sind und als Objekte der Anbetung dienen.

Auf dieser Ebene gibt es persönliche Götter, sogar viele, aber

keiner von ihnen darf im Sinne der ewigen Eltern oder der unendlichen Realität als GOTT betrachtet werden. Denn sogar die Höchsten von ihnen haben ihre Begrenzungen und Einschränkungen, und alle sind nur Manifestationen des unendlichen Nicht-Manifestierten. Jedes dieser erhabenen Wesen hatte seinen Anfang oder seine Geburt in der Manifestation. Und jedes wird schließlich sein Ende haben und im unendlichen Nicht-Manifestierten verschwinden, wo jegliche Wahrnehmung des Getrenntseins und der Persönlichkeit aufgelöst sein werden.

Die höchsten Autoritäten lehren uns, dass das charakteristische Element dieser höchsten Form allen Bewusstseins die bewusste Erkenntnis des Individuums ist, dass er mit dem Unendlichen identisch IST und nur scheinbar durch den feinsten und subtilsten Schleier getrennt ist.

So seltsam es für jemanden, der mit dem Thema nicht vertraut ist, auch sein mag, gegenwärtig sickern blitzartige, flüchtige Einblicke dieses Bewusstseins in das Bewusstsein von Menschen auf der Erde durch, und so war es auch in der Vergangenheit. Viele der mutigen Seelen und erpichten Geister unter den Erleuchteten haben den Schleier dieser Ebene tatsächlich durchdrungen und sind durch das sie anblitzende Licht fast erblindet.

Die Betrachtung dieser Bewusstseinsebene muss hier aus Gründen, die der fortgeschrittene Okkultist sofort einsieht und dem weniger fortgeschrittenen Schüler adäquat erklärt werden müssen, beendet werden. Viele, die auf das starke Licht nicht vorbereitet sind, müssen vor spiritueller und mentaler Blindheit durch starke Strahlung geschützt werden, indem sie zuerst mit den schwächeren Lichtern der Wahrheit vertraut gemacht werden. Es sei dir jedoch versichert, oh Schüler, wenn deine Augen für den Blick auf die heilige Flamme vorbereitet sind, wird er dir nicht länger vorenthalten sein.

Die Wahrheit der Symbole

Es gibt bestimmte Wahrheiten, die in Worten nicht gut ausgedrückt, jedoch wenigstens teilweise durch Symbole dargestellt werden können. Wir möchten diejenigen, die den Wunsch haben, die Mysterien der drei höheren Ebenen des Bewusstseins tiefer zu durchdringen, auf das Symbol aufmerksam machen, das insbesondere dieses Kapitel des Buches begleitet. In diesem Symbol ist ein Reichtum von Wissen und wichtigen Informationen enthalten, der von vielen nicht entdeckt werden kann, jedoch wenigstens teilweise von wenigen. Für die wenigen haben wir in Bezug auf das Symbol die folgenden Empfehlungen.

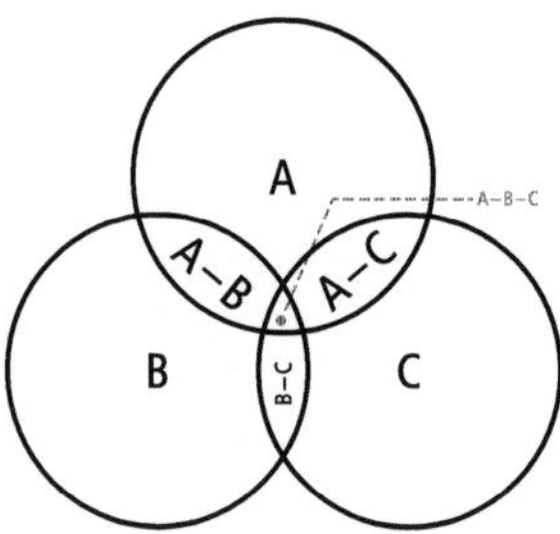

Abb. 10: Symbol der drei höheren Bewusstseinsebenen

Richten Sie ihre Aufmerksamkeit auf die Tatsache, dass sich jeder Kreis des Symbols mit zwei anderen auf jeder Seite überschneidet. Dementsprechend befinden sich in dem runden Ausmaß eines jeden Kreises folgende VIER verschiedene Flächen oder Regionen: (1) Sein eigener, sich nicht überlappender Raum oder Region; (2) der Raum oder die Region, in der sich sein eigener Raum oder seine Region mit der einer der beiden Nachbarkreise überschneidet, deren Raum die Form eines Schildes hat; (3) der Raum oder die Region in der sich sein eigener Raum oder seine Region mit der des anderen Nach-

barkreises überschneidet, deren Raum die Form eines Schildes hat, und (4) der Raum oder die Region im Zentrum des Symbols, in dem sich der Raum oder die Region jedes Kreises mit den anderen beiden überschneidet – und so eine Trinität erschafft. Dieses Arrangement liefert uns wiederum sieben folgende unterscheidbare Regionen (jeder Kreis ist durch einen Buchstaben gekennzeichnet: A, B oder C entsprechend). (1) Kreis A; (2) Kreis B; (3) Kreis C; (4) Raum A – B; (5) Raum A – C; (6) Raum B – C und schließlich (7) Region A – B – C im Zentrum. Hier sind also drei sich nicht überlappende Zonen, drei sich überschneidende Zonen aus zwei Elementen und schließlich eine sich überschneidende Zone aus drei Elementen. Letztere kombiniert alle drei Elemente zu gleichen Anteilen. Möge, wer das Licht erwünscht, das Rätsel dieses Symbols lösen.

KAPITEL 9

DIE SIEBENFÄLTIGE SEELE DES MENSCHEN

In der geheimen Lehre der Rosenkreuzer finden wir den folgenden siebenten Aphorismus:

Der siebente Aphorismus

Die Seele des Menschen ist siebenfältig, in ihrer Essenz jedoch Eins: Am Ende der spirituellen Entfaltung des Menschen steht die Entdeckung seines Selbst hinter dem siebenfältigen Schleier.

In diesem siebenten Aphorismus der Schöpfung wird der Rosenkreuzer dazu angeleitet, seine Aufmerksamkeit auf das Konzept der siebenfältigen Seele des Menschen zu richten, die in ihrer Essenz Eine ist. In der symbolischen Sprache der Mystiker bildet sie die sieben Schleier, die sein wahres Selbst vor dem Menschen verbergen (und doch offenbaren). Dieses Konzept wird von den Rosenkreuzern mittels eines Symbols dargestellt, das eine menschliche Figur zeigt, die von sieben Linien umgeben ist. Der Mensch – er selbst in seiner Essenz – wird von dem leeren Raum der innersten Linie enthüllt. Und jeder der »verbergenden und offenbarenden Schleier« wird

durch eine um die Figur verlaufende Linie dargestellt, von denen jede eine der Abfolgen von sieben ist. Es sei bemerkt, dass die Abfolge der umreißenden Linien von einem Kreis umgeben ist, der das unendliche Nicht-Manifestierte darstellt.

Das Symbol wird wie folgt interpretiert: (1) Das unendliche Nicht-Manifestierte manifestiert sich selbst in der elementaren Seele; (2) die elementare Seele nimmt eine Form aus mineralischer Substanz an; (3) die mineralische Seele entwickelt aus sich selbst heraus die Pflanzenseele; (4) die Pflanzenseele entwickelt aus sich selbst heraus die tierische Seele; (5) die Tierseele entwickelt aus sich selbst heraus die menschliche Seele; (6) die menschliche Seele entfaltet sich zu der Seele der Halbgötter; (7) die Seele der Halbgötter entwickelt sich zu der Seele der Götter. Und schließlich wird die Seele der Götter noch einmal in reinen Geist aufgelöst, der von dem leeren Raum im Zentrum des Symbols dargestellt wird. Diese Aussage wird von denen klarer verstanden werden, die die vorhergehenden Kapitel sorgfältig studiert haben, die die sieben Ebenen des Bewusstseins betreffende Anleitung übermittelt haben. Viele der Informationen aus diesen Kapiteln müssen für das Studium des gegenwärtigen Kapitels in Betracht gezogen werden.

Abb. 11: Symbol der siebenfältigen Seele

Es sei bemerkt, dass während diese sieben Schleier dazu dienen, das wahre Selbst zu verbergen – in dem Sinne, dass sie ihm Begrenzungen und Form auferlegen –, mittels der umreißenden Linien doch gleichzeitig die Präsenz des Geistes *offenbart wird.* Die Lehrer alter Zeiten waren es gewohnt, dieses Verbergen-Offenbaren durch einen hauchdünnen Stoff darzustellen, der über einer offenen Tür oder einem offenen Fenster hing, durch das der Wind hereinblies. Der Stoff verdeckt (und verbirgt) den sich bewegenden Wind, und doch zeigt er gleichzeitig *eine Form,* die die Bewegung und die Gegenwart des Windes darstellt und Letzteren dadurch *offenbart.* Eine andere beliebte Veranschaulichung war die einer unsichtbaren Hand, die selbst unmöglich wahrnehmbar war, die jedoch sieben Handschuhe anhatte, einen über dem anderen. Die Handschuhe wurden gefüllt und die dargestellte Hand wurde offenbar. Doch jeder Handschuh, einer nach dem anderen, wird fälschlicherweise für die Hand gehalten. Die Hand kann zwar etwas fühlen, aber nur wenig, und sie bewegt sich nur schwerfällig, wenn sie alle Handschuhe anhat. Aber mit jedem Handschuh, der ausgezogen wird, fühlt sie mehr Empfindsamkeit und führt feinere Bewegungen aus. Doch ohne wenigstens einen Handschuh anzuhaben, ist sie nicht offensichtlich, auch nicht für die Augen seines Besitzers.

Lassen Sie uns jetzt kurz jeden dieser Schleier betrachten, durch den der Geist verborgen und doch offenbart ist.

1. Die elementare Seele

Es gibt natürlich nur *eine wirkliche Seele.* Und wenn die Rosenkreuzer von »der elementaren Seele« sprechen, dann meinen sie einfach *die Seele, die in die Gewänder elementarer Substanz gekleidet ist – bedeckt durch den Schleier elementarer mentaler*

Substanz, die, während sie ihre wahre Natur verbirgt, doch dazu dient, sie in der Manifestation zu offenbaren.

Den Begriffen des Symbols folgend darf gesagt werden, dass sich das unendliche Nicht-Manifestierte zuerst in das Gewand elementarer Substanz kleidet oder sich in den Schleier desselben einwickelt. Elementare Substanz ist in dem Sinne, in dem der Begriff in diesem Zusammenhang von den Rosenkreuzern gebraucht wird, eine äußerst subtile, feine Form von Substanz – eine Form von Substanz, die als der »Vorfahre« der feinsten der Wissenschaft heute bekannten Form von Materie betrachtet werden darf. Sie bleibt weit hinter der Ebene der Elektronen, Ionen oder Korpuskel zurück, woraus die Materie (wie allgemein bekannt) besteht.

Die elementare Seele, in die Gewänder elementarer Materie gekleidet, ist das *Muster,* dementsprechend der gewöhnliche physische Körper gebaut ist. Sie ist der Geist des physischen Körpers und bleibt nach Zerfall des Letzteren bestehen. Die *Intelligenz oder das Bewusstsein,* das sich in diesem Gewand aus Substanz manifestiert, ist recht einfach und elementar und erfüllt nur die Aufgabe, *ein Muster oder eine Form* zu liefern und zu erhalten, auf der der gewöhnliche physische Körper aufgebaut ist.

Diese elementare Seele, die sich in elementarer Substanz verkörpert, ist das Etwas, das der Menschheit als »Gespenst«, »reiner Geist« (in diesem Fall ist die Begrifflichkeit »reiner Geist« grob missbraucht und unpassend), ätherischer Körper, »fluidischer Körper«, »Doppel«, »Doppelgänger« usw. bekannt ist. Es wurde manchmal »Astralkörper« genannt. Doch das ist ein Fehler, denn was den Okkultisten seit Langem als wahrer »Astralkörper« bekannt ist, ist etwas ganz anderes.

Diese elementare Seele überlebt die Auflösung des physischen Körpers des Menschen, zu dem sie gehört. Und sie vermag unter bestimmten Bedingungen und Umständen für lebende Personen als »Geist« des verstorbenen Menschen sichtbar zu werden. Wenn die elementare Seele von den höheren Gefährten der Seele »abgelöst« worden ist (nach dem physischen Tod) und auch durch die teilweise oder vollkommene Auflösung des physischen Körpers befreit ist, ist es wirklich nur eine »Schale«, die die Form und Gestalt des Letzteren angenommen hat, und ist fast leblos, obwohl sie durch die Kräfte der schnell sterbenden Schwingungen zusammengehalten wird. In solchen Fällen besitzt sie weder Intelligenz noch Bewusstsein, die darüber hinausgehen, mit dem Zusammenhalten der Substanz beschäftigt zu sein, und kann eigentlich als nicht mehr als eine *Masse von wolkenartigem Dampf* betrachtet werden, *der die Form eines Menschen angenommen hat* und dazu bestimmt ist, sich auf seiner eigenen Ebene schnell aufzulösen.

2. Die mineralische Seele

Mit dem Begriff der »mineralische Seele« möchten die Rosenkreuzer die in der mineralischen oder chemischen Substanz verkörperte Seele bezeichnen, aus der der physische Körper besteht. In dem Konzept, das hier ausgedrückt werden möchte, wird der physische Körper des Menschen nur unter dem Aspekt seiner mineralischen oder chemischen Substanz und ihrer Atome betrachtet – anstatt unter seinem Aspekt protoplastischer, lebender Substanz (hier wird das Wort »lebender« in seinem populären anstatt in seinem esoterischen Sinn gebraucht).

Der Begriff »Mineral« meint hier selbstverständlich »anorganische Substanz mit einer bestimmten chemischen Zusammensetzung, weder tierische noch pflanzliche Substanz«. Wir brauchen den Schüler kaum auf die Tatsache aufmerksam zu machen, dass die Substanz, aus dem der physische Körper

zusammengesetzt ist, selbst aus bestimmten chemischen und mineralischen Substanzen besteht, wie z. B. Sauerstoff, Kohlenstoff, Wasserstoff, Stickstoff, Schwefel, Phosphor, Eisen und aus anderen chemischen Elementen. Wenn man einen Körper einäschert, verschwindet sein größter Teil als Wasserdampf (aus Sauerstoff und Wasserstoff bestehend) und andere Gase. Der Überrest besteht aus anderen chemischen oder mineralischen Elementen. Der physische Körper ist aus mineralischen und chemischen Elementen aufgebaut, die durch die Aktivität der Pflanzenchemie in Protoplasma verwandelt werden und dann in Form von Pflanzen oder tierischem Fleisch vom Menschen als Nahrung aufgenommen werden. Die Basis jeglicher organischer Materie ist chemische oder mineralische Substanz. Protoplasma, die Basis organischer, pflanzlicher oder tierischer Substanz, hat sich aus Kohlenstoff entwickelt – aus demselben Element, das sich als Kohle, Diamanten, Graphit usw. manifestiert. Der physische Körper von Tieren und Pflanzen ist ausschließlich mineralisch oder chemisch. Und alle diese Körper sind aus den chemischen Materialien aufgebaut, die ursprünglich aus Erde, Luft und Wasser bestanden.

Die Intelligenz und das Bewusstsein, die sich in und durch die Mineralienseele manifestieren, beschränken sich auf die Anforderungen für die rein chemischen Prozesse im Körper und auf die Koordination und Regulation der chemischen und mineralischen Partikel, aus denen der Körper besteht. Im Leben des physischen Körpers gehen wichtige chemische Prozesse vor sich. Viele von ihnen sind recht kompliziert, in der Tat so kompliziert, dass sie in einem von Menschen gemachten und betriebenen Labor nicht reproduziert oder wiederholt werden können. Diese wichtigen Vorgänge stehen unter der Kontrolle und Führung der Mineralienseele – der Seele, die in der chemischen und mineralischen Substanz verkörpert ist, aus der der Körper besteht. Diese Prozesse laufen nicht

nur mechanisch ab. Sie sind Auswirkungen von Intelligenz und Bewusstsein und sind ohne die Präsenz dieser mentalen Kräfte nicht möglich.

Wenn bei Eintritt des »Todes« der physische Körper von der Seele abgelegt wird, löst er sich weiter auf, zuerst seine organische Substanz, aus der er besteht, d.h., das pflanzliche und tierische organische Material löst sich in seine mineralischen und chemischen Bestandteile auf. Und dann lösen sich diese wiederum in ihre einfacheren Formen und Bedingungen auf. Und diese liefern das Material für die Körper anderer Formen lebendiger Geschöpfe.

3. Die Pflanzenseele

Mit dem Begriff »Pflanzenseele« möchten die Rosenkreuzer die Seele bezeichnen, die sich in der pflanzlichen zellularen Substanz verkörpert, aus der ein sehr großer Teil des menschlichen physischen Körpers besteht. Außer einigen fortgeschrittenen Wissenschaftlern und fortgeschrittenen Okkultisten erkennen wenige, wie groß der Anteil der Vorgänge im menschlichen und tierischen Körper von seiner Natur her tatsächlich pflanzlich ist. Das Wachstum des Körpergewebes von Teilen und Organen ist in seinem Charakter spezifisch pflanzlich.

Neueste Entdeckungen in biologischen Laboratorien und im Bereich der Chirurgie haben gezeigt, dass nicht nur Teile von Haut und Knochen von einem Körper zum anderen transplantiert werden können und dass sie in dem neuen Körper genauso gut wachsen wie in dem alten. Nicht nur Teile von Organen können auf ähnliche Weise transplantiert werden und wachsen und ihre Aufgabe erfüllen, sondern Teile und Organe des menschlichen Körpers können von dem ursprünglichen Körper entfernt werden und unabhängig

von dem allgemeinen Organismus des Körpers wachsen und ihre Aufgabe erfüllen. Und diese Prozesse sind nicht nur chemisch. Sie manifestieren alle Charakteristika von rein pflanzlichen Vorgängen.

Der Hauptunterschied zwischen der Intelligenz und dem Bewusstsein von Pflanzen und Tieren ist, das Erstere fast ausschließlich instinktiv und unbewusst mentalen Aktivitäten folgen, während Letztere in einem stetig zunehmenden Maß zweckorientiert und überlegt bewusste Aktivitäten manifestieren. Ein großer Anteil der im menschlichen Körper ablaufenden Prozesse wird ganz offensichtlich instinktiv unbewusst wie im Pflanzenreich ausgeführt. Diese Vorgänge finden unter der Kontrolle und Führung der Pflanzenseele statt. Sie werden auf der Ebene planetarischen Bewusstseins ausgeführt, genauso wahrhaftig wie die Prozesse des gewöhnlichen Pflanzenlebens. Einige dieser Vorgänge sind sehr komplex, aber das sind die Vorgänge, die im Leben gewöhnlicher Pflanzen ablaufen, auch.

Der Unterschied zwischen der Ebene der Pflanzenseele und der der Tierseele wird, während wir mit der Betrachtung Letzterer fortfahren, offensichtlicher und klarer.

4. Die Tierseele

Mit dem Begriff »Tierseele« möchten die Rosenkreuzer die Seele benennen, die in organischer tierischer Substanz verkörpert ist, und zwar in beiden, in den wenig entwickelten Tieren und im Menschen. Die Tierseele ist der belebte oder vitale Geist, der sich in den vielen Aktivitäten des hoch und wenig entwickelten Tierlebens ausdrückt. Ihre Intelligenz und ihr Bewusstsein ist im Vergleich zu dem der Pflanzenseele sehr hoch entwickelt, sie ist jedoch auf die Anforderungen und Bedürfnisse des reinen Tierlebens begrenzt. In ihren niedrigen Manifestationen ist sie kaum, wenn überhaupt, höher als die der höchsten Manifestationen des Pflanzenlebens. Und in ihren höchsten Manifestationen ist sie kaum, wenn überhaupt, niedriger als die der niedrigsten Manifestation einer menschlichen Seele. Wie wir in diesem Buch wiederholt gesagt haben, vermischen sich die unterschiedlichen Ebenen des Bewusstseins (und ebenso die Kräfte und Grenzen mehrerer Seelen) mit denen, mit denen sie auf ihren beiden Seiten verbunden sind.

Die Tierseele ist der Sitz der rein tierischen Bedürfnisse. Und während der Arbeit, diese zu entwickeln und zu befriedigen, hat sie aus der Substanz der pflanzlichen und mineralischen Ebene unter ihr, aus der sie zusammengesetzt ist, etwas aufgenommen und bestimmte komplexe Organe und Gruppen von Organen aufgebaut. Ihre Intelligenz und ihr Bewusstsein sind lediglich an dem physischen Wohlbefinden ihres Besitzers interessiert, an dem des Menschen genauso wie an dem physischen Wohlbefinden eines tierischen Besitzers. Darüber hinaus sind bestimmte rein pflanzliche Prozesse, wie zum Beispiel die der Nahrung, der Vermehrung usw., teilweise von der Tierseele übernommen worden, was ihnen zusätzliche Komplexität und Kräfte verliehen hat. Die Bedürfnisse des Menschen, die wir im Allgemeinen als rein physisch bezeichnen, gehören der Tierseele an. Die Hauptbedürfnisse der Tierseele sind mit den Tätigkeiten der Ernährung und der Vermehrung befasst und manifestieren sich entsprechend als Selbsterhaltungstrieb, als geschlechtliche Bedürfnisse (natürlich auf der physischen Ebene) und als Liebe für die Jungen.

In ihren höher entwickelten Stadien entwickelt und manifestiert die Tierseele bestimmte höhere Qualitäten, wie zum Beispiel das Bedürfnis nach Kameradschaft, Gesellschaft, gegenseitiger Sympathie, Zuneigung usw., die ähnlichen Gefühlen und Emotionen der weniger entwickelten Tiere

entsprechen – und zwar weil die beiden Bewusstseinsebenen miteinander verbunden und miteinander vermischt sind. Die Tierseele hat jedoch niemals das Bewusstsein von »Ich bin« – sie ist sich höchstens des »bin« bewusst, doch nicht des »Ich«-Bewusstseins in seiner wahren Form.

5. Die menschliche Seele

Die menschliche Seele unterscheidet sich von der tierischen Seele nicht nur durch ihre besonderen Fähigkeiten intellektuellen Denkens und freiwilliger Entscheidungen und Handlungen, sondern auch durch ihr Bewusstsein von sich selbst – von dem »Ich bin ich«. Diese Unterscheidung ist in den vorhergehenden Kapiteln dieses Buches voll und ganz erklärt worden und bedarf an dieser Stelle keiner weiteren Einzelheiten. Der folgende Absatz, das Zitat eines Schriftstellers, mag bei der Betrachtung dieses Stadiums des allgemeinen vor uns liegenden Themas jedoch von Interesse sein.

Der Autor sagt: »Unter den gering entwickelten Tieren ist sehr wenig von dem, was wir Bewusstsein von uns selbst nennen können. In der Tat ist das Bewusstsein der niedrigsten Formen von Tierleben kaum mehr als nur Sinneseindrücke. In den frühen Stadien des Tierlebens läuft das Leben fast automatisch ab. Die gedanklichen Vorgänge finden fast ausschließlich im Unterbewusstsein statt. Und die mentalen Aktivitäten sind lediglich mit dem physischen Leben des Tieres befasst – mit der Befriedigung seiner einfachen Bedürfnisse. Nach geraumer Zeit entwickelt sich dieses Bewusstsein zu etwas, das Psychologen ›einfaches Bewusstsein‹ nennen, das ein Gewahrsein von Dingen außerhalb seiner selbst und ein Verständnis von ihnen als ›Dingen‹ ist. Hier ist jedoch noch kein Bewusstsein von sich selbst vorhanden. Das Tier denkt nicht an seine Hoffnungen und Ängste, an sein Streben, seine Pläne oder an seine Gedanken, die es dann mit ähnlichen Gedanken dieser Art vergleicht. Es kann sich nicht in abstraktem Denken verlieren oder Symbole für Gedanken benutzen. Es nimmt die Dinge einfach als gegeben hin und stellt keine Fragen. Es sucht nicht nach Antworten auf allgemeine überraschende Fragen, denn es weiß nicht, dass es solche Fragen gibt. Mit dem Dämmern eines Bewusstseins von sich selbst beginnt der Mensch ein Konzept des ›Ich‹ zu entwickeln. Er beginnt sich mit anderen zu vergleichen und über das Ergebnis nachzudenken. Er schätzt sich gedanklich selbst ein und zieht Schlussfolgerungen aus dem, was er in seinem Geist vorfindet. Er beginnt über sich selbst nachzudenken, zu analysieren, einzuordnen, zu unterscheiden, Schlussfolgerungen zu ziehen und Urteile zu fällen. Er beginnt etwas für sich selbst zu erschaffen und ist kein mentaler Automat mehr.«

Ein anderer Autor hat Folgendes über die Evolution des Bewusstseins des Menschen gesagt: »Seit einigen Hundert Jahren hat auf der allgemeinen Ebene des Bewusstseins von sich selbst ein Aufstieg stattgefunden, der mit menschlichen Augen betrachtet allmählich vor sich ging, aus Sicht der kosmischen Evolution jedoch schnell. In einer Spezies mit großem Gehirn, aufrechtem Gang, gesellig, brutal, aber König aller anderen Unmenschen, der Erscheinung nach ein Mensch, aber nicht in Wirklichkeit, wurde aus dem höchsten einfachen Bewusstsein die Basis menschlicher Fähigkeit, sich seiner selbst bewusst zu sein, und sein Zwillingsbruder, die Sprache, geboren. Aus diesem und was damit einherging durch Leiden, Schufterei und Krieg; durch Bestialität, Wildheit und Grausamkeit; durch Sklaverei, Gier und Anstrengung; durch unendliche Eroberungen, durch überwältigende Niederlagen, durch niemals endendes Ringen; durch Zeitalter zielloser halb-brutaler Existenz; durch Ernährung von Bee-

ren und Wurzeln; durch den Gebrauch des zufällig gefundenen Steines oder Stockes; durch Leben im tiefen Wald, von Nüssen und Samen und an den Küsten der Gewässer, mit Weichtieren, Schalentieren und Fisch als Nahrung; durch den vielleicht größten menschlichen Sieg, die Domestizierung und Handhabung von Feuer; durch die Erfindung und Kunst von Pfeil und Bogen; durch das Zähmen von Tieren und das Nutzen derselben zur Arbeit; durch das lange Lernen, das zur Kultivierung des Bodens geführt hat; durch den selbst hergestellten Backstein und das Bauen von Häusern daraus; durch das Schmelzen von Metallen und die langsame Geburt der darauf beruhenden Künste; durch die langsame Entwicklung des Alphabets und die Evolution des geschriebenen Wortes; kurz, durch Jahrtausende menschlichen Lebens, menschlichen Strebens, menschlichen Wachstums entsprang die Welt von Männern und Frauen so, wie sie heute vor uns steht und in uns lebt, mit all dem, was sie erreicht hat, und mit ihren Besitztümern.«

Ein anderer Autor hat uns zum Thema Evolution folgende warnende Worte hinterlassen: »Das Erwachen des Intellektes im Menschen macht ihn nicht notwendigerweise zu einem besseren Menschen. Während es richtig ist, dass die Entfaltung höherer Fähigkeiten eine Aufwärtstendenz im Menschen unterstützt, ist es auch richtig, dass einige Menschen so stark von ihrer tierischen Natur bestimmt werden – so vereinnahmt von der materiellen Seite des Lebens –, dass der erwachte Intellekt nur dazu tendiert, ihnen zunehmend die Macht zu geben, ihre niedrigen Gelüste und Neigungen zu befriedigen. Der Mensch kann, wenn er sich dafür entscheidet, das Biest in seiner Bestialität übertreffen. Er kann in Abgründe herabsteigen, wie das Biest sie sich niemals hätte vorstellen können. Das Biest wird nur von seinem Instinkt regiert – und seine dadurch ausgelösten Aktivitäten sind vollkommen natürlich und richtig. Das Tier darf nicht dafür gerügt werden, dass es den Impulsen seiner Natur folgt. Doch der Mensch, in dem sich der Intellekt entfaltet hat, weiß, dass es seiner höchsten Natur widerspricht, auf die Ebene des Biestes herabzusteigen – ja, sogar noch viel tiefer zu sinken. Er fügt den brutalen Gelüsten die ihm zugefallene Hinterlistigkeit und Intelligenz hinzu. Und er missbraucht seine höheren Prinzipien wohl überlegt, um seinen vergrößerten animalischen Neigungen nachzugehen zu können. Sehr wenige Tiere missbrauchen ihre Bedürfnisse – es bleibt einigen Menschen überlassen, das zu tun. Je weiter der Intellekt in einem Menschen entwickelt ist, desto tiefer ist der ihm mögliche Abgrund seiner niedrigen Leidenschaften, seines Appetites und seiner Gelüste. Er kann in der Tat neue unmenschliche Gelüste erschaffen oder seine eigenen Gebäude auf dieser unmenschlichen Basis errichten. Es ist unnötig zu sagen, dass alle Okkultisten wissen, dass solch ein Kurs bestimmte Konsequenzen mit sich bringt. Das Resultat ist, dass die Seele viele matte Jahre damit verbringen wird, ihre Schritte auf dem Weg, den sie eingeschlagen hat, zurückzuverfolgen. Ihr Fortschritt wird aufgehalten und sie wird gezwungen sein, die Straße zur Freiheit noch einmal zu gehen, gemeinsam mit den dem Biest ähnlichen Naturen nicht entwickelter Kreaturen, deren rechter Zustand dieser Reise es ist. Sie tragen eine zusätzliche Bürde in Form von Entsetzten über das Bewusstsein ihrer Umgebung, während ihre Biestkameraden dieses Bewusstsein nicht teilen und nicht darunter leiden. Können Sie sich das Gefühl eines kultivierten, zivilisierten Menschen vorstellen, der gezwungen ist, viele Jahre lang unter den afrikanischen Buschmännern zu leben in der vollen Erinnerung an seine Vergangenheit in der zivilisierten Welt. Sie können sich ein vages Bild des zu erwartenden Schicksals von demjenigen machen, der seine höheren Kräfte absichtlich unter-

gräbt, um niedrige Ziele und Gelüste zu erreichen. Doch selbst für solch eine Seele gibt es einen Ausweg – mit der Zeit.«

Die menschliche Seele nimmt den Raum großer Versuchungen und des Ringens zwischen zwei miteinander im Konflikt stehenden Kräfte ein. Auf der einen Seite sind da die Kräfte der niedrigen tierischen Natur, die danach streben, sie auf die Ebene der tierischen Seele herunterzuziehen, und sie drängen, seine neu erwachenden intellektuellen Kräfte auf der unteren Ebene einzusetzen. Auf der anderen Seite sind die erwachenden Kräfte seiner höheren spirituellen Natur, die danach streben, ihn nach oben zu ziehen, in ein Bewusstsein seiner Beziehung zu Allem, und die ihn drängen, seinen Intellekt für das Einströmen der höheren Schwingungen spirituellen Bewusstseins zu öffnen und seine Fähigkeiten dafür einzusetzen, den Weisungen des höheren Teils seiner selbst zu folgen.

6. Die Seele der Halbgötter

Wie in den vorhergehenden Kapiteln dieses Buches gesagt wurde, ist das unterscheidende und charakteristische Bewusstsein der Seele der Halbgötter die bewusste Wahrnehmung ihrer Beziehung zu Allem – zum universellen Leben. Ihr mentaler und spiritueller Horizont ist erweitert, bis sie in ihren höheren Ebenen alles Leben einschließen und sich damit identifizieren. Alles, was dem Menschen an Humanität, Gerechtigkeit, Freundlichkeit, Sympathie, Noblem und menschlicher Brüderlichkeit zugeflossen ist, kommt aus dieser höheren Region seiner selbst. Der Mensch fühlt durch den ihm dämmernden Sinn seiner Beziehung zu seiner Einheit mit dem Ganzen Sympathie für andere. Mit dem Hereinkommen des Aufleuchtens kosmischen Bewusstseins fallen alle engen Gefühle von Diskriminierung und Klassenbewusstsein weg. Und er fühlt den Drang zur Einheit. Er genießt nicht nur das Entzücken universellen Lebens, sondern er kann auch unter dem Schmerz der Welt leiden, jedenfalls bis er ein umfassenderes Verständnis des Letzteren gewonnen hat.

Ein Schriftsteller hat über diesen Bewusstseinszustand gesagt: »Während sich der Mensch spirituell entwickelt, fühlt er seine Beziehung zu der ganzen Menschheit und er beginnt, seine Mitmenschen mehr und mehr zu lieben. Es tut ihm weh, andere leiden zu sehen, und wenn es ihm genug wehtut, versucht er etwas dagegen zu tun. Während die Zeit voranschreitet und der Mensch sich entwickelt, wird das fürchterliche Leiden, das viele Menschen heute erleben, unmöglich werden. Der Grund dafür ist, dass durch das sich entfaltende spirituelle Bewusstsein der Menschheit diese den Schmerz so stark fühlt, das sie ihn nicht länger aushält und rebellieren wird und darauf besteht, dass die Dinge gebessert werden. Aus den inneren Tiefen der Seele erhebt sich Protest dagegen, der niedrigen Tiernatur zu folgen. Und obwohl wir ihn zeitweilig womöglich beiseitelegen, wird er sich doch immer beharrlicher melden, bis wir gezwungen sind, ihn zu beachten. Der Kampf zwischen der höheren und der niedrigen Natur wurde von allen achtsamen Beobachtern des Menschen bemerkt, und auf dieser Grundlage sind viele Theorien entstanden. In alten Zeiten wurde gelehrt, dass der Mensch auf der einen Seite vom Teufel versucht wird und dass ihm auf der anderen Seite von einem Schutzengel geholfen wird. Doch wie alle Okkultisten wissen, findet das Ringen zwischen den beiden Naturen der menschlichen Seele statt. Es ist nicht so, dass sie sich direkt bekriegen, sondern jede folgt in ihrem Bemühen ihrer eigenen Richtung. Und das Ego wird in seinen Bemühungen, sich anzupassen, hin- und hergerissen und verletzt. Das Ego ist ein vorübergehendes Stadium des Bewusstseins und der Kampf ist zuweilen recht schmerzlich.

Doch die Seele wächst mit der Zeit über die Verlockungen der niedrigen Natur hinaus, und sein erwachendes spirituelles Bewusstsein macht es möglich, seine wahre Natur und seinen wahren Platz im Universum zu verstehen.«

Derselbe Autor hat gesagt: »Die höheren Ebenen der Seele sind auch die Quelle der Inspiration, aus der Poeten, Maler, Bildhauer, Schriftsteller, Prediger, Erzähler, Redner und andere geschöpft haben. Und sie sind die Quelle, aus der der Seher seine Visionen empfängt – und der Prophet seine Einsichten und seine Vorausschau. Viele von ihnen haben sich bei ihrer Arbeit auf hohe Ideale konzentriert und außergewöhnliches Wissen aus dieser Quelle empfangen, und sie schrieben es Wesen aus einer anderen Welt zu. Doch die Inspiration kam von innen: Es war die Stimme ihres höheren Selbst, die zum Ego sprach.«

Der vorgenannte Autor informiert uns hinsichtlich der Erfahrungen der Inspiration und der Erleuchtung, die aus den Regionen des höheren Selbst zum Ego kommen: »Diese Erfahrungen sind entsprechend der Entwicklung des Menschen, seines vorhergehenden Trainings, seines Temperaments usw. natürlich sehr unterschiedlich. Doch es gibt bestimmte Charakteristika, die bei allen gleich sind. Die gemeinsamen Merkmale sind folgende: (1) Die Überzeugung von der Unsterblichkeit – durch einen Sinn für das wahre Sein, und zwar unabhängig vom Glauben oder einer religiösen Überzeugung. Sie kommt scheinbar aus einer tieferen Quelle als Letztere. Sie wurde als ›der Glaube, der *weiß*‹ beschrieben. (2) Die vollkommene Abwesenheit von Angst und die Erlangung eines Gefühls von Vertrauen, Sicherheit und Zuversicht, die über das Verständnis derjenigen hinausgehen, die das nie erfahren haben. (3) Ein Gefühl von universeller Liebe, die sie überkommt – eine Liebe, die alles Leben einschließt, von denen, die ihnen physisch am nächsten stehen, bis zu denen im entferntesten Teil des Universums; von denen, die wir als rein und heilig betrachten, bis zu denen, die wir als widerlich, feige und total wertlos ansehen. Alle Gefühle von Selbstgerechtigkeit und Verurteilung scheinen zu verschwinden und die Liebe des Betreffenden scheint wie die Sonne auf alle gleich, unabhängig vom Stand ihrer Entwicklung oder ihres ›Gut-Seins‹. (4) Ein Gefühl von höchstem Segen und von Freude, das nach der aktuellen Erfahrung lange in der Erinnerung bleibt. (5) Ein Gefühl von erhabenem Wissen und Weisheit, in dem alle Zweifel verschwinden, und ein Sinn für das Verständnis der tieferen Bedeutung aller Dinge stellen sich ein, wenigstens für die Zeit der Erfahrung. Manche haben diese Erfahrung als eine tiefe, ehrfurchtsvolle Stimmung oder als ein Gefühl erlebt, das sie eine Zeit lang überwältigt hat, während andere wie in einem Traum gewesen zu sein scheinen und sich eines spirituellen Erhobenseins bewusst geworden sind, das von dem Eindruck begleitet war, das sie von einem strahlenden, alles durchdringenden Licht oder Leuchten umgeben sind. Einigen haben sich gewisse Wahrheiten in Form von Symbolen offenbart, deren volle Bedeutung in manchen Fällen erst lange Zeit nach der Erfahrung offensichtlich wurde.

»Diese Erfahrungen lassen den Menschen in einem neuen Geist verbleiben und er wird danach nie mehr der alte sein. Auch wenn die Schärfe der Erinnerung zurückgegangen ist, verbleibt doch eine gewisse Erinnerung, die sich für lange Zeit als Quelle des Trostes erweisen wird, wenn er den Glauben als schwach empfindet und er von sich widersprechenden Meinungen und Spekulationen wie ein Strohhalm im Wind geschüttelt wird. Die Erinnerung einer solchen Erfahrung ist eine Quelle sich erneuernder Stärke – ein Himmel des Rückzugs, dem die müde Seele entgegenfliegt, um sich vor der äußeren Welt, die ihn nicht versteht, zu schützen. Aus

den Schriften der alten Philosophen aller Völker, aus den Liedern der großen Poeten der Menschheit, aus den Predigen aller Propheten aller Religionen und aller Zeiten können wir Spuren dieser Erleuchtung, dieser Entfaltung spirituellen Bewusstseins, die ihnen widerfahren ist, entnehmen. Einer erzählt die Geschichte auf diese Weise, der andere unter anderen Aspekten, doch alle erzählen in der Essenz praktisch dieselbe Geschichte. Alle, die diese Erleuchtung erfahren haben, wenn auch nur in geringfügigem Ausmaß, erkennen dieselbe Erfahrung eines anderen in einer Geschichte, in einem Lied oder in der Predigt, obwohl sie durch Jahrhunderte getrennt sein mögen. Es ist das Lied der Seele, das, wenn es einmal gehört wurde, niemals wieder vergessen wird. Egal, ob es nun auf den groben Instrumenten der halb-barbarischen Völker oder auf den feinen Instrumenten begabter Musiker von heute gespielt wird, ihre Herkunft wird stets klar erkannt. Egal, ob das Lied aus dem alten Ägypten kommt – aus dem Indien aller Zeitalter – aus dem alten Griechenland oder Rom – von den Heiligen der frühen Christen – von den Quäker-Freunden – aus den katholischen Klöstern – aus der mohammedanischen Moschee – von den chinesischen Philosophen – aus den Legenden der Heldenpropheten der amerikanischen Indianer – es sind immer dieselben Merkmale und sie werden lauter und lauter, da immer mehr Menschen darauf hören und ihre Stimmen oder die Klänge ihrer Instrumente dem großen Chor hinzufügen.«

Der Schüler sollte bedenken, dass die Menschen der oben erwähnten Erfahrungen lediglich ein Aufblitzen erfahren haben oder Phasen aufgehenden Bewusstseins der sechsten Bewusstseinsebene erlebt haben und nicht als jene betrachtet werden dürfen, die in ihre Manifestation eingetreten sind, geschweige denn dass sie so weit entwickelt waren, dass sie auf dieser hohen Ebene normal und gewohnheits-

mäßig funktionieren konnten. Es gibt Wesen, die einmal Menschen waren und die sich in einen höheren Zustand entwickelt haben, indem sie auf dieser Ebene bewussten Seins normal und gewohnheitsmäßig funktionieren. Doch diese Individuen sind nichts weiter als Menschen, und sie haben sich das Recht verdient, »Halb-Götter« genannt zu werden. So wie diese einmal Menschen gewesen sind, so werden alle Menschen zu dem, was sie jetzt sind, indem sie die höhere Region ihres Selbst entfalten. Diese Einblicke des Bewusstseins von dieser hohen Ebene sind prophetische Zeichen und Botschaften, die das Erwachen der höheren Fähigkeiten verkünden und weiteres Wachstum und Entfaltung versichern.

Lassen Sie uns, während wir die Betrachtung dieser höheren Ebene zum Abschluss bringen, einen Blick auf folgende Worte aus der Feder von Sir Oliver Lodge werfen, dem großen englischen Wissenschaftler, der der Welt die aufsehenerregende Bestätigung einiger wichtiger alter Weisheiten geschenkt hat, die den Okkultisten und esoterischen Lehrern bekannt waren. Er sagt: »Lassen sie uns als Arbeitshypothese also vorstellen, dass unser unterbewusstes Selbst – der andere, größere Teil von uns – mit einer anderen Ordnung der Existenz in Verbindung steht und gelegentlich in der Lage ist, vielleicht irgendwie unbewusst, einem Fragment des Körpers etwas der ihm zugänglichen Information zu übertragen. Demnach wären wir wie im Ozean schwimmende Eisberge mit nur einem kleinen Teil, der der Sonne, der Luft und der Beobachtung preisgegeben ist, während der Rest, die weitaus größere Hauptmasse von elf Zwölftel, in ein verbindendes Medium untergetaucht ist und gelegentlich in unterbewusstem oder wasserartigem Kontakt mit anderen ist, wobei die Spitzen, die sichtbaren Berge, voneinander getrennt sind. Solch ein in seiner frischen Stabilität und mit seinen funkelnden Gipfeln triumphierender Eisberg mag es übel nehmen, wenn alle

Aufmerksamkeit auf seinen untergetauchten, unterbewussten unterstützenden Bereich gerichtet ist oder auf die kristalline Bauweise, aus der er hervorgegangen ist und zu der er eines Tages, zu gegebener Zeit, zurückkehren wird. *Wir fühlen, dass wir großartiger sind, als wir wissen.* Oder um die Metapher umzudrehen, können wir uns mit dem Zustand eines untergetauchten Schiffsrumpfes zwischen seltsamen wilden Tieren in einem düsteren Ozean vergleichen, der blind durch den Raum dahintreibt, vielleicht stolz auf seine Dekoration, einer Ansammlung von Muscheln. Wir erkennen unser Reiseziel nur durch den Aufprall gegen die Mauer des Docks, ohne ein Deck zu kennen und die Kabinen und den Holm und die Segel, ohne Gedanken an einen Sextanten, an einen Kompass und einen Kapitän, ohne Wahrnehmung der Aussicht vom Mast aus und vom entfernten Horizont, ohne Vision von weit entfernten Objekten, von zu vermeidenden Gefahren, von zu erreichenden Zielen, von anderen Schiffen, mit denen man auch mit anderen Mitteln als nur durch physischen Kontakt kommunizieren kann, ohne Vision von einer Region mit Sonnenschein und Wolken, von einem Raum, von einer Wahrnehmung, von Intelligenz, die unter dem Meeresspiegel völlig unzugänglich sind.«

7. Die Seele der Götter

Es muss für jeden achtsamen Studenten ersichtlich sein, dass es quasi unmöglich ist, mit gewöhnlichen Begriffen von dem Ausdruck und von der Offenbarung des Selbst zu sprechen, das den Rosenkreuzern als die »Seele der Götter« bekannt ist. In diesem Zusammenhang ist es ausreichend, seine Existenz als eine Phase des Ego, das in den meisten Menschen als latenter Zustand existiert, nur zu erwähnen. Einigen wenigen gewährt es gelegentlich Einblicke seiner Gegenwart. Doch es ist ihm bestimmt, im Laufe der spirituellen Evolution die normale Ebene bewussten Funktionierens für die ganze Menschheit zu bilden. Darüber hinaus existieren auf gewissen Ebenen des Lebens und des Seins sogar auch heute Wesen, für die dieses Stadium des Bewusstseins das Gewöhnliche und Normale ist, so wie die Ebene des menschlichen Bewusstseins für die Mehrheit der gegenwärtigen Völker gewöhnlich und normal ist.

Für solche nur durch eine hauchdünne und subtile Substanz, die als Schleier dient, vom unendlichen Nicht-Manifestierten – den ewigen Eltern – getrennte Wesen muss der ganze Ablauf des Universums nur als große sich bewegende Bilder, als eine Schau von Schattenformen erscheinen, als großartige Trugbilder, die offensichtlich Substanz und Form haben, die, wenn sie unter dem Aspekt der Ewigkeit gesehen werden, jedoch keine wirkliche Realität haben. Solche Wesen sind im Vergleich zu allen übrigen lebendigen Kreaturen tatsächlich Götter. Da dem Herzen des Ewigen sehr nahe, sind sich diese erhabenen Wesen jedes Herzschlags der ewigen Eltern bewusst.

So unglaublich es auch scheinen mag, doch es gibt heute unter uns, hier auf der Erde, gewisse fortgeschrittene Seelen, in denen sich dieses Bewusstsein bereits begonnen hat zu offenbaren. Und ihre Zahl wächst. Diese Seelen haben tatsächlich die bewusste Erkenntnis der Wahrheit erfahren, dass der Eine alles ist und dass außer dem Einen nichts ist – die gesamte Anordnung der kosmischen Trugbilder wird als Illusion, als Fata Morgana, als Maya, Glamour und als nicht realistisch wahrgenommen. Da hinein beginnt die Seele der Götter sich selbst zu offenbaren. Zu diesem Thema kann nicht mehr gesagt werden.

Zusammenfassung

Der Schüler darf nicht dem Fehler verfallen anzunehmen, dass der Mensch tatsächlich sieben verschiedene voneinander getrennte Seelen hat, die entweder wie ein Bündel Äste zusammengebunden sind oder wie sieben übereinandergezogene Mäntel getragen werden. Das Symbol ist nur bildlich gemeint und darf nicht wörtlich verstanden werden. Es gibt keine sieben Selbste im Menschen – sondern nur ein Selbst, das hinter sieben Schleiern verborgen ist, von denen jeder, während er dazu dient, die wahre Natur des Selbst zu verbergen, doch auch dazu dient, die Gegenwart und die Macht desselben bis zu einem gewissen Grad zu enthüllen. Es ist, als ob sieben Lagen unterschiedlich gefärbten Glases, vom dunkelsten bis zu einem fast durchsichtigen und farblosen, vor ein strahlendes Licht gehalten würden. Das dunkelste Glas würde das Licht fast vollkommen verdecken und seine Gegenwart durch einige seiner Strahlen doch offenbaren. Das nächsthellere Glas würde mehr offenbaren und weniger verdunkeln usw. bis zum letzten Glas, durch das die Verfinsterung nur schwach ist und die Offenbarung fast vollkommen. Alle Illustrationen dieses unbeschreiblichen Faktums des Ewigen sind durch die Natur der Sache unvollkommen, falsch und irreführend, wenn sie zu wörtlich genommen werden.

Für den Schüler gilt es zu lernen, dass in jedem Menschen das Potenzial einer Gottheit verborgen ist und Entwicklungsstadien unter einer Gottheit, jedoch über denen eines Durchschnittsmenschen, und dass jedem Menschen auch die niedrigeren Stadien der offenbarten Existenz innewohnen, sogar die niedrigsten von allen. Der weise Mensch nutzt die Niedrigen, erlaubt ihnen jedoch nicht, ihn zu benutzen. Er bewahrt den niedrigen Ebenen des Seins gegenüber eine positive, meisterhafte mentale Einstellung, während er sich für die Einflüsse der höheren Ebenen des Selbst empfänglich macht.

Zum Schluss werden Sie gebeten, den siebenten Aphorismus noch einmal zu betrachten: »Die Seele des Menschen ist siebenfältig, in ihrer Essenz jedoch Eins: Am Ende der spirituellen Entfaltung des Menschen steht die Entdeckung seines Selbst unter dem siebenfältigen Schleier.«

KAPITEL 10

REINKARNATION

Ein sehr wichtiger Teil der Lehre der Rosenkreuzer ist die okkulte Lehre von der Seelenwanderung, der Reinkarnation oder der Transmigration der Seelen. In der Essenz dieser Lehre geht es um das Überleben der individuellen Seele, nachdem sie im Tode ihren physischen Körper zurückgelassen hat, und um ihre Wiederverkörperung durch Wiedergeburt in einem physischen Körper nach dem Aufenthalt an einem Ort der Rast der Seelen.

Die Lehre von der Reinkarnation ist eine der ältesten der Menschheit. Spuren der Lehre werden in den Überlieferungen praktisch jedes der alten Völker und in allen Teilen der Erde gefunden. In der einen oder anderen Form hat sie in esoterischen Kreisen im Herzen einer jeden der großen Weltreligionen existiert, einschließlich des Christentums. Sie war für die Religionen des Orients immer eine fundamentale Lehre, die seit Beginn des 20. Jahrhunderts unter den Denkern des Okzidents ein wundervolles Wiederaufleben ihrer Beliebtheit erfahren hat.

Die Rosenkreuzer sind der Auffassung, dass die Entwicklung des Menschen nicht nur durch den allgemeinen evolutionären Prozess der Menschheit erreicht wurde, durch den sie Generation für Generation voranschreitet, sondern auch

durch den Fortschritt, den Aufstieg und die Verbesserung der sich inkarnierenden individuellen Seele mit verursacht ist. Denn jeder Schritt einer Wiedergeburt tendiert nach oben und vorwärts. Ein Autor hat gesagt: »Die Lehre besagt, dass die Evolution in dem Streben, Ringen und Voranpreschen zu besserem und noch vollkommenerem Selbstausdruck der Seele begründet liegt, die die Materie als Medium benutzt und die doch immer darum ringt, sich von ihrem begrenzenden und bremsenden Einfluss zu befreien. Dieses Ringen hat eine Entfaltung zur Folge, die dazu führt, Hülle für Hülle der begrenzenden materiellen Bindung abzulegen und wegzuwerfen, während der Geist die Materie formt, um höheren Zwecken zu dienen. Die Evolution ist nichts weiter als der Geburtsvorgang des gefangenen Geistes, der sich entfaltet und aus dem Netz der Materie befreit, in die er verwickelt und eingehüllt ist. Die Schmerzen und das Ringen sind nichts als Begleiterscheinungen der spirituellen Geburt.«

Die Rosenkreuzer haben in Bezug auf die Reinkarnation keine besondere unterscheidbare Theorie, sondern im Gegenteil, sie akzeptieren die allgemeinen, die Wiederverkörperung der Seele betreffenden Lehren der alten Okkultisten. Sie betrachten die Wiedergeburt als genauso natürlich wie die Geburt und sehen, dass der Menschheit ein großer Reichtum an tatsächlichen individuellen Erfahrungen zur Verfügung steht, die die Wahrheit der Lehre ebenfalls einschließen. Die Lehrer der Rosenkreuzer versuchen in der Tat nicht, diese Frage mit ihren Studenten zu diskutieren. Eher präsentieren sie die Lehren so, wie sie ihnen selbst zur Verfügung stehen, und begründen sie durch den Reichtum an Autorität aus dem Bereich der antiken Schulen, unterstützt durch die zahllosen persönlichen Erinnerungen von einzelnen Menschen. In den meisten Fällen erfasst der Student die Wahrheit der Lehre zuerst durch seine eigene Intuition und oft hat

er eine mehr oder weniger umfangreiche Erinnerung an seine früheren Leben auf der Erde.

Der Glaube an Wiedergeburt wurde von vielen der intelligentesten Angehörigen der Menschheit immer akzeptiert. Er war die innere Lehre des alten Ägypten und wurde von den großen Denkern der antiken westlichen Welt, wie zum Beispiel von Pythagoras, Empedokles, Plato, Virgil und Ovid, hoch geschätzt. Platos Lehren waren voll von diesen Gedanken. Die hinduistischen Lehren basieren darauf. Die persischen Magier haben ihn einbezogen. Die alten Druiden und Priester von Gallien lehrten ihn. Spuren der Lehre werden in den Überlieferungen der alten Stämme der Azteken, der Peruaner und anderer Völker der Neuen Welt gefunden. Die eleusinischen Mysterien der Griechen, die römischen Mysterien der Tempel, die innere Lehre der Kabbala der Hebräer, sie alle basieren auf der Lehre der Reinkarnation. Die frühchristlichen Väter, die Gnostiker, die Manichäer und andere frühchristliche Gruppen glaubten daran. Die großen alten und modernen Philosophen sind dieser Überzeugung mit Respekt begegnet, auch wenn sie sie in vielen Fällen tatsächlich nicht ganz angenommen haben. Folgende Zitate moderner Autoritäten vermitteln eine Idee von der Bedeutung, die dieser Lehre von modernen Denkern zugestanden wird.

Hedge sagt: »Von allen Theorien, die sich mit dem Ursprung der Seele befassen, scheint mir die Reinkarnation die plausibelste und daher die wahrscheinlichste, die Licht auf die Frage eines zukünftigen Lebens werfen kann.«

James Freeman Clarke sagt: »Es wäre sonderbar, wenn die Wissenschaft und die Philosophie die alte Theorie von der Reinkarnation wieder aufnehmen, sie entsprechend der gegenwärtigen Art religiösen und wissenschaftlichen Denkens neu gestalten und sie auf einer weiteren Plattform menschlicher Überzeugungen wieder neu beleben würde.

Doch merkwürdigere Dinge sind in der Geschichte menschlicher Ansichten geschehen.«

Professor Knight sagt: »Wenn wir auf legitime Weise irgendeine Glaubensfrage durch die Anzahl ihrer Vertreter ermitteln könnten, dann wäre die Entscheidung zum Vorteil der Reinkarnation eher als irgendeiner anderen. Ich glaube, es ist sehr wahrscheinlich, dass sie wiederbelebt wird und wie irgendeine rivalisierende Theorie in den Vordergrund tritt.«

Professor Bowen sagt: »Es scheint mir, dass die feste und gut fundierte Überzeugung von der christlichen Lehre der Reinkarnation helfen könnte, die Welt zu regenerieren. Denn es wäre eine Überzeugung, um die man mit vielen Schwierigkeiten und Einwänden nicht herum kommt und die andere Lehren bedrängt. Und sie bietet klare und scharf umrissene Motive zu versuchen, ein christlicheres Leben zu führen und unsere Mitmenschen zu lieben und ihnen zu helfen. Die Lehre von der Reinkarnation kann fast beanspruchen, eine natürliche oder angeborene Überzeugung des menschlichen Geistes zu sein, wenn wir das nach ihrer weiten Verbreitung unter den Völkern der Erde und ihrer Allgemeingültigkeit aller historischen Zeitalter hindurch beurteilen.«

E. D. Walker sagt: »Als das Christentum erstmals über Europa hereinbrach, war das Gedankengut seiner führenden Persönlichkeiten zutiefst von dieser Wahrheit durchtränkt. Die Kirche hat sehr wirkungsvoll versucht sie auszulöschen. Doch in verschiedenen Gruppierungen wurde sie über die Zeit ihrer mittelalterlichen Vertreter, Erigina und Bonaventura, hinaus lebendig gehalten. Alle großen intuitiven Seelen wie Paracelsus, Böhme oder Swedenborg haben sie vertreten. Giordano Bruno und Campanella, die Erleuchteten Italiens, haben sie angenommen. Die deutschen Philosophen wurden von ihr bereichert. Die Jüngeren von ihnen – Schopenhauer, Lessing und Fichte – haben sie ernsthaft befür-

wortet. Das anthropologische System von Kant und Schelling hat Berührungspunkte mit ihr einbezogen. Der jüngere Helmont hat in 200 Fragen alle Argumente angeführt, die die Befürwortung der Rückkehr der Seelen in menschliche Körper, der jüdischen Vorstellung entsprechend, eindringlich darstellen. Unter den englischen Denkern hat sie der Platon-Kenner Henry More aus Cambridge mit sehr viel Scharfsinn sehr deutlich verteidigt. Und bei Cudworth und Hume gilt sie als die rationalste Theorie der Unsterblichkeit. Glanvil hat ihr eine denkwürdige Abhandlung gewidmet. Sie hat den Geist von Fourier und Leroux widergespiegelt. Andre Pezzanis Buch über den Pluralismus des Lebens der Seelen behandelt das Vorstellungssystem der römisch-katholischen Kirche von Sühne.«

Doch besser als alle Meinungen und Schattierungen der großen Schriftsteller und Lehrer in Bezug auf dieses wichtige Thema ist die innere Überzeugung aller Seelen, die ein gewisses Stadium spiritueller Entfaltung erreicht haben – die Überzeugung, »dass ich schon einmal gelebt habe«. Solch eine Überzeugung und der intuitive Glaube, der auf dem Wiedererwachen blasser Erinnerungen beruht, ist für den Menschen mehr wert als Tonnen gedruckter Meinungen zu diesem Thema.

Ein Autor hat zu diesem Punkt gesagt: »Wer hat nicht schon einmal das Bewusstsein erfahren, dasselbe schon einmal gefühlt zu haben – es in dunkler Vergangenheit schon einmal gedacht zu haben? Wer hat nicht schon einmal eine neue Szene erlebt, die sehr alt schien, sehr alt. Wer hat nicht schon einmal Menschen zum ersten Mal getroffen, deren Gegenwart Erinnerungen an eine Vergangenheit geweckt hat, die weit zurück in nebulösen Zeitaltern liegt? Wer war nicht schon manchmal von dem Bewusstsein eines hohen ›Alters‹ seiner Seele ergriffen? Wer hat nicht schon einmal Musik gehört, oft

völlig neue Kompositionen, die irgendwie Erinnerungen ähnlicher Art, Szenen, Orte, Gesichter, Stimmen, Länder, Assoziationen und Begebenheiten wachgerufen haben, die dunkle Saiten der Erinnerung anklingen ließen, während der Hauch der Harmonien darüber hinwegglitt? Wer hat nicht schon einmal ein altes Gemälde oder eine Statue mit dem Gefühl betrachtet, das alles schon einmal gesehen zu haben? Wer hat nicht schon Erlebnisse gehabt, die die Gewissheit mit sich gebracht haben, dass sie lediglich eine Wiederholung irgendwelcher schattenhaften Erscheinungen weit zurückliegender Leben sind? Wer hat nicht schon einmal den Einfluss von Bergen, vom Meer oder von der Wüste gefühlt, wenn er weit von solchen Landschaften entfernt war – Einflüsse, die so lebendig waren, dass sie die tatsächlich gegenwärtige Situation vergleichsweise als nicht real haben erscheinen lassen? Wer hat diese Erfahrungen nicht gemacht?«

Sir Walter Scott hat in seinem Tagebuch einmal folgende Beobachtung festgehalten: »Ich weiß nicht, ob es wert ist, aufgeschrieben zu werden, dass ich gestern zur Abendbrotzeit merkwürdigerweise von etwas verfolgt wurde, dass ich als ein Gefühl von Vor-Existenz bezeichnen würde, und zwar von der verwirrenden Vorstellung, dass nichts, das geschah, zum ersten Mal gesagt wurde, dass dieselben Themen diskutiert wurden und dass dieselben Personen dieselben Meinungen darüber zum Ausdruck brachten. Die Erfahrung war so stark, dass sie einer Fata Morgana in der Wüste oder einem heftigen Fieber an Bord eines Schiffes gleichkam.

Wie kommt es, dass manche Szenen Gedanken erwecken, die gewissermaßen Träumen früherer schattenhafter Erinnerungen angehören, die die alten Brahmanen dem Zustand einer vorhergehenden Existenz zugeschrieben hätten? Wie oft befinden wir uns in einer Gesellschaft, die wir nie zuvor getroffen haben, und fühlen uns doch von dem mysteriösen,

undefinierten Bewusstsein beeindruckt, dass weder die Szene noch die Sprecher noch das Thema absolut neu sind. Nein, wir haben das Gefühl, dass wir den Teil des Gespräches, der noch nicht stattgefunden hat, voraussagen könnten.«

Bulwer sagt: »Es gibt eine seltsame Art innerer und spiritueller Erinnerung, die uns oft an Orte und zu Personen zurückruft, die wir niemals zuvor gesehen haben, die die Platoniker als nicht gelöschtes Bewusstsein eines früheren Lebens erklären würden. Wie seltsam, dass uns zuweilen, während wir einen bestimmten Ort betrachten, ein Gefühl überkommt, das wir entweder mit der Szene schwach erinnerter und traumhafter Bilder der Vergangenheit oder mit den prophetischen und angstbesetzten Omen der Zukunft assoziieren. Jeder hat zu bestimmten Zeiten und Orten schon einmal ein ähnlich eigenartiges und undefinierbares Gefühl gehabt und auch mit einer ähnlichen Unfähigkeit, der Ursache auf sie Spur zu kommen.

Poe sagt: »Wir gehen herum, und die Bestimmungen unserer Existenz in der Welt werden von schwachen und doch immer gegenwärtigen Erinnerungen einer erweiterten Bestimmung begleitet – sehr entfernt in einer längst vergangenen Zeit und ungeheuer schrecklich. Wir durchleben eine Jugend, die eigenartigerweise von solchen Träumen verfolgt wird, und doch verwechseln wir sie niemals mit Träumen. Wir kennen sie als Erinnerungen. Während unserer Jugend ist die Deutlichkeit zu klar, um uns zu täuschen, auch nicht für einen Moment. Doch die Zweifel des Erwachsenenalters vertreiben sie als Illusionen.«

Charles Dickens schrieb einmal: »Im Vordergrund war eine Gruppe stiller Bauernmädchen, die sich gegen die Brüstung der kleinen Brücke lehnten und mal zum Himmel schauten und mal herab auf das Wasser; in gewisser Entfernung ein tiefes, enges Tal – über allem der Schatten der heraufziehenden

Nacht. Wenn ich dort in einem früheren Leben ermordet worden wäre, hätte ich den Ort wahrscheinlich nicht so intensiv erinnert oder nachdrücklicher mit mehr gefrierendem Blut. Und die wirkliche Erinnerung daran, die ich in dieser Minute erlangte, ist durch die vorgestellte Erinnerung so stark, dass ich kaum glauben kann, sie zu vergessen.«

Wenn für die Wahrheit der Wiedergeburt außer der persönlichen Intuition und Blitzen der Erinnerung an frühere Leben Beweise gebraucht würden, dann würden wir solche Beweise in dem Phänomen von Wunderkindern finden und in Fällen von kindlichem Genie, von denen es überall reichlich Beispiele gibt. In sehr jungen Jahren erbringen Kinder Beweise eines sehr tiefen Wissens von Mathematik, Musik, Kunst usw., sogar auch in Fällen, in denen eine Erklärung durch Erbschaftsanlagen nicht zutreffen kann. Mozart gibt uns ein typisches Beispiel eines solchen Falles. Mit vier Jahren war Mozart nicht nur in der Lage, schwierige Stücke am Klavier zu spielen, sondern auch ganz neue, hochwertige Musik zu komponieren. Er hat nicht nur eine hohe Begabung für Melodien und Noten an den Tag gelegt, sondern auch eine intuitive Fähigkeit, Musik zu komponieren und zu arrangieren. Diese Fähigkeit war der vieler Menschen, die dem Studium und der Ausübung von Musik viele Jahre ihres Lebens gewidmet hatten, weit überlegen. Die Gesetze der Harmonie und die Wissenschaft von der Kombination der Töne waren für dieses wundervolle Kind nicht das Ergebnis jahrelanger Arbeit, sondern eine angeborene Fähigkeit.

Ein anderer besonderer Fall ist Zerah Colburn, das Wunderkind der Mathematik, dessen Können im 19. Jahrhundert die Aufmerksamkeit der wissenschaftlichen Welt auf sich gezogen hat. In diesem Fall löste das nicht einmal achtjährige Kind ohne zuvor erlernte Kenntnisse auch nur der allgemeinen Regeln der Arithmetik oder des Gebrauchs und der

Macht der arabischen Ziffern durch einen einfachen gedanklichen Vorgang verschiedene große arithmetische Probleme, und zwar ohne den Gebrauch irgendwelcher sichtbaren Symbole oder Erfindungen. Er konnte in Minuten oder Sekunden jederzeit sofort eine Frage beantworten, deren Antwort die exakte Aussage einer Zahl beinhaltete. Mit derselben Leichtigkeit konnte er das genaue Ergebnis einer Multiplikation irgendwelcher Zahlen, die zwei, drei oder vier Ziffern hatten, mit einer anderen Zahl, die gleich viele Ziffern hatte, nennen. Er konnte fast sofort alle Faktoren benennen, aus der eine sechs- oder siebenstellige Zahl zusammengesetzt ist. Er konnte ebenfalls ohne Weiteres Fragen beantworten, die das Extrahieren von quadratischen oder kubischen Wurzeln aus irgendeiner vorgeschlagenen Zahl betrafen, auch wenn es sich um eine nicht durch irgendeine andere Ziffer teilbare Primzahl handelte, wofür es unter Mathematikern keine allgemein bekannte Regel gibt. Wenn man ihm inmitten seines gewöhnlichen kindlichen Spiels solch eine Frage stellte, beantwortete er sie prompt und fuhr dann mit dem Spielen fort.

Dieses Kind steigerte einmal absolut erfolgreich die Ziffer acht bis zur sechzehnten Stelle fortschreitend. Als es das Ergebnis, 281.474.976.710.656, nannte, war es mit jeder Ziffer absolut korrekt. Er konnte jegliche gegebene Ziffer fortschreitend bis zur zehnten Potenz hochrechnen, und zwar so schnell, dass derjenige, der die Zahlen auf dem Papier mitschrieb, ihn häufig bat, seine Geschwindigkeit zu reduzieren. Er konnte die Quadratwurzel aus 106.929 und die Kubikwurzel aus 268.336.125 auf Anhieb nennen. Er konnte den Primfaktor sehr großer Zahlen angeben und konnte große Primzahlen sofort herausfinden. Als er einmal gefragt wurde, wie viele Minuten in achtundvierzig Jahren enthalten sind, antwortete er: »25.228.800«, bevor die Frage aufgeschrieben werden konnte. Und er fügte hinzu, dass die Anzahl der Sekun-

den einer solchen Zeiteinheit 1.513.728.000 beträgt. Als das Kind danach gefragt wurde, woher seine Begabung kommt, solche Fragen beantworten und so schwierige Probleme lösen zu können, war es nicht in der Lage, diese Information zu geben. Er konnte sagen, dass er nicht wisse, wie die Antwort in seinen Kopf kam. Doch es war, wenn man ihn beobachtete, offensichtlich, dass irgendein Vorgang in seinem Geist ablief und dass es keine Frage war, ob er einen Erinnerungstrick für sein Können anwandte. Darüber hinaus ist es wichtig zu bemerken, dass ihm die allgemeinen Regeln der Arithmetik völlig unbekannt waren, und er konnte an der Tafel oder auf dem Papier nicht die einfachste Summe addieren oder multiplizieren. Es ist interessant, die weitere Entwicklung dieses Falles zu notieren. Als das Kind ein paar Jahre später in die allgemeine Schule geschickt wurde und dort in der Kunst des schriftlichen Rechnens unterrichtet wurde, begann sein Talent zu verschwinden und verließ es schließlich ganz. Und es wurde nicht mehr als jedes Kind seines Alters. Es schien, als ob eine Tür seiner Seele geschlossen wurde, während sie zuvor geöffnet war.

Die Rosenkreuzer lehren, dass die menschliche Seele auf einem Weg voranschreitet, die Lektionen des Lebens und der Erfahrungen lernt – Leben für Leben – und die Essenz dieser Eindrücke speichert. Diese formen, wenn er wiedergeboren wird, die Basis des Charakters des Menschen. Die Wiedergeburt oder ihre Bedingungen werden der individuellen Seele nicht aufgezwungen. Ganz im Gegenteil, der Lehre der Rosenkreuzer zufolge wird die individuelle Seele aufgrund des Vorhandenseins bestimmter Wünsche in ihrem Charakter von einer Wiedergeburt angezogen – oder eher aufgrund der Essenz ihres Sehnens. Sie wird in eine bestimmte Umgebung hineingeboren, weil sie bestimmte unbefriedigte Wünsche in sich trägt, die nur in dieser Umgebung befriedigt wer-

den können. Das Gesetz der Anziehung wirkt hier genauso regulär wie bei der Anziehung der Atome der Materie. Es gibt, wenn dieses Gesetz wirkt, kein Element der Strafe oder der Ungerechtigkeit, sondern es gibt jeder Seele nur, wonach die Seele verlangt, um ihre innewohnenden unbefriedigten Bedürfnisse oder auch Bedingungen und Erfahrungen zu erleben, was dazu dient, bestimmte Wünsche der Seele zu verbrennen, die sie in ihrem Fortschritt aufhalten. Ihre Zerstörung wird zukünftige Fortschritte ermöglichen.

Die Rosenkreuzer lehren, dass die Angehörigen einer Gruppe, die ihre Mitmenschen in der spirituellen Entwicklung überflügeln, immer noch mit ihren zurückgebliebenen Geschwistern verbunden sind – d. h. bis zu einem bestimmten Punkt. In vielen Fällen werden solche Individuen gezwungen zu bleiben, bis sich ein Großteil der Gruppe in dieselbe Position nach oben bewegt hat. Aber solche Individuen sind während dieser Zeit des Wartens nicht gezwungen, eine unnötige Wiederholung von Geburt und Wiedergeburt zu durchleben, sondern sie verbringen die Zeit auf einer erhabenen Ebene, auf der sie mit fortgeschrittenen Seelen und höheren Wesen, die ihre Lehrer sind, in Kontakt kommen. In einigen Fällen sind diese fortgeschrittenen Seelen bereit, als große Lehrer auf die Erde zurückzukehren, um den allgemeinen Fortschritt der Gruppe zu unterstützen. Die Lehre besagt, dass heute viele dieser fortgeschrittenen und sichselbstopfernden Seelen unter uns leben und der allgemeinen Erhebung dienen.

Die Lehren der Rosenkreuzer, die den Erfahrungswert eines jeden Erdenlebens betreffen, werden durch das folgende Zitat eines führenden Schriftstellers gut dargestellt. Er sagt: »Viele widersprechen der Lehre von der Wiedergeburt mit dem Argument, dass die Erfahrungen eines jeden Lebens nicht erinnert werden und daher nutzlos und wertlos sind. Dies ist eine falsche Herangehensweise an das Thema. Denn obwohl

die Erfahrungen nicht ganz erinnert werden mögen, sind sie doch ganz und gar nicht verloren, sondern sie formen einen Teil des Materials, aus dem unser Geist zusammengesetzt ist. Sie existieren in der Essenz in Form von Gefühlen, Charakteristiken, Neigungen, Vorlieben und Abneigungen, Verwandtschaftsverhältnissen, Sympathie und Antipathie usw. In dieser Form sind sie in unserem Leben genauso präsent wie die Erfahrungen von gestern, die gut erinnert werden. Schauen Sie auf die Jahre Ihres gegenwärtigen Lebens zurück und versuchen Sie, sich die Erfahrungen von vor einem Jahr, vor fünf Jahren, vor zehn Jahren, vor zwanzig Jahren, vor dreißig Jahren in Erinnerung zu rufen, so weit zurück, wie Sie gehen möchten. Sie werden herausfinden, dass Sie sich nur an wenige Ereignisse in ihrem Leben erinnern können. Die Erfahrungen der meisten Tage, an denen Sie gelebt haben, sind fast völlig vergessen worden. Obwohl Ihnen diese Erfahrungen als sehr lebendig und real erschienen sind, als sie passierten, sind sie jetzt doch ins Nichts verschwunden. Und sie sind für alle ihre Absichten und Zwecke verloren. Aber sie sind nicht verloren! Erinnern Sie sich. Sie sind aufgrund all dieser Erfahrungen, an die Sie sich jetzt nicht mehr erinnern können, wer Sie heute sind – sie existieren in Ihrem Charakter und haben geholfen, ihn zu gestalten und zu formen. Offensichtlich vergessene Schmerzen, Freuden, Kümmernisse und Glück sind aktive Faktoren bei der Bildung und Erhaltung Ihres Charakters von heute. Dieser Weg hat Sie in gewisser Weise gestärkt. Er hat Ihre Sichtweise verändert und Ihnen ermöglicht, die Dinge aus einer erweiterten Sicht zu sehen. Die Trauer hat Sie dazu gebracht, den Schmerz anderer zu fühlen. Die Enttäuschung hat Sie dazu gebracht, sich wieder neu zu bemühen. Und jede Emotion hat eine beständige Spur in Ihrer Persönlichkeit hinterlassen – in Ihrem Charakter. Alle Männer und Frauen sind, wer sie sind, aufgrund dessen,

was sie durchgemacht haben – was sie durchlebt und überlebt haben. Und obwohl diese Geschehnisse, Szenen, Umstände, Erscheinungen und Erfahrungen aus dem Gedächtnis verschwunden sind, bleiben ihre Wirkungen unauslöschlich im Gewebe des Charakters erhalten. Und der Mensch von heute ist anders, als er es gewesen wäre, wenn die Geschehnisse und Erfahrungen nicht in sein Leben getreten wären.

Und dieselbe Regel gilt auch für die Charakteristiken, die aus vergangenen Inkarnationen stammen. Wir haben die Erinnerungen an die Erfahrungen nicht mehr, doch wir haben ihre Früchte in Form von Charakteristika, Geschmack, Neigungen usw. erhalten. Sie tendieren in eine bestimmte Richtung und lehnen etwas anderes ab. Gewisse Dinge ziehen Sie an, während andere Sie abstoßen. All diese Dinge sind das Ergebnis Ihrer Erfahrungen in früheren Inkarnationen. Ihr Geschmack und Ihre Neigung zum Studium des Okkultismus, die jetzt das Lesen dieser Zeilen in Ihnen auslöst, sind Ihr Erbe aus einem früheren Leben, das ein Lehrer oder ein Freund als Gedanken einer esoterischen Lehre in Ihnen angelegt hat, die dann Ihr Interesse geweckt und Ihre Aufmerksamkeit auf sich gezogen haben. Sie haben damals ein wenig über das Thema gelernt – vielleicht auch viel – und das hat den Wunsch erweckt, mehr Wissen in dieser Richtung zu erlangen, dessen Offenbarung Sie in ihrem gegenwärtigen Leben wieder mit ähnlichen Lehren in Kontakt gebracht hat. Fast jeder, der diese Zeilen liest, wird das Gefühl haben, dass vieles der jetzt empfangenen okkulten Lehren ein Wiedererlernen von etwas zuvor schon Bekanntem ist, obwohl viele der Themen, die jetzt gelehrt werden, nie zuvor in diesem Leben gehört worden sind. Sie nehmen ein Buch in die Hand, lesen etwas und sie wissen sofort, dass das so ist. Denn auf eine vage Weise ist Ihnen bewusst, dass sie das in einem früheren Leben studiert und an dem Problem gearbeitet haben.

All dies geschieht in Übereinstimmung mit dem Gesetz der Anziehung, das Sie dazu geführt hat, das anzuziehen, wozu Sie geneigt sind, und was auch dazu führt, dass andere sich von Ihnen angezogen fühlen. Aus demselben Grund und auf dieselbe Art und Weise geschieht in diesem Leben das häufige Wiederzusammentreffen von Menschen, die in früheren Leben miteinander in Verbindung gestanden haben. Die alten Lieben und Geschichten von Hass wirken sich in den neuen Lügen aus. Wir sind an jene gebunden, die wir geliebt haben, und auch an die, die wir verletzt haben. Die Geschichte muss bis zum letzten Kapitel ausgearbeitet werden, obwohl zunehmendes Wissen über das Warum und Wofür dieser Zusammenhänge einen von vielen verwickelnden Anhaftungen und Beziehungen dieser Art befreien kann.«

Das Leben nach dem Tode

Die Werke der Lehren der Rosenkreuzer enthalten sehr geheime und detaillierte Weisungen für das Leben der Seele zwischen den Inkarnationen, zum Phänomen der astralen Welt und zu ähnlichen Themen, die viele umfangreiche Bücher in Anspruch nehmen könnten. In diesem Kapitel wollen wir versuchen, dem Schüler hinsichtlich dieser Themen, eine allgemeine Vorstellung von den Lehren zu vermitteln, jedoch ohne ins Detail zu gehen, was in dem uns zur Verfügung stehenden Raum gegenwärtig nicht geleistet werden kann.

Wenn für einen Menschen der Moment des Todes gekommen ist, löst sich die Seele aus dem gewohnten physischen Körper und verlässt, in die Gewänder der elementaren Seele gekleidet, die Szene des physischen Körpers. Zu Anfang ist die Trennung jedoch noch nicht vollkommen. Denn die elementare Seele ist durch einen dünnen, schlanken Faden oder durch

eine Kordel immer noch mit dem physischen Körper verbunden, die schließlich reist und der Seele erlaubt, auf ihrem Weg voranzuschreiten. Die Gewänder der elementaren Seele sind in gewissem Sinne physisch natürlich genauso wahrhaftig wie die Gewänder des sichtbaren Körpers, die gerade von der Seele abgeworfen worden sind. In diesen neuen Gewändern ist der Mensch für die gewöhnliche menschliche Sicht jedoch unsichtbar und seine Gegenwart kann, außer in Fällen von Hellsichtigkeit, nicht bemerkt werden.

Dann reist die körperlose Seele in einen Bereich weiter, der den Okkultisten als Astralebene bekannt ist, die jedoch in keinem Verständnis des Wortes ein Ort ist, sondern eher »ein Zustand oder eine Bedingung des Seins«, die nichts mit räumlicher Begrenzung zu tun hat. Das Phänomen der Astralebene zeichnet sich durch eine Schwingung aus, die höher ist als die der irdischen Ebene. Unterschiedliche Seins-Ebenen können denselben Raum zur selben Zeit einnehmen, ohne sich gegenseitig zu stören.

Wenn die gerade von der körperlichen Hülle befreite Seele die Schwingungen der Astralebene erreicht, fällt sie in einen tiefen Schlaf oder in ein Koma, das der mehrere Monate andauernden Situation eines noch nicht geborenen Babys vor seiner Geburt ähnelt. Dieser Zustand ist notwendig, um die Seele für ihr Leben auf der neuen Ebene vorzubereiten. Eine Seele, die die Szenerie des irdischen Lebens in einer ruhigen und friedvollen mentalen Haltung verlassen hat, fällt bald in einen traumlosen Schlummer. Doch jene, deren Geist von starkem, mit irdischem Leben verbundenen Verlangen erfüllt ist, erleben oft sogenannte »astrale Träume«, in denen sie die Szenen des Erdenlebens wieder aufsuchen und sich wenn möglich durch Medien und andere auf mehr oder weniger verzerrte und traumhafte Kommunikation einlassen. Das starke Verlangen und die Trauer aufseiten der auf

der Erdenszenerie Zurückgebliebenen initiiert zuweilen auch eine »Kontakt«-Situation, und sie stören die schlafende Seele und greifen in ihre notwendige vorbereitende Ruhe ein. In diesem Schlummerzustand ist die entkörperte Seele vor dem Einfluss oder der Gegenwart anderer Wesen absolut geschützt und so geborgen wie ein Kind im Mutterleib.

Manche Seelen benötigen auf der astralen Ebene eine lange Phase von Seelenschlaf, bevor sie zu neuen Aktivitäten erwachen, während andere vergleichsweise nur kurze Zeit brauchen. Die allgemeine Regel ist, je höher die spirituelle Entwicklung einer Seele ist, desto länger dauert ihre Phase des Seelenschlafs. Die Phase des Seelenschlafs steht in enger Verbindung zu der Phase des Verweilens der Seele auf der astralen Ebene. Die weniger entwickelten Seelen eilen schnell zu einer Wiedergeburt, während die weiterentwickelten zwischen den Geburten viel mehr Zeit auf der astralen Ebene verbringen.

Im Seelenschlaf findet ein seltsamer Vorgang statt, nämlich die Vorbereitung der Ablösung der untersten Hülle der Seele, damit sie frei ist, in das Leben auf der astralen Ebene einzutreten, wo sie nur in die Gewänder des Zustands ihrer höchsten spirituellen Errungenschaft gekleidet ist. Jede Seele erwacht auf der astralen Ebene, bereit, auf dieser Ebene ihrer höchsten und besten Möglichkeiten zu verweilen, während sie alles andere hinter sich lässt. Sie erwacht auf der Ebene, auf der das Höchste und Beste ihrer selbst eine Chance bekommt, sich zu entwickeln, zu weiten und Fortschritte zu machen. Denn die Seele kann und macht bei diesen Aufenthalten auf der astralen Ebene zwischen den Geburten große Fortschritte.

Auf der astralen Ebene gibt es viele Unterebenen mit weiteren Unterteilungen, die alle mehr oder weniger unabhängig voneinander sind. Die Unterschiede zwischen den Ebenen sind alle das Ergebnis unterschiedlicher Schwingungsfre-

quenzen und geben keine räumlichen Entfernungen an. Jede Unterebene oder jeder Bereich wird von Seelen bewohnt, die genau da hineinpassen, und zwar aufgrund des ihnen entsprechenden Grades spiritueller Entfaltung. Dieses Ergebnis wird durch die Wirkung des großen Gesetzes der Anziehung hervorgebracht, und jede Seele fühlt sich auf der Ebene, auf der sie sich wiederfindet, vollkommen zu Hause. Das Gesetz arbeitet mit unfehlbarer Genauigkeit und macht keine Fehler.

Aufgrund bestimmter feststehender natürlicher Gesetze ist jede Seele auf den Bereich ihrer eigenen Unterebene oder Abteilung der Astralebene begrenzt. Doch sie kann, wenn sie möchte, die Ebene unter ihrer eigenen besuchen. Aber die Ebene, die höher ist als ihre eigene, kann sie nicht besuchen. Das Gesetz der Schwingungen übernimmt hier die Rolle der astralen Polizei. Nicht verkörperte Seelen können durchaus miteinander kommunizieren, sich unterhalten und gesellschaftliche Kontakte pflegen, jedoch nur, indem die höheren die niedrigen besuchen und niemals umgekehrt.

Die Szenerie und die Umgebung der verschiedenen Unterebenen der Astralebene entspricht den Vorstellungen und Überzeugungen der Seelen, die sie bewohnen. Ein Indianer findet womöglich sein ideales Jagdrevier, viel realer, als so mancher sich das vorstellen kann. Die Gedanken und Ideale der Seele werden von einer empfänglichen Substanz der Astralebene gespiegelt. Und jede Seele ist in gewisser Weise der Schöpfer ihrer eigenen Umgebung und Welt. Sie erschafft sich durch ihre Gedankenformen eine wesensverwandte Welt.

Die Seele entwickelt sich durch ihren Aufenthalt auf der Astralebene weiter und bereitet sich auf ihre Wiedergeburt, auf eine bessere und glücklichere Umgebung vor. Während dieses Aufenthalts integriert und verdaut sie die Erfahrungen ihres letzten Erdenlebens und lernt die wahren Lektionen dieser Erfahrungen. Und diese spiegeln sich in dem sich neu formenden Charakter wider. Die Fehler der Vergangenheit werden gesehen und die wahre Bedeutung vieler verwirrender Erfahrungen wird wahrgenommen. Die Seele macht also eine Bestandsaufnahme ihrer selbst und ist besser auf die Verhältnisse ihres nächsten Erdenlebens vorbereitet.

Die Seele erhält auf der astralen Ebene auch die Hilfe und Unterstützung einiger großer spiritueller Lehrer der Menschheit, deren selbsterwählte Berufung es ist, mit den Bedürfnissen der schmerzenden und leidenden Seelen umzugehen, die danach streben, einen Weg aus ihrem Kummer und ihren Fehlern heraus zu finden. Diese Lehrer gehen nicht nur den streng spirituellen Bedürfnissen der ihre Hilfe suchenden Seelen nach, sondern in vielen Fällen erhält die Seele die Vorteile einer großartigen Unterstützung für selbst erwählte Berufe, wie zum Beispiel Künstler, Wissenschaftler, Musiker, Erfinder usw., und zwar von weit entwickelten, wesensverwandten Seelen, die bereit sind, Nachzüglern auf dem Weg zu helfen. Viele Künstler, Musiker, Schriftsteller oder Erfinder, die sich wieder inkarniert haben, haben durch den Kontakt mit solchen Helfern auf der Astralebene sehr viel Wohlwollen und Fortschritte erfahren.

Nach einer längeren oder kurzen Phase des Aufenthalts der Seele auf der astralen Ebene – dessen Dauer von dem Grad der spirituellen Entwicklung der Seele abhängt – wird sie sich schließlich ihrer neuen Befindlichkeit bewusster, die den Okkultisten als »der zweite Seelenschlaf« oder »Schlummer« bekannt ist, in dem die Seele auf ihre bevorstehende neue Geburt auf Erden vorbereitet wird. Ein Schriftsteller hat diesen Zustand wie folgt beschrieben: »Dem zweiten Seelenschlaf geht ein Übergang allmählicher Abnahme der Aktivität und des Bewusstseins voran und ein entsprechender Wunsch nach Ruhe für die Seele. Wenn die natürlichen Prozesse auf

der astralen Ebene ihrem Ende entgegengehen, beginnt die Seele ein Gefühl von Trägheit und Müdigkeit zu erfahren, und sie sehnt sich instinktiv nach Rast und Ruhe. Sie stellt fest, dass sie den größten Teil ihrer Wünsche, Ambitionen und Ideale ausgelebt hat, und in vielen Fällen ist sie darüber hinausgewachsen. Dann überkommt sie ein wehmütiges Gefühl, den Zweck ihrer Bestimmung erfüllt zu haben, und eine Vorahnung des Herannahens einer neuen Phase der Existenz. Die Seele empfindet keinen Schmerz, wenn sie sich dem zweiten Seelenschlaf annähert, im Gegenteil, sie fühlt Glück und Zufriedenheit – angesichts der auf sie zukommenden versprochenen Ruhe und Erholung. Wie der müde Reisende, der Bergwege erklommen und sich an den Erfahrungen der Reise erfreut hat, hat die Seele das Gefühl, dass sie die erholsame Ruhe sehr wohl verdient hat. Und wie der Reisende freut sie sich voller Sehnen und Wünschen darauf.«

Derselbe Autor sagt: »Die Seele mag, entsprechend ihres Entfaltungs- und Entwicklungsgrades, ein paar Jahre oder vielleicht hundert oder tausend Jahre Erdenzeit auf der astralen Ebene verbracht haben. Egal, ob ihr Aufenthalt kurz oder lang ist, sie wird schließlich von dem Gefühl der Müdigkeit erfasst. Und wie viele betagte Menschen in ihrem Erdenleben hat sie das Gefühl, ›meine Arbeit ist erledigt – lass mich weitergehen‹. Früher oder später hat die Seele den Wunsch, neue Erfahrungen zu machen und in einem neuen Leben einige der Fortschritte, die sie durch die Entfaltung auf der Astralebene erlangt hat, zu manifestieren. Aus diesen Gründen und auch durch die Anziehung durch Wünsche, die dort geschwelt haben, nicht ausgelebt oder abgeworfen wurden, kommt es zur Wiedergeburt. Möglicherweise auch durch die Tatsache beeinflusst, dass eine geliebte Seele von der unteren Ebene, bereit ist, sich zu inkarnieren, und weil die Seele sich wünscht, mit dieser zusammen zu sein, entschließt sie sich spontan zur Wiedergeburt, wählt passende Eltern und eine vorteilhafte Umgebung aus. Die Konsequenz daraus ist, dass sie allmählich wieder in den Zustand eines Seelenschlummers fällt und zu gegebener Zeit auf der astralen Ebene stirbt wie zuvor auf der materiellen Seite. Und sie geht weiter in Richtung Wiedergeburt auf der Erde.«

Es gibt noch eine andere Tatsache, die mit dem Erwachen der Seele bei der Wiedergeburt zu tun hat, die von Autoren, die über dieses Thema schreiben, selten erwähnt wird und die daher nicht vielen Menschen bekannt ist, die mit anderen die Reinkarnation betreffenden Fakten durchaus vertraut sind. Diese Tatsache ist folgende: Genauer gesagt bleibt die Seele teilweise in einem schlafenden Zustand, auch nachdem sie auf der Erde wiedergeboren wurde. Sie erwacht in dem Körper eines neugeborenen Kindes, in dem sie sich inkarniert hat, nicht sofort, sondern im Gegenteil, sie erwacht während der frühen Kindheit und Jugend erst allmählich.

Ein Autor sagt zu dem oben genannten die Wiedergeburt betreffenden wichtigen Faktum folgendes: »Eine Seele erwacht bei ihrer Wiedergeburt nicht sofort vollständig aus ihrem zweiten Seelenschlummer, sondern lebt während der Tage ihrer Kindheit in einem traumähnlichen Zustand. Ihr allmähliches Erwachen wird durch die wachsende Intelligenz des Kleinkindes bewiesen. Das Gehirn des Kindes hält mit den gestellten Anforderungen Schritt. In einigen Fällen ist das Erwachen jedoch verfrüht und wir sehen Fälle von Wunderkindern, genialen Kindern usw. Aber solche Fälle sind mehr oder weniger anormal und ungesund. Gelegentlich erwacht die träumende Seele des Kindes ein wenig, und es überrascht seine Eltern durch irgendeine tiefe Beobachtung oder reife Bemerkung oder durch sein Verhalten. Die seltenen Fälle von frühreifen Kindern und kindlichem Genie stellen Fälle dar, in denen das Erwachen schneller war als gewöhnlich.

Auf der anderen Seite sind Fälle bekannt, in denen die Seele nicht so schnell wie der Durchschnitt erwacht, und das hat zur Folge, dass solch ein Mensch die Zeichen eines voll entwickelten Intellekts vermissen lässt, bis er fast das mittlere Alter erreicht hat. Es sind Fälle bekannt, in denen Männer mit vierzig Jahren oder noch älter aufzuwachen scheinen und dann mit frischer Aktivität und Energie diejenigen überraschen, die sie zuvor gekannt haben.«

Hier bitten wir den Schüler, einen anderen Punkt, der das Bedürfnis und die Konsequenzen des zweiten Seelenschlummers betrifft, achtsam zu betrachten. Genauso wie die Seele in dem ersten Seelenschlummer eine Phase der spirituellen Verdauung und Integration der Erfahrungen des Erdenlebens erlebt, so durchläuft sie im zweiten Seelenschlummer eine Phase der Verdauung und Integration ihrer Erfahrungen auf der Astralebene. In beiden Phasen spiritueller Verdauung und Integration verwandelt die Seele die Substanz der Erfahrung in solides Fleisch, Knochen und Blut ihres »Charakters«. Während ihres Aufenthalts auf der astralen Ebene hat sie viele Dinge durchlebt und viele unerwünschte Qualitäten hinter sich gelassen.

Während sie sich in ihrem zweiten Seelenschlummer auf ihre Wiedergeburt zubewegt, geht jede Seele dahin, wo sie aufgrund dessen, was sie ist, hingehört. Da gibt es keine Bevorzugung und keine Ungerechtigkeit. Die Seele wird nicht gegen ihren Wunsch zur Reinkarnation gezwungen. Sie inkarniert sich in der Tat aufgrund ihrer unerfüllten Wünsche. Sie wird in den Strom der Wiedergeburt getragen, weil ihr Vorgeschmack und ihre Wünsche eine Anziehung zwischen sich selbst und den irdischen Dingen erschaffen haben. Diese Wünsche und Vorlieben können nur durch die Erfahrung eines weiteren Erdenlebens inmitten einer Umgebung und unter Bedingungen erfüllt werden, die am besten geeig-

net sind, diese Wünsche und Vorlieben zu manifestieren. Sie hungert danach, ihre Wünsche und Sehnsüchte zu befriedigen, und sie bewegt sich in die Richtung, in der solch eine Erfüllung möglich ist. Wünsche sind immer die große motivierende Kraft der Seele, um die Bedingungen der Wiedergeburt und ihr tatsächliches Geschehen festzulegen.

Ein Autor hat zu diesem Thema gut gesagt: »Die Seele, die ihre Wünsche nach materiellen Dingen – den Dingen aus Fleisch und einem materiellen Leben – bewahrt und nicht in der Lage ist, sich von diesen Dingen zu trennen, wird ganz natürlich in den Strom der Wiedergeburt hineingezogen werden, der sie zu Bedingungen führt, in denen diese Wünsche erblühen und erfüllt werden können. Erst wenn die Seele mittels vieler Erdenleben beginnt, die Wertlosigkeit und Illusion der Natur irdischen Lebens zu erkennen, fängt sie an, von den Dingen des Lebens einer höheren Natur angezogen zu werden, und sie entkommt dem fließenden Strom irdischer Wiedergeburt. Sie erhebt sich darüber und wird zu höheren Sphären getragen. Der durchschnittliche Mensch ist nach Jahren irdischer Erfahrung in der Lage zu sagen, dass er kein Verlangen nach einem Erdenleben mehr hat und dass sein einziger Wunsch ist, dasselbe für immer hinter sich zu lassen. Diese Menschen sind absolut ehrlich mit ihren Aussagen und Überzeugungen. Doch ein Blick in das Innerste ihrer Seele würde einen völlig anderen Tatbestand offenbaren. Sie sind des Erdenlebens in der Regel nicht wirklich überdrüssig, sondern haben lediglich von *der besonderen Art* des Erdenlebens genug, das sie in dieser Inkarnation erlebt haben. Sie haben die illusionäre Natur einer bestimmten Art von Erdenerfahrung entdeckt und fühlen sich davon abgestoßen. Aber sie sind für eine andere Art von Erdenleben durchaus sehr empfänglich. Sie haben es versäumt, in ihrer eigenen Erfahrung Glück oder Zufriedenheit zu finden. Doch wenn sie ehrlich

mit sich selbst sind, werden sie zugeben, dass sie, wenn die Dinge so oder so gewesen wären, anstatt so, wie sie waren, Glück und Zufriedenheit gefunden hätten. Das ›Wenn‹ kann erfüllte Liebe, Reichtum, Ruhm, anerkanntes Streben, Erfolg verschiedener Art usw. gewesen sein. Doch es mag sein, was es will, das ›Wenn‹ ist fast immer vorhanden. Und dieses Wenn ist tatsächlich die Saat ihrer übrig gebliebenen Wünsche. Und das Sehnen nach dem Wenn ist in der Tat das Motiv für die Reinkarnation. Sehr wenige Menschen möchten dasselbe Erdenleben noch einmal leben. Doch wie der alte Omar Khayyam schon sagte, wären sie absolut bereit, die Welt entsprechend ihrer Herzenswünsche zu verbessern und dann ihr Erdenleben zu leben. Es ist nicht wirklich das Erdenleben, das ihnen nicht gefällt, sondern sie lehnen lediglich die besonderen Erfahrungen ihres Erdenlebens ab. Geben Sie dem durchschnittlichen Mann oder der Frau Jugend, Gesundheit, Reichtum, Talent und Liebe, und sie werden gewillt sein, die Runde eines Erdenlebens neu zu beginnen. Es ist nur die Abwesenheit von etwas oder das Versagen, diese oder ähnliche Dinge zu bekommen, das ihnen das Gefühl gibt, dass das Leben wertlos ist und etwas, das man mit Leichtigkeit hinter sich lassen kann. Die Seele erholt, erfrischt und stärkt sich bei ihrem Aufenthalt auf der astralen Ebene. Sie hat die Schwere des Lebens vergessen, die sie während ihrer vorhergehenden Inkarnation erfahren hat. Sie ist wieder jung, hoffnungsvoll, kräftig und zielstrebend. Sie fühlt die Aufforderung zum Handeln in sich – das Verlangen nach unerfüllten Wünschen, das Streben und die Zielsetzung – und sie fällt bereitwillig in den Strom, der sie in die Szenen der Handlung trägt, in denen diese Wünsche manifestiert werden.«

Derselbe Autor sagt auch: »Ein anderer Punkt, der geklärt werden sollte, ist der, der die Natur des Wunsches betrifft der als die motivierende Kraft für die Wiedergeburt dient. Es ist

nicht so gemeint, dass diese Wünsche notwendigerweise niedrige oder wertlose Wünsche oder Sehnsüchte sind. Ganz im Gegenteil, sie können von bester Absicht sein, und sie sind womöglich passend entworfenes Bestreben und Zielsetzungen oder hohe Ziele. Doch das Prinzip des Wunsches ist in ihnen allen enthalten. Wünsche sind, egal ob hoch oder niedrig, die Saat der Handlung. Und der Impuls für eine Handlung ist immer ein Unterscheidungsmerkmal von Wünschen. Wünsche wollen immer etwas *haben,* etwas *tun* oder etwas *sein.* Liebe, auch der selbstlosesten Art, ist eine Form eines Wunsches. Dasselbe gilt auch für ein Streben edelster Motivation. Ein Wunsch, anderen etwas Gutes zu tun, ist genauso ein Wunsch wie sein Gegenteil. Viele selbstlose Seelen werden in der Tat einfach nur durch ihr beharrliches Streben, ein großes Werk für die Menschheit zu vollbringen oder anderen zu dienen oder um eine durch Liebe inspirierte Pflicht zu erfüllen, in eine Wiedergeburt hineingezogen. Doch hoch oder niedrig, wenn diese Wünsche auf irgendeine Art und Weise mit irdischen Dingen verbunden sind, dann sind sie Motive für Wiedergeburten und der Antrieb. Doch lassen Sie uns zum Abschluss bemerken, dass keine Seele, die sich nicht in ihrem Innersten wünscht, auf der Erde wiedergeboren zu werden, jemals wiedergeboren wird. Solch eine Seele wird von anderen Sphären angezogen, wo die Anziehung der Erde nicht existiert. In solch einem Fall trägt das Gesetz der Anziehung die Seele von der Erde fort und nicht zu ihr hin. Es gibt viele Seelen, die jetzt auf der Astralebene sind und den letzten Phasen unterzogen werden, in denen sie ihre irdischen Bindungen abwerfen. Und es gibt viele Seelen auf Erden, die niemals wieder zur Erde zurückkehren werden, sondern die nach ihrem nächsten Aufenthalt auf der Astralebene in die höheren Ebenen der Existenz aufsteigen werden und die Erde und alle irdischen Dinge für immer zurücklassen. Wir nähern

uns gegenwärtig dem Ende eines Zyklus, in dem sich eine sehr große Anzahl von Seelen auf ihren Flug nach oben vorbereitet. Und viele, die diese Zeilen lesen, sind in dieser zyklischen Bewegung möglicherweise weit fortgeschritten.

KAPITEL 11

DER FORTSCHRITT DER SEELE

An einem sehr wichtigen Punkt der Lehre der Rosenkreuzer werden wir darüber informiert, dass die Evolution des Menschen nicht auf diesen Planeten, die Erde, begrenzt ist, sondern sich über eine Kette von sieben Planeten erstreckt. Die Rosenkreuzer lehren, dass die evolutionären Prozesse auf diesem Planeten mit den evolutionären Prozessen auf sechs anderen Planeten verbunden und vermischt sind und dass das Leben auf diesem Planeten ebenfalls mit dem Leben auf sechs anderen Planeten unserer planetaren Kette verbunden und vermischt ist.

Die Rosenkreuzer lehren, dass diese sieben Planeten unserer planetaren Kette durch feine ätherische Energien eng miteinander verbunden sind und dass ein ätherischer Strom ständig durch den ganzen Kreis von einem zum anderen fließt. Diese miteinander verbundenen Planeten bilden eine Kette von Welten, die einer Reihenfolge nach das Zuhause der individuellen Seelen und den Kreis gestalten, durch den alle individuellen Seelen reisen. Jede sich jetzt auf der Erde befindende individuelle Seele inkarniert sich nicht nur wiederholt auf diesem Planeten, sondern sie schreitet im Laufe der Zeitalter zu dem nächsthöheren Planeten fort, genauso wie sie in vergangenen Zeitaltern von dem nächstniedrigeren aufgestiegen ist. Und diese Runde durch die Planetenkette wurde von

der menschlichen Spezies in der einen oder anderen Form mehrere Male durchlaufen und wird noch mehrmals durchlaufen werden.

Die Planeten dieser Weltenkette sind von ihrer Zusammensetzung und Natur her nicht mit der der Erde identisch. Im Gegenteil, es gibt in dieser Hinsicht zwischen mehreren Planeten große Unterschiede. Die Erde ist in dieser Kette nicht die am weitesten Entwickelte, sondern ist im Gegenteil weit unten auf der Skala, obwohl es andere gibt, die noch niedriger sind. Das Voranschreiten der Seelen um diese Weltenkette verläuft jedoch nicht nur im Kreis, in dem die Seele von der niedrigsten zur höchsten Position reist, sondern entspricht eher dem Verlauf einer Spirale, auf der die Reise immer wieder zum Ausgangspunkt zurückkehrt, jedoch auf einer höheren Ebene der Aktivität.

Diese Reise der Lebensformen von Welt zu Welt war seit Beginn des gegenwärtigen Weltenzyklus im Werden und wurde von den niedrigeren Lebensformen initiiert, während sie die Spiralleiter der Evolution erklommen. Ein Schriftsteller hat zu diesem Punkt des Themas Folgendes gesagt: »Der spiralartige Charakter des Fortschritts wurde durch die Lebensimpulse erreicht, die die unterschiedlichen Reiche der Natur entwickelt haben und die für die Kluft verantwortlich sind, die in den beseelten Formen, die die Erde bevölkern, jetzt beobachtet werden können. Das Gewinde einer Schraube, das die Tendenz einer einheitlichen Realitätsebene zeigt, sieht wie die Reihenfolge von Schritten aus, wenn es sich nur in einer Linie parallel zu ihrer Achse erstreckt. Die Spiralmonaden, die das System auf der tierischen Ebene umlaufen, gehen in andere Welten weiter, wenn sie hier ihre Runde von Tierinkarnationen durchgeführt haben. Wenn sie wiederkommen, sind sie bereit für eine menschliche Inkarnation, und es gibt keine Notwendigkeit für eine Aufwärtsentwicklung der Tierform

in eine menschliche Form. Letztere warten bereits auf ihre spirituellen Bewohner. Doch wenn wir weit genug zurückgehen, kommen wir in eine Epoche, in der es keine bereits auf der Erde entwickelten menschlichen Formen gab. Als die spirituellen Monaden, die auf der frühesten und niedrigsten menschlichen Ebene reisten, anfingen wiederzukommen, hat der Vorwärtsdruck in einer Welt, die zu der Zeit keine anderen als Tierformen beinhaltete, die Vervollkommnung ihrer höchsten Exemplare in die erforderliche Form hervorgerufen – die viel diskutierte fehlende Verbindung.

Die Impulse für die neue Evolution höherer Formen kamen tatsächlich durch den Ansturm spiritueller Monaden, die den Kreis in einem Zustand umrundet hatten, der reif für das Bewohnen neuer Formen war. Die übermächtigen Lebensimpulse sprengten den Kokon älterer Formen, in die sie eindrangen, und sie entwarfen das Aufblühen zu etwas Höherem. Die Formen, die sich seit Jahrtausenden nur wiederholt hatten, beginnen ein erfrischtes Wachstum. In relativer Geschwindigkeit steigen sie durch ein Zwischenstadium zu höheren Formen auf und dann, wenn diese sich mit der Vitalität und Geschwindigkeit allen neuen Wachstums vervielfältigt haben, liefern sie für die spirituellen Wesenheiten, die auf die Ebene oder Bühne der Existenz kommen, Behausungen aus Fleisch. Und für die Zwischenformen werden keine weiteren Bewohner angeboten. Sie sterben offensichtlich aus.«

Der oben zitierte Schriftsteller weist im Folgenden auch auf einen sehr wichtigen Punkt des Voranschreitens der Lebensformen von Welt zu Welt hin: »Die Gezeiten des Lebens – die Wellen der Existenz, die spirituellen Impulse, nennen Sie es, wie Sie mögen – verlaufen durch Stürme und Ströme von Planet zu Planet nicht in einem gleichmäßigen, kontinuierlichen Fluss. Um diese Vorstellung für den momentanen Zweck zu illustrieren, kann dieser Vorgang mit dem Füllen einer Reihe

von Löchern oder in den Boden gesunkener Boote verglichen werden, die durch kleine, oberflächliche Kanäle miteinander verbunden sind, wie sie zuweilen am Austritt einer kleinen Quelle gesehen werden. Das Wasser aus der Quelle wird, während es fließt, zuerst ganz und gar von dem ersten Loch oder der Mulde A aufgefangen und erst, wenn diese recht voll ist, bringt das fortwährend aus der Quelle nachfließende Wasser diese zum Überfließen in die Mulde B. Diese wird auch wieder voll und fließt über in die Kanäle zu Mulde C usw.

Aus dem Gesagten geht bereits hervor, dass das Mineralienreich das Pflanzenreich auf Globus A nicht weiterentwickeln konnte, bis es einen Impuls von außen bekam, damit das Fortschreiten des Organismus auf Globus A begründet werden konnte. Die Erde war erst dann in der Lage, einen Menschen aus dem Affen zu entwickeln, als sie einen Impuls von außen bekam.

Die volle Entwicklung der Mineralienepoche auf Globus A bereitet den Weg für die Entwicklung der Pflanzen vor. Und sobald das beginnt, fließt der Mineralienimpuls über zu Globus B. Dann, wenn die Entwicklung der Pflanzen auf Globus A abgeschlossen ist und die Entwicklung der Tiere beginnt, fließt der Pflanzen-Leben-Impuls auf Globus B über und der Mineralienimpuls fließt zu Globus C. Dann kommt auf Globus A schließlich der Impuls zu menschlichem Leben. An diesem Punkt ist es notwendig, sich vor einem falschen Verständnis zu hüten, das auftreten kann. Eine Tatsache muss erwähnt werden, die solch einen Einfluss auf den Verlauf der Ereignisse hat – nämlich dass der Lebensimpuls mehrere Male um alle Weltenketten geflossen ist, bis der Impuls für den Beginn der Menschheit auf Globus A erfolgt ist. Diese Tatsache lautet wie folgt: Jedes Reich der Evolution, wie zum Beispiel das Pflanzenreich, Tierreich usw., ist in mehrere Spiralschichten unterteilt. Die spirituellen Monaden – die individuellen

Atome dieses enormen Lebensimpulses, worüber schon so viel gesagt wurde – vervollkommnen ihre Mineralienexistenz auf Globus A nicht ganz. Sie umlaufen den ganzen Zyklus als Mineralien mehrere Male und dann wieder mehrere Male als Pflanzen und mehrere Male als Tiere.«

Lassen wir die Betrachtung der Einzelheiten der fortschreitenden Entwicklung der niedrigen Lebensformen jetzt zurück. Lassen Sie uns die Einzelheiten der Entwicklung des Menschen betrachten. Wir haben gesehen, dass die große Welle menschlicher Lebensformen in großen Wellen durch die planetarische Kette läuft – in aufeinanderfolgenden Wellen des Fortschritts. Die aufeinanderfolgenden Wellen sind den Okkultisten unter der Bezeichnung »Runden« oder »Zyklen« bekannt. Doch der Regel »wie im Großen, so im Kleinen« zufolge finden wir eine entsprechende Serie von Spiralen im Fortschreiten der Menschheit während jeder ihrer Aufenthalte auf der Erde. Das heißt, eine individuelle Seele, die in einer ihrer Runden auf der Erde ankommt, lebt ihr Leben hier nicht nur aus und geht dann zum nächsten Planeten über. Im Gegenteil, sie lebt mehrere Leben auf diesem Planeten, und zwar in verschiedenen Völkern. Es gibt eine Völkerspirale auf der Erde, die die individuelle Seele durchleben und durch die sie sich hindurcharbeiten muss. Die Anzahl dieser Völker ist natürlich sieben. Denn Sieben ist die Zahl, die in allen großen okkulten Prozessen des Kosmos manifestiert ist. Es gibt sieben große Runden menschlichen Fortschritts um die Weltenkette, und in jeder Runde gibt es sieben Völker, in der sich die individuelle Seele manifestieren muss. Die gegenwärtige Runde der Menschheit ist die vierte.

Jedes der sieben Völker der gegenwärtigen Runde (vierte) der Menschheit nimmt die Erde während einer langen Epoche in Anspruch. Heute gehört die Mehrheit der Menschen auf der Erde der fünften Entwicklungsstufe an. Doch es gibt ein paar

Nachzügler, die der vierten Gruppe angehören und die immer noch auf der Erde leben. Jede dieser sieben großen Gruppen der Menschheit ist in sieben Untergruppen unterteilt und jede Untergruppe ist in sieben Zweige aufgeteilt.

Die Epoche, während der jede große Gruppe der Menschheit auf Erden erblüht, ist von der folgenden durch große Erschütterungen der Natur scharf abgegrenzt, die praktisch alle Spuren der vorhergehenden Zivilisation zerstören, und nur wenige Überlebende zurücklassen.

Die Individuen der ersten Gruppe des gegenwärtigen (vierten) Zyklus der Menschheit auf Erden reichen von einem groben Typ, kaum über den Rohling, bis zu den sehr barbarischen Typen. Diese höheren Gattungen reinkarnierten später als die höheren Individuen der zweiten Gruppe. Die niedrigen Gattungen der ersten Gruppe bilden die niedrigen Untergruppen der zweiten Gruppe. Die Regel ist, dass sich die am wenigsten fortgeschrittenen Seelen irgendeiner Spezies als die niedrigste Gattung der nächst höheren Gruppe inkarnieren.

Die Lehren der Rosenkreuzer sagen vergleichsweise nur wenig über die Geschichte der Menschen der ersten Gruppe und der zweiten Gruppe aus. Doch aus dem, was gelehrt wird, kann geschlossen werden, dass diese Menschen einer sehr niedrigen Ordnung angehörten – und zwar gibt uns die Art, die wir als Höhlenbewohner und Steinzeitmenschen kennen, die beste Vorstellung davon, wie diese erste und zweite Spezies gewesen sein muss. Es gab bei diesen Menschen offensichtlich wenig bis nichts von dem, was wir »Zivilisation« nennen, und sie lebten offensichtlich etwa auf einer Stufe der niedrigsten Art, die der Menschheit heute bekannt ist. Die Lehren besagen jedoch, dass es in späteren Zeiten der zweiten Gruppe ein paar vergleichsweise weit entwickelte Seelen gab, die als Gärstoff für die großen Verbesserungen wirkten, die mit der dritten Gruppe kamen.

Die Ära der zweiten Gruppe endete wie gewöhnlich mit einer Katastrophe, die die Mehrheit der Menschheit vernichtete und ihre Überlebenden in entfernte Länder verstreute. Dann erwachte die Epoche der dritten Gruppe, deren Zentrum der Aktivitäten auf dem Kontinent Lemuria lag, der sich auf dem Teil der Erde befand, der jetzt auf dem Grund des pazifischen und teilweise des indischen Ozeans liegt. Der Kontinent Lemuria schloss auch Australien, Australasien und andere pazifische Inseln mit ein. Diese überlebenden Teile waren in der Tat die höchsten Punkte des Kontinents Lemuria. Die niedrigen Teile sind vor Urzeiten unter den Wellen verschwunden.

Ein Schriftsteller sagte über den Charakter der lemurischen Zivilisation: »Das Leben in Lemuria war in erster Linie mit den physischen Sinnen und mit den Freuden durch die Sinnesorgane befasst. Nur wenige entwickelte Seelen haben die Fesseln der Materie zerrissen und die Anfänge der mentalen und spirituellen Ebenen des Lebens erreicht. Einige wenige haben in der Tat große Fortschritte gemacht und wurden aus dem allgemeinen Schlamassel befreit, um der Gärstoff zu werden, der die Masse der Menschheit durch den nächsten großen Zyklus führen würde. Diese entwickelten Seelen waren die Lehrer der neuen Menschheit und wurden von Letzteren als Götter und übernatürliche Wesen betrachtet. Die sie betreffenden Legenden und Überlieferungen existieren unter den alten Völkern der Gegenwart immer noch. Viele der Mythen der alten Völker sind auf diese Weise entstanden. Die Überlieferungen besagen, dass unmittelbar vor der großen Katastrophe, die die Menschen der dritten Gruppe vernichtet hat, ein Kreis von Auserwählten von Lemuria auf bestimmte Inseln des Ozeans übersiedelte, die heute ein Teil Indiens sind. Diese Menschen bildeten den Kern der okkulten Lehrer von Lemuria. Sie hielten die Flamme der Wahrheit lebendig, wodurch

die vierte Gruppe – die Menschen von Atlantis – ihr Licht erhielten.«

Mit dem Untergang von Lemuria – der Heimat der dritten Gruppe – erhob sich aus den Tiefen des atlantischen Ozeans die zukünftige Heimat der Menschen der vierten Gruppe – der Kontinent Atlantis. Atlantis lag, angefangen in der Karibik, in dem Raum, der jetzt von Teilen des atlantischen Ozeans eingenommen wird, und erstreckte sich über die Region, die wir heute als Afrika kennen. Was uns heute als Kuba und Westindien bekannt ist, waren die höchsten Punkte des Kontinents von Atlantis. Die tiefer liegenden Teile liegen jetzt unter den Wellen des atlantischen Ozeans begraben.

Ein bekannter Autor sagt über die Zivilisation von Atlantis: »Die Zivilisation von Atlantis war bemerkenswert. Ihre Menschen erreichten Höhen, die sogar für jene, die mit den höchsten Errungenschaften des Menschen unserer Zeit vertraut sind, fast unvorstellbar erscheinen. Die Auserwählten, die ein bemerkenswertes Alter erreichten, bewahrten die Weisheiten und Lehren der Zivilisation vor der Katastrophe, die Lemuria zerstörte. Sie speicherten sie in ihrem Geist, und dadurch hatten die Atlanten zu Beginn einen enormen Vorteil. Sie haben bald in allen Bereichen menschlichen Strebens große Fortschritte erreicht. Sie perfektionierten mechanische Erfindungen und Geräte, die weit über unsere gegenwärtigen Errungenschaften hinausgingen. Insbesondere im Bereich der Elektrizität erreichten sie eine Stufe, die die gegenwärtige Menschheit erst in zwei- oder dreihundert Jahren erreichen wird. Hinsichtlich okkulter Ziele gingen ihre Fortschritte weit über die Träume eines Menschen von heute hinaus. Und aus dieser Tatsache entsprang eine der Ursachen ihres Niedergangs. Denn sie missbrauchten die Kraft für niederträchtige und selbstsüchtige Zwecke und praktizierten schwarze Magie. Und so begann der Abstieg von Atlantis. Doch das Ende kam nicht sofort oder plötzlich – es kam allmählich. Der Kontinent und die ihn umgebenden Inseln versanken langsam unter den Wellen des atlantischen Ozeans. Dieser Vorgang dauerte 10.000 Jahre. Die Griechen und die Römer unseres eigenen Zyklus kannten tradierte Geschichten, die den sinkenden Kontinent betrafen. Doch ihr Wissen bezog sich nur auf das Verschwinden kleiner Überreste – gewisse Inseln –, während der Kontinent selbst vor Tausenden von Jahren vor ihrer Zeit verschwand. Es wird berichtet, dass die ägyptischen Priester Überlieferungen kannten, wonach der Kontinent 9.000 Jahre vor ihrer Zeit verschwunden ist.«

Wie im Fall der Auserwählten von Lemuria war es auch mit den Auserwählten von Atlantis, die einige Zeit vor seiner Zerstörung aus dem dem Untergang geweihten Land herausgenommen wurden. Diese fortgeschrittenen Individuen der Menschheit verließen ihre atlantische Heimat. »Vom Geist geführt« wanderten sie in Bereiche aus, die als Süd- und Zentralamerika bekannt sind, damals nur Inseln im Meer. Diese Menschen haben in diesen Ländern Spuren ihrer Zivilisation hinterlassen. Und unsere Wissenschaftler, die sie entdecken, wundern sich sehr über die Beweise der hohen Kultur, die sie offenbaren. Die fünfte Gruppe hat sich schnell entwickelt, und zwar durch das Drängen der Seelen von Atlantis, die sich schnell wiederverkörpern wollten. Und es wurden menschliche Körper geboren, die die Nachfrage bedienen. Die Fruchtbarkeit der neuen Menschen ist deutlich erkennbar.

Der zuvor schon genannte Autor sagt über das Überleben von Angehörigen einer untergehenden Gruppe und ihren Einfluss auf das Leben der neuen Gruppe: »Die Menschen eines jeden Zyklus wurden, wenn ihre Zeit gekommen war, durch eine Katastrophe ausgelöscht. Doch die wenigen Auserwählten, die das Recht, Licht-Träger zu werden, offenbart haben, wurden in eine günstige Umgebung gebracht, wo sie der ›Sauer-

teig‹ für die Masse wurden – als ›Götter‹ für die neue Menschheit, die schnell erschien. Es muss jedoch bemerkt werden, dass die Auserwählten nicht die Einzigen waren, die vor der Zerstörung bewahrt wurden, die die Mehrheit der Menschen überwältigt hat. Im Gegenteil, ein paar Überlebende wurden erhalten, obwohl sie auch aus ihrer früheren Heimat vertrieben und auf die ›einfachen Prinzipien des Lebens‹ reduziert wurden, um die Eltern der neuen Menschheit zu werden. Die neue Menschheit, die den am besten Angepassten der Überlebenden entsprang, bildete schnell eine Untergruppe, die aus den besser angepassten Seelen bestand, die sich wieder inkarnieren wollten, während die weniger angepassten in die Barbarei zurückfielen und Zeichen von Verfall aufwiesen. Ein Rest dieser degradierten menschlichen Kreaturen erhält seine Inkarnationen über Tausende von Jahren aufrecht. Er besteht aus solchen Seelen, die nicht weit genug entwickelt sind, um an dem Leben der neuen Menschheit teilhaben zu können. Um die Entwicklung einer jeden menschlichen Gruppe verstehen zu können, müssen wir uns daran erinnern, dass die fortgeschrittenen Seelen, nachdem sie ihre Körper verlassen haben, eine sehr viel längere Zeit der Ruhe in den höheren Bereichen verbringen. Folglich nehmen sie, bis eine längere Zeit verstrichen ist, keine Reinkarnation an. Im Vergleich dazu kehren die weniger entwickelten Seelen hastig in eine Reinkarnation zurück, und zwar aufgrund ihrer starken irdischen Anhaftung und Wünsche. Auf diese Weise geschieht es, dass die frühen Menschen eines jeden Zyklus primitiver sind, als die die ihnen im Laufe der Zeit nachfolgen. Die Seele eines erdgebundenen Menschen mag sich nach ein paar Jahren, manchmal sogar nach ein paar Tagen wieder inkarnieren, während die Seele eines entwickelten Menschen jahrhundertelang – nein, sogar Tausende von Jahren in den höheren Bereichen ruht und sich erholt, bis die Erde eine Entwick-

lungsstufe erreicht hat, in der die passende Umgebung zur Verfügung gestellt werden kann.«

Zu Anfang der Epoche der fünften Gruppe (gegenwärtige Menschheit) wurden nicht nur die neuen Untergruppen geboren, die zu Beginn eines neuen Zyklus immer in die Existenz springen, sondern auch die Nachkommen der Auserwählten, die vor der Zerstörung von Atlantis gerettet wurden, indem sie aus der gefährlichen Situation herausgeführt wurden. Die neue Menschheit wurde aus den Nachkommen der zerstreuten Überlebenden von Atlantis gebildet – das heißt aus gewöhnlichen Menschen. Doch die wenigen Auserwählten waren hervorragende Individuen ihrer Gruppe und gaben ihr Wissen und ihre Weisheiten an ihre Nachkommen weiter. Durch ein Verständnis dieser Unterscheidung erkennen wir die Tatsache, dass Stämme von Menschen der neuen Gruppe, die mehr oder weniger einfach und unwissend waren, und an anderen Orten fortgeschrittene Menschen wie die alten Ägypter, Perser, Chaldäer, Hindus usw. gleichzeitig existierten. Diese weit entwickelten Menschen repräsentierten die fortgeschrittenen Seelen – die alten Seelen der weit entwickelten Individuen der lemurischen und atlantischen Zivilisationen.

Die Nachkommen einiger der weiterentwickelten Individuen wurden später als die Assyrer und Babylonier bekannt. Und zu gegebener Zeit erschienen die Anfänge der römischen, griechischen und karthagischen Völker. Dann kam der Niedergang der alten Völker und der Aufstieg der neuen Untergruppen der Menschheit. Die Geschichte der Menschheit zeigt die Existenz und die Manifestation des Gesetzes vom Aufstieg und Niedergang der Nationen.

Hinsichtlich dieses Phänomens schreibt Dr. Draper in seiner *History of the Intellectual Development of Europe* deutlich: »Wir sind, wie wir oft sagen, die Geschöpfe unserer Umstände. In dieser Aussage steckt eine höhere Philosophie, als es zu

Anfang erscheinen mag. Daher sollten wir den Verlauf der Ereignisse aus diesem genaueren Blickwinkel betrachten und das Prinzip erkennen, wonach die Angelegenheiten der Menschheit auf eine genau festgelegte Art und Weise weitergegeben werden, sich erweitern und entfalten. Folglich sehen wir, dass die Dinge, von denen wir gesprochen haben, als ob sie eine Frage der freien Entscheidung wären, den betreffenden Autoren aufgrund der Notwendigkeit der Zeiten aufgezwungen wurden. Doch in Wahrheit sollten sie als die Darstellung einer bestimmten Epoche des Lebens betrachtet werden, die die Nationen im Laufe ihrer Entwicklung früher oder später übernehmen. In Bezug auf ein Individuum wissen wir sehr wohl, dass eine nüchterne Bescheidenheit in den Handlungen und ein angemessenes, ernstes Verhalten der reiferen Phase des Lebens angehören. Anders ist es bei dem übermütigen Eigenwillen der Jugend, die geführt sein mag, oder ihr Anfang zeichnet sich durch viele zufällige Ereignisse aus, in einem Fall vielleicht als schmerzlicher häuslicher Verlust, in einem anderen als Verlust von Glück und bei einem Dritten als Krankheit. Wir sind korrekt genug, um solche Versuche der Veränderung des Charakters zuzuschreiben. Doch wir täuschen uns nie, wenn wir annehmen, dass diese nicht stattgefunden hätte, wenn die Ereignisse nicht aufgetreten wären. Inmitten aller Wechselhaftigkeit existiert eine unvermeidbare Bestimmung. Es gibt Analogien zwischen dem Leben einer Nation und dem Leben eines Menschen, die in gewisser Hinsicht jedoch die Schöpfung des eigenen Schicksals zum Glück oder zum Unglück, zum Guten oder Schlechten betreffen. Er bleibt hier oder geht dorthin, wohin ihn seine Neigungen führen. Obwohl er etwas tut oder nicht, ganz wie er mag, so wird er doch von einem unerbittlichen Schicksal bestimmt – von einem Schicksal, das ihn, so weit es ihn betrifft, unfreiwillig in die Welt gebracht hat, das ihn durch eine ganz bestimmte Laufbahn vorantreibt, deren Etappen unveränderlich sind – Babyalter, Kindheit, Jugend, Reife und Alter, mit all ihren charakteristischen Handlungen und Leidenschaften –, und das ihn, wenn seine Zeit gekommen ist, wieder aus der Szene entfernt, und zwar in den meisten Fällen gegen seinen Willen. Und so ergeht es auch Nationen. Die Freiwilligkeit ist nur die äußere Erscheinung, die das Vorherbestimmte verdeckt, aber selten versteckt. Wir haben vielleicht eine Kontrolle über die Ereignisse des Lebens, aber keine über das Gesetz des Fortschritts. Es gibt eine Geometrie, die auf Nationen angewendet wird, eine Gleichung ihrer Kurve der Entwicklung. Und die kann von keinem sterblichen Menschen verändert werden.«

So sind die großen Nationen der Vergangenheit aufgestiegen und niedergegangen, und so werden die großen Nationen der Zukunft aufsteigen und fallen. Und dieses Gesetz gilt ebenso für die großen Nationen der Gegenwart. Sogar zu Zeiten, für die es nur wenige Aufzeichnungen gibt, entwickeln sich in der Geschichte der Nationen großartige Dinge. Hinter einer schwachen Tarnung der belanglosen Pläne und Ambitionen der Regierenden und Staatsmänner wirkt eine kosmische Kraft. Ein achtsamer Historiker kann, wenn er auf irgendeine Epoche der Geschichte zurückblickt, den Aufstieg und den Fortschritt gewaltiger Bewegungen klar erkennen, die den Strom der Angelegenheiten großer Nationen vorangetrieben haben. Und die Historiker der Zukunft werden in der Lage sein, solche großen Bewegungen und Kräfte, wenn sie auf die heutige Geschichte, auf unsere gegenwärtige Zeit zurückblicken, genau zu erkennen. Und in jedem Fall wird es offensichtlich werden, dass die Mehrzahl der an dem Ringen beteiligten Menschen keine klare Wahrnehmung der Wirkung der großen Kräfte oder von dem tatsächlichen Ziel hatte, zu dem die großen Bewegungen tendierten.

So sind die großen Imperien der Vergangenheit aufgestiegen und niedergegangen, die Ägypter, die Perser, die Chaldäer, die Griechen, die Römer und die anderen. Cesar, Alexander, Charlemagne, Napoleon und die Übrigen waren nur Marionetten des Schicksals, durch das und mittels dessen das Diktat der Bestimmung sie hat wirken lassen. Völker und Menschen, die heute kaum mehr als nur halb zivilisiert betrachtet werden, werden die Nachfolger der stolzen Nationen von heute, genauso wie die halb zivilisierten Gallier, Angeln und Germanen die stolzen Zivilisationen der alten Griechen und Römer überflügelt haben.

Wenn eine Nation ihren Abstieg beginnt, dann geschieht das, weil ihre weiter fortgeschrittenen Seelen weitergegangen sind und sie die weniger entwickelten Seelen zurückgelassen haben, um die Arbeit der Untergruppe fortzusetzen. Die fortgeschrittenen Seelen gehen zu neuen Szenen und Aktivitäten über. Sogar den Zurückgebliebenen ist nicht erlaubt, weit hinterherzuhinken. Denn die ununterbrochenen Veränderungen und das Erschaffen neuer Umgebungen tendieren dazu, schlafende Energien zu wecken und die Hinterherhinkenden zu neuen Unternehmungen und Aktivitäten zu stimulieren.

Die folgenden Zitate eines sehr geschätzten Okkultisten sind in Verbindung mit den besonderen im gegenwärtigen Kapitel betrachteten Themen für einen Schüler vielleicht von Interesse:

»Zur Hälfte der vierten Runde wurde auch der Polarpunkt, die Hälfte der gesamten siebenteiligen Weltenperiode überschritten. An diesem Punkt beginnt das spirituelle Ego sein eigentliches Ringen mit Körper und Geist, um seine übersinnlichen Kräfte zu entwickeln. In der fünften Runde wird das Ringen fortgesetzt. Dann sind die übersinnlichen Fähigkeiten zum großen Teil entwickelt. Doch das Ringen zwischen diesen auf der einen Seite und dem physischen Intellekt und seinen Tendenzen auf der anderen Seite ist wilder als je zuvor. Denn der Intellekt der fünften Runde als auch seine Spiritualität ist im Vergleich zur vierten fortgeschritten. In der sechsten Runde erreicht die Menschheit einen Grad der Vervollkommnung von beidem, von Körper und Seele, von Intellekt und Spiritualität, was sich durchschnittliche Sterbliche der gegenwärtigen Epoche nicht so leicht vorstellen können. Die höchsten Kombinationen von Weisheit, Güte und übersinnlicher Erleuchtung, die die Welt jemals gesehen oder erdacht hat, wird den durchschnittlichen Typ der Menschheit darstellen. Solche Fähigkeiten, die in der heutigen Generation selten erblühen, versetzen einige außergewöhnlich begabte Menschen in die Lage, die Mysterien der Natur zu erforschen und Wissen zu erlangen, von dem der gewöhnlichen Welt jetzt ein paar Krumen angeboten werden, das dann die allgemeine Apanage für alle sein wird. In Bezug auf die Frage, wie die siebente Runde sein wird, schweigen die redefreudigsten okkulten Lehrer ehrfürchtig. In der siebenten Runde wird die Menschheit insgesamt zu gottähnlich sein, als das die Menschen der vierten Runde ihre Eigenschaften voraussagen könnten.«

»Die Erde, die gegenwärtig von Menschen der vierten Runde bewohnt wird – auf der Welle des menschlichen Lebens auf der vierten Reise um den Kreis der Welt beheimatet dennoch einige wenige Menschen, die genau genommen der fünften Runde angehören, d.h. wenige im Verhältnis zu der gesamten Anzahl. Also, in dem Sinne des Begriffs, wie er gegenwärtig angewendet wird, darf nicht angenommen werden, dass irgendeine individuelle Einheit durch irgendeinen wunderbaren Vorgang in der Tat einmal mehr um die ganze Welten-

kette gereist ist als ihre Mitstreiter. Dem Gesetz zufolge, nach dem die Gezeitenwelle der Menschheit voranschreitet, wird erkannt werden, dass das unmöglich ist. Die Menschheit hat noch nicht einmal dem zu ihrem eigenen nächst fortgeschrittenen Planeten ihren fünften Besuch abgestattet. Doch individuelle Monaden können ihre Gefährten hinsichtlich ihrer individuellen Entwicklung womöglich überflügeln und zu genau dem werden, was die ganze Menschheit sein wird, wenn sich die fünfte Runde voll entwickelt hat. Ein durchschnittlicher Mensch, der in die vierte Runde geboren wurde, kann sich durch Prozesse okkulten Trainings selbst in einen Menschen verwandeln, der all die Eigenschaften eines Menschen der fünften Runde besitzt, und zu dem werden, was wir einen künstlichen Fünf-Runder nennen könnten.«

KAPITEL 12

DIE AURA UND IHRE FARBEN

Einer der für den durchschnittlichen Studenten interessantesten Punkte der Lehren der Rosenkreuzer betrifft die Aura oder die psychische Atmosphäre des Menschen und die Farben, die sich in ihr offenbaren.

Die Aura ist »eine feine, unsichtbare Ausstrahlung, die eine Atmosphäre um einen Menschen herum schafft oder etwas, das sie verströmt« – dies ist jedenfalls eine beliebte Definition des Begriffs. In okkulten Schriften und Lehren hat der Begriff jedoch eine speziellere Bedeutung. Er wird benutzt, um auf die psychische Atmosphäre hinzuweisen, die jeden Menschen umgibt. Sie ist für das gewöhnliche physische Auge unsichtbar, durch hellseherische Vision jedoch wahrnehmbar.

Die menschliche Aura ist eine Ausstrahlung der Seele, von Seelen oder des Menschen, den sie umgibt. Sie ist den Sonnenstrahlen oder dem Duft der Blumen ähnlich. Sie ist eher eine Form von Energie als Materie. Doch sie besitzt eine gewisse Stofflichkeit, die es rechtfertigt, dass einige Autoren mit ihr umgehen, als ob sie aus Materie einer sehr subtilen Form zusammengesetzt sei. Die menschliche Aura hat die Form eines Eies und erstreckt sich vom Körper des ausstrahlenden Menschen in einer durchschnittlichen Entfernung von ca. 60 cm bis zu einem Meter.

Die menschliche Aura besteht aus zahlreichen Elementen,

von denen einige niedrigen Ordnungen und andere höheren Ordnungen angehören, und zwar entsprechend der Elemente, die sich in der Seele des Menschen offenbaren. In demselben Ausmaß, in dem die Manifestationen der Seelen unterschiedlicher Menschen stark variieren, variieren auch ihre Auren. Ein weit entwickelter Okkultist mit einer geübten hellsichtigen Vision kann den mentalen und emotionalen Charakter eines Menschen lesen wie ein offenes Buch, und zwar durch die Erscheinung und Färbung seiner Aura.

Das niedrigste Element der menschlichen Aura ist, was die Okkultisten die »physische Ausstrahlung« nennen – die fast farblos und durch feine, dünne »Striche« oder borstenähnliche Markierungen gekennzeichnet ist, die vom Körper abstehen wie die Borsten einer Bürste. Wenn der Mensch gesund ist, stehen diese »Borsten« steif ab. Doch wenn er nicht sehr gesund ist oder er unter beeinträchtigter Vitalität leidet, dann fallen sie wie das weiche Haar eines tierischen Fells. Während sich der Mensch bewegt, sondert dieses Element winzige Partikel seiner selbst aus der Aura ab, und es wird angenommen, dass Hunde und andere Tiere durch diese Partikel in der Lage sind, Menschen aufzuspüren. Das ist die Essenz des sogenannten »Geruchssinns«, denen die erwähnten Tiere folgen.

Ein anderes niedriges Element der menschlichen Aura ist, was als das »Aura-Element der Vitalenergie« bezeichnet werden kann. Dieses Element wird von Hellsichtigen als ein schwaches rosa Schimmern wahrgenommen, das zuweilen, wenn der Mensch sehr magnetisch ist, von winzigen Funken vitalen Magnetismus erfüllt ist. Für Menschen, die nicht hellsichtig sind, ist es gelegentlich sichtbar. Es erscheint ihnen in Form von vibrierender Luft, ähnlich der erhitzten Luft, die an einem warmen Tag aus einem Feld aufsteigt oder von einem heißen Ofen.

Nach dem Überspringen mehrerer unwichtiger Aura-Ele-

mente einer niedrigen Ordnung wird der Schüler gebeten, die interessantesten Phänomene der »Farben der Aura« zu betrachten, die die mentalen und emotionalen Elemente der Seele eines Mannes oder einer Frau darstellen. Diese Elemente sind die charakteristischen Eigenschaften der Aura, wenn sie durch eine hellsichtige Vision wahrgenommen werden. Wenn die Aura auf diese Weise gesehen wird, erscheint sie als eine leuchtende Wolke, die aus verschiedenen sich verändernden Farben besteht und sich in Form eines Eies in einer Entfernung von ca. 60 cm bis 100 cm vom Körper entfernt erstreckt und in der Richtung ihrer äußeren Grenzen allmählich schwächer wird, bis sie schließlich verschwindet.

Jede Farbe der Aura stellt einen bestimmten Gedanken, mentalen Zustand und Gefühlszustand in der Seele des Menschen dar. Durch die Komplexität der emotionalen Zustände eines Durchschnittsmenschen wird gleich gesehen werden, dass es fast unendlich viele Variationen und Schattierungen dieser Aura-Farben gibt.

Die folgende Übersicht über die Farben der Aura ist ein Schlüssel für die Interpretation der Mischungen und Schattierungen in der leuchtenden Wolke, aus der die menschliche Aura besteht.

Übersicht über die Farben der Aura

Schwarz zeigt Hass, Bosheit, Rachegelüste und ähnlich niedrige Gefühle an.

Grau: Helle Schatten zeigen Selbstsucht an. Scheußliche Schatten zeigen Angst und Terror an. Dunkle Schatten zeigen Melancholie an.

Grün: Helle, lebendige Schatten zeigen im Allgemeinen Diplomatie, weltliche Weisheit, Höflichkeit, Taktgefühl, Freundlichkeit und »versteckte Hinterlistigkeit« an. Schmutzige Schatten zeigen niedrigen Betrug, niedrige, gerissene Falschheit und Schwindel einer niedrigen Ordnung an. Dunkle Schatten zeigen Eifersucht, Neid und Habgier an.

Rot ist im Allgemeinen die Farbe der Leidenschaft. Doch es gibt große Unterschiede in ihrer Erscheinungsform. Zum Beispiel zeigt trübes und als ob mit Rauch vermischt erscheinendes Rot Sinnlichkeit und niedrige tierische Leidenschaft an. Rot, das als helle Blitze erscheint, zeigt Wut an. In diesem Fall zeigt sich das Rot meistens auf einem schwarzen Hintergrund, wenn die Wut aus Hass oder Bosheit aufsteigt, auf einem grünlichen Hintergrund, wenn die Wut aus Eifersucht, Neid usw. entsteht, und ohne jeglichen Hintergrund, wenn die Wut aus »gerechtfertigter Empörung« aufsteigt und aus der Verteidigung von etwas aus gutem Grund. Purpurrot stellt Liebe dar und variiert dem Charakter der genannten Leidenschaft entsprechend in seinen Schattierungen. Ein trüber und schwerer purpurroter Schatten zum Beispiel zeigt grobe, sinnliche Liebe an, während die helleren, klareren und angenehmeren Schatten mit höheren Gefühlen vermischte und von höheren Idealen begleitete Liebe anzeigt. Und die höchste Form der menschlichen Liebe zwischen den Geschlechtern offenbart sich in einer wunderschönen rosa Farbe.

Braun mit einem rötlichen Schatten zeigt Geiz und Habgier an.

Orange mit einem hellen Schatten zeigt Stolz und Ehrgeiz an.

Gelb stellt mit seinen unterschiedlichen Schatten intellektuelle Kraft verschiedener Formen dar. Ein schönes, klares Goldgelb zeigt hohe Intelligenz, logisches Denken, vorurteilslose Urteile und Unterscheidungsfähigkeit an. Ein dunkler, trüber Schatten von Gelb weist auf eine intellektuelle Kraft hin, die mit Gedanken und Themen einer niedrigen selbstsüchtigen Ordnung zufrieden ist. Der Schatten zwischen den beiden gerade erwähnten weist auf die Anwesenheit höherer oder niedriger Gedanken hin, das heißt, die dunklen stellen die niedrigen und die hellen stellen die höheren dar.

Blau: Ein dunkler Schatten stellt ganz allgemein religiöse Emotionen, Gefühle und Tendenzen dar. Die trüben Schatten zeigen jedoch religiöse Emotionen einer niedrigen Ordnung an, während die klareren, helleren Schatten religiöse Gefühle einer höheren Ordnung anzeigen. Diese Schatten variieren von einem trüben Indigo bis zu einem wunderschönen hellen Violett. *Helles Blau* einer kuriosen Färbung und Schattierung zeigt Spiritualität an. Dieses spirituelle Blau ist von einer eigenartig klaren Transparenz und leuchtender Erscheinung, die schwer mit Worten zu beschreiben ist. In der Aura von Menschen, deren Spiritualität hoch entwickelt ist, erscheinen winzige leuchtende funkenähnliche Punkte, die oft wie Sterne einer klaren Nacht am Himmel glitzern und funkeln.

Außer den oben genannten gewöhnlichen Farben gibt es noch mehrere Farbschattierungen, die nicht genannt werden können, denn sie beziehen sich auf Farben, die außerhalb des Spektrums menschlicher Vision liegen, wie zum Beispiel Infrarot und Ultraviolett. Ohne tief in die Betrachtung dieses Themas einzusteigen, mag doch gesagt werden, dass die ultravioletten Aura-Farben eine hohe spirituelle Kraft anzeigen, die durch die höchsten und wertvollsten Ziele und Absichten

erreicht worden ist, während die »infraroten« Aura-Farben psychische Kräfte anzeigen, die auf unwürdige Weise und für unedle Ziele eingesetzt werden – wie zum Beispiel für etwas, das den Okkultisten als »schwarze Magie« bekannt ist.

Es gibt noch zwei andere Aura-Farben, die unmöglich mit Worten zu beschreiben sind, denn es gibt keine adäquaten Begriffe für solche Ausdrücke. Diese Farben sind wie folgt: (1) das wahre primäre Gelb, das die höchste spirituelle Erleuchtung des Intellekts anzeigt, und (2) das wahre reine Weiß oder eine kuriose Brillanz und Transparenz, die die Gegenwart des erwachten Geistes anzeigen.

Ein Autor hat zum Thema der Manifestationen der Aura-Farben Folgendes geschrieben: »Auch wenn der Geist ruhig ist, so schweben doch Schatten in der Aura, die vorherrschende Tendenzen im Menschen anzeigen, sodass sowohl sein Entwicklungsstadium als auch seine Vorlieben und andere Eigenschaften seiner Persönlichkeit leicht wahrgenommen werden können. Wenn der Geist von einer starken Leidenschaft, von Gefühlen oder Emotionen bestimmt wird, dann scheint die ganze Aura von dem betreffenden Schatten oder der Schattierung, die sie darstellt, gefärbt zu sein. Ein Gewaltausbruch von Wut zum Beispiel lässt die gesamte Aura voller heller roter Blitze erscheinen, die anderen Farben fast verfinsternd. Dieser Zustand hält kürzere oder längere Zeit an, entsprechend der Stärke der Leidenschaft. Wenn die Menschen auch nur einen kurzen Einblick in die menschliche Aura bekommen könnten, wenn sie derartig gefärbt ist, dann wären sie so entsetzt von diesem schrecklichen Anblick, dass sie sich selbst nie wieder erlauben würden, sich in eine Wut hineinzusteigern. Er ähnelt der Flamme und dem Rauch der ›Hölle‹, auf die sich die orthodoxen Kirchen beziehen. Und in der Tat wird der menschliche Geist in einem solchen Zustand eine Zeit lang wahrhaftig zur Hölle. Eine starke Welle von

Liebe, die durch den Geist weht, wird die Aura rosa färben, wobei der Schatten vom Charakter der Leidenschaft abhängig ist. Genauso wird ein Durchbruch religiöser Gefühle der ganzen Aura eine blaue Tönung verleihen. Kurz, eine starke Emotion, ein Gefühl oder eine Leidenschaft lässt die ganze Aura, solange das Gefühl anhält, in ihrer Farbe erscheinen. Sie werden aus dem Gesagten ersehen können, dass es zwei Aspekte der Farb-Eigenschaften der Aura gibt. Der erste hängt von den gewohnheitsmäßig vorherrschenden Gedanken ab, die sich im Geist des Menschen offenbaren. Der zweite hängt von dem besonderen Gefühl, der Emotion oder der Leidenschaft (wenn vorhanden) ab, die zu der bestimmten Zeit empfunden wird. Die vorübergehende Farbe löst sich auf, wenn das Gefühl abflaut. Obwohl sich ein Gefühl, eine Emotion oder eine Leidenschaft, die wiederholt manifestiert wird, mit der Zeit in der Aura-Farbe zeigen wird. Die gewohnheitsmäßig in der Aura erscheinende Farbe verändert sich natürlich allmählich von Zeit zu Zeit, so wie sich auch der Charakter des Menschen vervollkommnet oder verändert. Die gewohnheitsmäßig auftretenden Farben zeigen den allgemeinen Charakter einer Person an. Die vorübergehenden Farben zeigen, welche Gefühle, Emotionen oder Leidenschaften (wenn vorhanden) zu einer bestimmten Zeit in ihr vorherrschend sind.«

Ein anderer Autor, der die Erscheinung der Aura einer Person beschrieben hat, sagt: »Die Schatten und Farben einer Aura präsentieren ein sich ständig veränderndes kaleidoskopisches Schauspiel. Der geschulte Okkultist ist sowohl in der Lage, den Charakter eines jeden Menschen zu lesen, als auch die Natur seiner vorübergehenden Gedanken und Gefühle, einfach indem er die sich verändernden Farben seiner Aura studiert. Für den entwickelten Okkultisten werden der Geist und der Charakter zu einem offenen Buch, das achtsam und auf intelligente Art und Weise studiert werden muss. Auch ein

Schüler des Okkultismus, der nicht in der Lage war, die hellsichtige Sichtweise in so hohem Maße zu entwickeln, kann bald einen Sinn für eine psychische Wahrnehmung entwickeln, wodurch er in der Lage ist, die Schwingungen der Aura wenigstens zu fühlen, obwohl er die Farben vielleicht nicht sieht und die mentalen Befindlichkeiten, die sie verursacht haben, daher nicht interpretieren kann. Das Prinzip ist natürlich dasselbe, da die Farben nur die äußere Erscheinung der Schwingungen sind. Genauso wie die gewöhnlichen Farben auf der physischen Ebene nur die äußeren Manifestationen der Schwingungen der Materie sind. Doch es darf nicht angenommen werden, dass die menschliche Aura immer als eine leuchtende Wolke sich ständig verändernder Farben wahrgenommen wird. Wenn wir sagen, dass ihre charakteristische Erscheinung so oder so ist, dann meinen wir das in demselben Sinne, in dem wir einen Ozean als ruhigen, tiefen Körper grünlichen Wassers beschreiben. Wir wissen jedoch, dass der Ozean diese Erscheinung zuweilen nicht präsentiert, sondern mit sich hoch auftürmenden Wellen mit weißer Gischt gesehen wird, und dass er die kleinen Boote des Menschen mit seiner Kraft bedroht. Oder noch einmal: Wir definieren das Wort ›Flamme‹ womöglich in dem Sinne eines stetigen hellen Stroms brennenden Gases, obwohl wir nur allzu gut wissen, dass das Wort auch die große, heiße Zunge hitziger Kraft bezeichnet, den Strom, der aus dem Fenster eines brennenden Gebäudes alles, mit dem er in Kontakt kommt, in die Zerstörung züngeln kann. So ist es auch mit der menschlichen Aura. Manchmal wird sie möglicherweise als eine wunderschöne, ruhige, leuchtende Atmosphäre gesehen, die die Erscheinung eines großen Opals unter den Strahlen der Sonne präsentiert. Und wieder lodert sie auf wie die Flamme eines großen Schmelzofens und schießt große Feuerzungen mal in diese und mal in jene Richtung heraus, in großen Wellen emotionaler Erregung oder Leidenschaft aufsteigend und herabfallend oder vielleicht wie ein großer, feuriger Strudel ins Zentrum hineinwirbelnd oder in einer nach außen wirbelnden Bewegung weg vom Zentrum. Und dann wird sie vielleicht wieder als etwas gesehen, das kleinere Körper oder Zentren mentaler Schwingungen aus der Tiefe herausschleudert, die sich wie Funken eines Schmelzofens von der Elternflamme lösen und weit in andere Richtungen reisen. Das sind die projizierten Gedankenformen, über die alle Okkultisten gerne sprechen und die viele seltsame psychische Erscheinungen verdeutlichen.«

Die drei primären Farben der Aura

Wie auch auf der physischen Ebene entstehen die Farben der Aura aus drei primären Farben, aus denen all die anderen verschiedenen Farben und ihre Kombinationen gebildet sind. Diese drei Primärfarben geben uns, zusammen mit Weiß und Schwarz, den Schlüssel für das gesamte Farbspektrum der Aura.

Die drei primären Farben sind folgende: (1) Rot, (2) Blau und (3) Gelb. Aus diesen drei Primärfarben werden durch Kombinationen und Mischungen oder durch das Hinzufügen von Schwarz oder Weiß alle anderen Farben gebildet. Also werden die sekundären Farben wie folgt gebildet: (1) Grün entsteht aus der Kombination von Gelb und Blau; (2) Orange entsteht aus einer Kombination der Aura-Farben Gelb und Rot; (3) Lila entsteht aus der Kombination von Rot und Blau. Weitere Kombinationen bilden andere Farben, zum Beispiel: Grün und Lila bilden Olive; Orange und Lila bilden rostrot; Grün und Orange bilden Zitrin.

Schwarz ist im Grunde die Abwesenheit von Farbe, wäh-

rend *Weiß* tatsächlich eine harmonische Mischung aller Farben ist. Durch das Mischen der Primärfarben in unterschiedlichen Verhältnissen entsteht, was als »Farbtöne« bekannt ist. Und wenn wir Weiß hinzufügen, erhalten wir »Pastellfarben«, während das Einmischen von Schwarz »Schatten« ergibt.

Der Schlüssel zu den Aura-Farben

Ein Verständnis des zugrunde liegenden Charakters der drei Primärfarben und dem Schwarz und Weiß der Aura gibt dem Schüler den Schlüssel zu der gesamten Palette der Aura-Farben. Zu diesem Zweck wird die folgende Übersicht dargestellt.

Die rote Gruppe: Rot stellt die physische Natur dar, und sein Vorhandensein weist immer auf die Existenz und Aktivität dieses Teils der Natur des Menschen hin.

Die blaue Gruppe: Blau stellt die religiöse oder spirituelle Natur dar, und sein Vorhandensein weist immer auf die Existenz und Aktivität dieses Teils der Natur des Menschen hin.

Die gelbe Gruppe: Gelb stellt die intellektuelle Natur dar, und sein Vorhandensein weist immer auf die Existenz und Aktivität dieses Teils der Natur des Menschen hin.

Weiß: Weiß stellt den reinen Geist dar, und sein Vorhandensein weist immer auf die Gegenwart und Aktivität dieser Realität in der Natur des Menschen hin.

Schwarz: Schwarz stellt die Negation des reinen Geistes dar und steht in jeder Hinsicht in Opposition dazu. Sein Vorhandensein weist auf die Existenz und Aktivität dieses negativen Prinzips in der Natur des Menschen hin.

Die unterschiedlichen Kombinationen der drei Primärfarben der Aura werden sowohl in Verbindung mit Weiß und Schwarz gebildet als auch durch das Mischen der drei Komponenten. Diese Kombinationen ergeben sich aus den Schatten mentaler und emotionaler Aktivität, die von dem Individuum erfahren werden. Doch die Kombinationen werden nicht nur durch das Mischen der Farben selbst und in Verbindung mit Schwarz und Weiß gebildet, sondern in bestimmten Fällen wird der Körper einer Farbe von Streifen, Punkten oder Wolken einer anderen Farbe durchzogen. Zuweilen kann eine Mischung von zwei gegnerischen Farbströmen wahrgenommen werden, die sich gegenseitig bekämpfen, bevor sie sich vereinen. Wieder sehen wir die Wirkung einer Farbe, die eine andere neutralisiert. In manchen Fällen verbergen große schwarze Wolken die hellen Farben darunter und verdunkeln das feurige Glühen einer Farbe, genauso wie es auch im Fall einer physischen Feuersbrunst beobachtet werden kann. Und wieder finden wir starke Blitze von hellem Gelb oder Rot, die durch das Feld der Aura flackern und eine Gemütserregung oder den Konflikt von Intellekt und Leidenschaft zeigen.

Es sollte an dieser Stelle vom Schüler bemerkt werden, dass die grüne Gruppe der Aura-Farben in Bezug auf das Mischen der primären Aura-Farben auf den ersten Blick eine Ausnahme der allgemeinen Regel zu sein scheint und Widersprüche im Charakter manifestiert. Für den durchschnittlichen Schüler ist es zum Beispiel schwierig zu verstehen, warum die Mischung des spirituellen Blau und des intellektuellen Gelb ein Grün hervorbringen, das Betrug usw. anzeigt. Eine genaue Analyse von Grün, insbesondere eines bestimmten weniger erwünschten Grün, offenbart uns das Geheimnis dieser Kombination, wenn bemerkt wird, dass darin eine schwache Mischung von Schwarz und Rot kombiniert ist. Es ist nicht notwendig, in Bezug auf diesen besonderen Punkt ins Detail

zu gehen. Es reicht aus, auf die Natur der Lösung dieses Rätsels hinzuweisen. Noch einmal, es gibt eine bestimmte Schattierung von Grün, und zwar bei dem, das in den Farben der Bäume, Pflanzen usw. vorherrschend ist, welches, wenn es in den Farben der Aura auftaucht, Liebe, Natur usw. anzeigt. Folgende Worte eines anerkannten Okkultisten geben jenen einen wertvollen Hinweis, deren Geist dazu neigt, diese Angelegenheiten erforschen. Dieser Okkultist sagt: »Für jene, die Derartiges gerne analysieren, werde ich folgenden Hinweis geben, der ihnen in dieser Angelegenheit behilflich sein mag, und zwar: Der Schlüssel ist in der Tatsache erkennbar, dass Grün in der Mitte des Zentrums des Spektrums liegt, die Balance zwischen den beiden Extremen herstellt und auf erstaunliche Art und Weise von beiden Extremen auch beeinflusst wird.«

Wichtige Empfehlungen

Die Lehrer der Rosenkreuzer geben sich nicht damit zufrieden, ihre Schüler in Bezug auf bestimmte Farben zu unterweisen, die, wenn sie in der Aura gesehen werden, das Vorhandensein und die Aktivität bestimmter mentaler oder emotionaler Befindlichkeiten im Menschen anzeigen. Sie unterrichten den Schüler auch entsprechend des bewährten Prinzips von Aktion und Reaktion, das ein wichtiges Merkmal bestimmter Zweige der Lehren der Rosenkreuzer bildet. Das heißt, sie unterweisen den Schüler dahingehend, dass, wenn er das mentale Bild einer bestimmten Farbe in seinem Geist hält, daraus eine Reaktion in seiner emotionalen Natur entsteht, die dieser bestimmten Farbe entspricht. Zum Beispiel: Wenn ein Schüler seine Gedanken und seine Aufmerksamkeit auf die rote Farbgruppe konzentriert, wird eine starke, leidenschaftliche Emotion in ihm erweckt werden und er wird die Vitalität eines Tieres, Elan, Manneskraft, Mut usw. manifestieren. Wenn er die blaue Farbgruppe auf dieselbe Weise in seinem Geist bewahrt, wird er einen Aufschwung seiner spirituellen oder religiösen emotionalen Gefühle erfahren und seine Natur wird in dieser Richtung beflügelt werden. Und wenn er seine intellektuellen Fähigkeiten stimulieren oder seinen müden Geist wiederbeleben möchte, dann muss er sich auf die gelbe Farbgruppe konzentrieren, um das erwünschte Ergebnis zu erreichen. Es ist also einzusehen, dass nicht nur die mentalen und emotionalen Befindlichkeiten die dazugehörige Farbe erzeugen, sondern dass die Farben selbst dazu neigen, die entsprechende mentale und emotionale Befindlichkeit herzustellen. Die Reaktion eines Stieres oder anderer Tiere auf Rot kann auf diese Weise erklärt werden. Auch möchten wir hier darauf hinweisen, warum ein Mensch angesichts einer physischen Bedrohung in großer Erregung »Rot sieht«.

Es gehört auch zu den Lehren, dass die drei primären Farben eine entscheidende therapeutische Wirkung haben und dass man dieses Prinzip bei einer heilenden Tätigkeit anwenden kann. Die Farben können entweder mittels physischer Farben in der Umgebung des Menschen genutzt werden oder im Geist des mentalen Heilers, der die Behandlung gibt, bewahrt werden. Hier ist die therapeutische Skala der Farben:

Farbskalen für therapeutische Zwecke

Blau, Violett, Lavendel usw. haben eine kühlende und beruhigende Wirkung auf das Nervensystem, das Blut und die körperlichen Organe.

Grasgrün hat eine beruhigende und kräftigende Wirkung auf selbige.

Gelb und Orange haben eine inspirierende und erleuchtende Wirkung auf mentale Fähigkeiten.

Rottöne haben eine erregende und stimulierende Wirkung auf Geist und Körper (das trifft besonders auf scharlachrot und andere helle Rottöne zu).

Die schützende Aura

Die Lehrer der Rosenkreuzer unterweisen ihre Schüler auch in der Erschaffung und Erhaltung einer schützenden Aura, die eine Wohnung der Seele, des Geistes und des Körpers ist, zum Schutz vor bewusst oder unbewusst gegen sie gerichtete bösartige Einflüsse. Diese schützende Aura ist ein wirkungsvoller Harnisch gegen alle Arten psychischer Angriffe und Vereinnahmungen, egal von wem sie ausgehen. Sie erfordert eine einfache, aber sehr kraftvolle und effektive schützende Maßnahme gegen negative psychische Einflüsse, »böswilligen mentalen Magnetismus«, schwarze Magie usw. und ist auch ein Schutz gegen psychischen Vampirismus oder das Abziehen magnetischer Kraft.

Die Technik mit deren Hilfe eine schützende Aura gebildet wird, ist sehr einfach. Sie besteht lediglich aus der Erschaffung eines mentalen Bildes von sich selbst als von einer Aura reinen, klaren weißen Lichts umgeben – von dem Symbol und Kennzeichen des Geistes. Ein wenig Übung wird Ihnen ermöglichen, die Gegenwart und Kraft der schützenden Aura tatsächlich zu fühlen. Das weiße Licht ist die Ausstrahlung des Geistes und der Geist ist der Meister aller Dinge. Wie ein Lehrer sagte: »Die höchste und tiefste okkulte Lehre ist, dass das weiße Licht niemals zum Zweck eines Angriffs für persönlichen Gewinn gebraucht werden darf, doch dass es von jedem zu jeder Zeit sachgemäß angewendet werden kann, um sich selbst gegen negative psychische Einflüsse von außen zu schützen, egal von wem sie ausgeübt werden. Sie ist die Schutzhülle der Seele und darf, wann auch immer oder wo immer es nötig ist, auf diese Weise angewendet werden.«

In den hier gegebenen Erklärungen wird ein Schlüssel zu sehr interessanten Phänomenen in Richtung Magnetismus, magnetischer Einflüsse, persönlicher Gemütslage usw. gefunden.

KAPITEL 13

DIE SIEBEN KOSMISCHEN PRINZIPIEN

Die Rosenkreuzer lehren, dass es im ganzen Kosmos sieben gegenwärtige und aktive kosmische Prinzipien gibt, die sich auch bis in die kleinsten Aktivitäten erstrecken. Diese sieben kosmischen Prinzipien sind folgende:

1. Das Prinzip der Entsprechung
2. Das Prinzip des Gesetzes und der Ordnung
3. Das Prinzip der Schwingung
4. Das Prinzip des Rhythmus
5. Das Prinzip der Zyklen
6. Das Prinzip der Polarität
7. Das Prinzip der Geschlechtlichkeit

Der Schüler wird jetzt gebeten, jedes der oben genannten Prinzipien im Detail zu betrachten.

1. Das Prinzip der Entsprechung

Das Prinzip der Entsprechung offenbart sich in bestimmten Entsprechungen, Analogien oder Übereinstimmungen zwischen Manifestationen der unterschiedlichen Ebenen von Aktivitäten im Kosmos. Der alte hermetische Aphorismus weist darauf hin: »Wie oben, so unten; wie unten, so oben« mit den Worten des geheimnisvollen Axioms: »Ex uno disce omnes« oder »Aus dem Einen wisse Alles«. Die Rosenkreuzer und andere frühere Okkultisten sind der Auffassung, dass die Gesetze, die die Natur und die Aktivitäten der Amöben bestimmen, auch die Natur und die Aktivitäten des Menschen und der Wesen bestimmen, die über dem Menschen stehen. Was für die Materie wahr ist, gilt auch für Energie und Geist. Die Okkultisten wenden dieses universale Prinzip praktisch an, indem sie das Unbekannte mithilfe des Bekannten und in dem Wissen studieren, dass beides von demselben Gesetz regiert wird. So wie das Sonnensystem mithilfe des Studiums der Atome und Moleküle erforscht werden kann, so können die höheren Ebenen des Seins durch das Studium der niedrigen Ebenen, die sich vor unseren Augen manifestiert haben, erforscht werden.

Nachdem wir die Funktionsweise bestimmter Prinzipien in einer Sache entdeckt haben, können wir mittels der Analogie, die auf der Annahme basiert, dass diese Prinzipien in anderen Zusammenhängen auf einer höheren Ebene existieren, daraus mit Sicherheit Schlussfolgerungen ziehen und auf diese Weise die Natur des Unbekannten »X« entdecken. Also kommt der Okkultist zu dem Schluss, dass sich Gesetz und Ordnung auf allen Ebenen des Seins manifestieren, dass sich das Prinzip der Schwingungen auf allen Ebenen des Seins manifestiert, dass sich das Prinzip des Rhythmus auf allen Ebenen des Seins manifestiert, dass sich das Prinzip des Zyklus auf allen Ebenen manifestiert, dass sich das Prinzip der

Polarität auf allen Ebenen des Seins manifestiert und dass sich das Prinzip der Geschlechtlichkeit auf allen Ebenen des Seins manifestiert und darüber hinaus, dass die menschliche Forschung in das Unbekannte gedrängt wird. Das Große und Ganze beweist die Existenz dieser kosmischen Prinzipien, die die frühen Okkultisten auf der grundlegenden Basis des Prinzips der Entsprechungen herausgefunden haben.

Ein Autor sagt über diese kosmischen Prinzipien: »Es gibt immer eine Entsprechung zwischen den Gesetzen und Phänomenen der unterschiedlichen Ebenen des Lebens und des Seins. Das Verständnis dieser Wahrheit schenkt die Möglichkeit, vielen dunklen Paradoxen und versteckten Geheimnissen der Natur auf die Spur zu kommen. Es gibt Ebenen, die wir nicht kennen. Doch wenn wir das Prinzip der Entsprechungen auf sie anwenden, verstehen wir vieles, das uns sonst unbekannt bleiben würde. Dieses Prinzip wird im ganzen Universum angewendet und manifestiert sich auf den unterschiedlichen Ebenen des materiellen, mentalen und spirituellen Universums. Es ist ein universales Gesetz. Die alten Hermetiker betrachteten dieses Prinzip als eines der wichtigsten mentalen Instrumente, durch das der Mensch in der Lage war, die Hindernisse zu umgehen, die das Unbekannte vor unseren Augen versteckte. Seine Anwendung hat sogar den Schleier der Isis in solch einem Ausmaß zerrissen, dass ein flüchtiger Blick auf das Gesicht der Göttin erhascht werden kann. Genauso wie die Kenntnis der Prinzipien der Geometrie den Menschen, während er in einem Observatorium sitzt, in die Lage versetzt, entfernte Sonnen und ihre Bewegungen zu berechnen, so kann die Kenntnis vom Prinzip der Entsprechungen den Menschen in die Lage versetzen, auf intelligente Art und Weise vom Bekannten auf das Unbekannte zu schließen. Wenn wir die Prokaryoten studieren, verstehen wir die Erzengel.«

Ohne tiefer in die Materie der Anwendung dieses besonderen kosmischen Prinzips einzusteigen, möchten wir doch sagen, dass eine der fundamentalen Tatsachen, die von den alten Okkultisten durch die Anwendung des besagten Prinzips entdeckt wurde, folgende ist: »In allem kann (1) Substanz oder Körper, (2) Bewegung oder aktive Energie und (3) Bewusstsein oder Gewahrsein gefunden werden.« Die alten Okkultisten sind, wenn sie mit Ebenen des Seins konfrontiert wurden, von denen sie damals nur wenige Kenntnisse hatten, immer von der Existenz dieser drei großen Formen der Manifestation in allem ausgegangen. Alle späteren esoterischen Forschungen und Entdeckungen neigten dazu, Tatsachen an den Tag zu legen, die die ursprünglichen durch Analogien erlangten Annahmen bekräftigten und erhielten. Und die Entdeckungen der modernen Wissenschaft tendieren ausnahmslos in dieselbe Richtung. Es mag interessant sein, folgenden kurzen Blick auf die Präsenz dieser drei Formen der Manifestation zu werfen:

Substanz: Die alte okkulte Lehre, die besagt, dass »alles einen Körper hat«, scheint durch alle nachfolgenden Forschungen vollkommen bestätigt worden zu sein. Doch es muss bemerkt werden, dass mit »Substanz« oder »Körper« nicht notwendigerweise das gemeint ist, was die moderne Wissenschaft »Materie« nennt. Denn Letztere ist lediglich eine Form oder ein Stadium von »Substanz« oder »Körper«. Materie, so wie wir sie kennen, hat eine große Bandbreite ihrer Manifestationen, innerhalb deren Grenzen sowohl der härteste Granit, Stahl oder Diamanten gefunden werden als auch die feinsten, subtilsten und zartesten Gase. Die wissenschaftliche Entdeckung dessen, was »strahlende Materie« genannt wird, eröffnet der Wissenschaft ein Feld, das zuvor nur von Okkultisten und Metaphysikern betreten wurde. Solche Materie ist in Wirklichkeit keine Materie, sondern »Super-Materie« und

eine höhere Form von »Stoff« oder »Körper«. Die Okkultisten wissen jedoch, dass es Stoffarten gibt, die feiner und seltener als die strahlende Materie sind, so wie diese seltener und feiner als Granit, Stahl und Diamanten ist. Sogar der hypothetische Äther der Wissenschaft ist im Vergleich zu einigen Formen und Stadien von »Substanz« oder »Körper«, die den Okkultisten und Alchemisten bekannt sind, grob. Wie ein Schriftsteller sagte: »Das der Wissenschaft bekannte materielle Feld ist im Vergleich zu dem wirklichen Ausmaß des Prinzips von Substanz nicht mehr als eine Haarlinie, die über einen Zollstock gezogen wird.« Die okkulten Lehren informieren uns darüber, dass auf anderen Ebenen lebendige Wesen existieren, deren Körper aus einer Substanz bestehen, die so fein und subtil ist, dass der Begriff »ätherisch« der einzige ist, der in Verbindung mit ihnen in etwa adäquat ist, angewandt zu werden. Erinnern Sie sich, die okkulte Lehre besagt: *Alles hat Substanz oder Körper.* Und »Alles« schließt »Alles, was manifest ist« mit ein.

Bewegung oder aktive Energie: Die alte okkulte Lehre, dass sich »alles bewegt«, scheint von aller nachfolgenden Forschung voll und ganz bestätigt worden zu sein. Bewegung resultiert natürlich aus der Präsenz und Kraft aktiver Energie. Und aktive Energie ist überall gegenwärtig und manifestiert. Beide, die okkulten Lehren und die moderne Wissenschaft, lehren, dass alles ständiger Veränderung unterworfen ist, und Veränderung ist ohne aktive Energie und Bewegung nicht möglich. Aktive Energie manifestiert sich durch Gravitation, Kohäsion, chemische Affinität, elektronische Anziehung, Expansion, Kontraktion, zentrifugale und zentripetale Kräfte, Licht, Hitze, Magnetismus, Elektrizität usw. Und den Okkultisten sind noch viel feinere Kräfte bekannt als diese, die von der Wissenschaft jedoch noch nicht entdeckt sind. Wo auch immer es Substanz gibt, da ist auch Bewegung. Nichts steht ganz still. Alles bewegt sich. Vom winzigsten Elektron oder Atom bis zu der größten Sonne ist alles in ständiger Bewegung. Erinnern Sie sich, die okkulte Lehre besagt: »Alles bewegt sich.« Und »Alles« schließt »Alles, was manifestiert ist« mit ein.

Bewusstsein: Die alte okkulte Lehre, dass alles bewusst ist, scheint von aller nachfolgenden Forschung voll und ganz bestätigt worden zu sein. Wie wir beim Studium der die Ebenen des Bewusstseins betreffenden Kapitel gesehen haben, ist Bewusstsein in der einen oder anderen Form, Phase oder in unterschiedlichem Ausmaß auf allen Ebenen des Lebens und des Seins vorhanden. Wo auch immer es Substanz gibt, da gibt es auch Bewegung und Bewusstsein. Substanz, Bewusstsein und Bewegung werden immer zusammen gefunden – niemals voneinander getrennt oder losgelöst. Es gibt keine Substanz ohne Bewusstsein und Bewegung, keine Bewegung ohne Substanz und Bewusstsein und kein Bewusstsein ohne Substanz und Bewegung.

Im oben Gesagten haben wir nur eine von vielen Anwendungen des Prinzips der Entsprechungen, die lehrt »Wie oben so unten; wie unten, so oben« und »Aus dem Einen wisse Alles«.

2. Das Prinzip des Gesetzes und der Ordnung

Das Prinzip des Gesetzes und der Ordnung offenbart sich in der Gegenwart und Manifestation einer regelmäßigen Sequenz und geordneten Folge von Phänomenen im Universum der Dinge. Ein führender Wissenschaftler hat den anerkannten Grundsatz ausgesprochen: »Das Universum wird von Gesetzen regiert.« Der Geist dieses Prinzips der Wahrheit ist in dem Begriff »Kosmos« verkörpert. Dieser Begriff stammt aus dem griechischen Wort »Kosmos«, das bedeutet: »Betrach-

tung der Welt oder des Universums in Verbindung mit perfekter Ordnung und Arrangement im Gegensatz zu Chaos.«

In den okkulten Lehren der Rosenkreuzer wird dem Schüler eindrücklich vermittelt, dass »es so etwas wie Zufälle nicht gibt«, so weit das Wort Zufall in dem Sinne eines »nicht verursachten Geschehens« gebraucht wird. Der Schüler lernt, dass auch in Fällen, in denen der blinde Zufall zu regieren scheint, immer noch die Manifestation von Gesetz, Ordnung und Kausalität vorhanden ist, obwohl die Ursachen außerhalb menschlichen Wissens liegen mögen. Der Begriff »Zufall« wird von achtsamen Denkern jetzt nur noch in dem Sinne von »der unbekannten und unvorhersehbaren Ursache eines Ereignisses« gebraucht.

Im Kosmos erzeugen dieselben Ursachen, die sich unter denselben Umständen manifestieren, immer dieselben Effekte. All unsere Wissenschaft und unser Denken basiert auf dieser universellen Tatsache. Und intelligente Schlussfolgerungen wären ohne die unausgesprochene Annahme der Wahrheit dieses Prinzips unmöglich. Es gibt im Kosmos keinen Raum für Zufälle, Willkür oder gesetzlose Ereignisse. Alles, jedes Geschehen und jedes Ereignis, muss seine Ursache und sein »Weil« haben. Alles geschieht aus dem und dem Grund. Bei gegebenen Ursachen, müssen bestimmte Resultate und Effekte folgen. »Es geschieht nie etwas«, sagt ein altes Sprichwort – und nichts »geschieht« jemals, außer aus bestimmten Gründen und unter Anwendung universaler Gesetze. Wie jemand gesagt hat: »Es gibt im Universum keinen Platz für irgendetwas, das außerhalb und unabhängig von Gesetz und Ordnung existiert. Die Existenz von etwas außerhalb würde alle kosmischen Gesetze außer Kraft setzen und würde das Universum in eine chaotische Unordnung und Gesetzlosigkeit stürzen.«

In Anbetracht dessen hat ein Autor gesagt: »Eine sorgfäl-

tige Untersuchung wird zeigen, dass das, was wir Zufall nennen, lediglich die Vorstellung undurchsichtiger Ursachen ist, Ursachen, die wir nicht verstehen können. Das Wort »Zufall« ist von dem Wort »fallen« abgeleitet (wie das Fallen von Würfeln aus einer Schachtel auf das Brett). Die Essenz dieser Vorstellung ist, dass das Fallen der Würfel lediglich Geschehnisse sind, die in keiner Beziehung zu irgendeiner Ursache stehen. Und in diesem Sinn wird der Begriff im Allgemeinen benutzt. Doch wenn die Sache genauer untersucht wird, wird erkannt, dass es in Bezug auf das Fallen der Würfel keinen Zufall gibt. Jedes Mal, wenn ein Würfel fällt und eine bestimmte Zahl zeigt, gehorcht er einem Gesetz, das so unfehlbar ist wie das, welches die Umdrehung des Planeten um die Sonne und die Bewegung der Sonne selbst bestimmt. Hinter dem Fall des Würfels stecken Ursachen oder Ketten von Ursachen, die weiter zurückgehen, als der Geist folgen kann: die Position des Würfels in der Schachtel, die Menge der beim Würfeln eingesetzten muskulären Energie, der Zustand des Tisches usw. Das sind alles Ursachen, deren Kombination die Wirkung erzeugt, die beim Fallen und in der Ruheposition des Würfels vielleicht gesehen werden mag. Wenn der Würfel sehr viele Male geworfen wird, erkennt man, dass die unterschiedlichen sich oben zeigenden Zahlen in gleicher Häufigkeit erscheinen. Es wird die gleiche Anzahl von Eins, Zwei usw. geben. Wirf eine Münze in die Luft und sie kommt womöglich als Zahl oder ›Kopf‹ herunter. Doch wenn sie ausreichend oft geworfen wird, werden Kopf und Zahl gleich oft erscheinen. Das ist die Anwendung des Wahrscheinlichkeitsgesetzes. Doch beide, der durchschnittlich ausfallende Wurf und der einmalige Wurf, unterliegen dem Gesetz von Ursache und Wirkung.«

Derselbe Autor schreibt: »Es gibt kein ursprüngliches Geschehen. Und alles, was geschieht, ist lediglich ein Verbindungsstück in der großen Kette von Ereignissen. Es gibt

eine Kontinuität von vorausgehenden Geschehnissen, gegenwärtigen Geschehnissen und zukünftigen Geschehnissen. Es gibt immer eine Beziehung zwischen dem Vorausgegangenen, dem Gegenwärtigen und dem Zukünftigen. Zum Beispiel: Am Hang eines Berges löst sich ein Stein und kracht durch das Dach eines Hauses im Tal. Auf den ersten Blick scheint dies eine zufällige Auswirkung zu sein, doch wenn wir die Sache genauer untersuchen, finden wir eine lange Kette von Ursachen dahinter. Zuerst kam der Regen, der die Erde, die den Stein gestützt hat, aufgeweicht hat und die ihm erlaubt oder verursacht hat, dass er fällt. Weiter zurückliegend gab es den Einfluss der Sonne, andere Regenfälle usw., die den Felsbrocken allmählich aus einem größeren Stück gelöst haben. Dann waren da die Ursachen, die zur Formation des Berges geführt haben, zu seiner Erhebung durch die Erschütterung der Natur und so weiter ad infinitum. Dann können wir die Existenz des Hauses genau an dem Ort und zu der bestimmten Zeit betrachten. Kurz, wir würden uns bald in ein Geflecht von Ursache und Wirkung verwickelt sehen, aus dem wir bald vergeblich versuchen würden, uns zu befreien.«

Doch die Rosenkreuzer glauben im ursprünglichen Sinn des Wortes nicht an Fatalismus. Fatalismus leugnet, dass vorausgegangene Ereignisse irgendeine ursächliche Beziehung zu vorausgegangenen Ereignissen haben, und sie sind der Auffassung, dass das vom Schicksal bestimmte Ereignis trotz aller vorausgegangenen Ereignisse geschehen wäre. Fatalismus sieht das vom Schicksal bestimmte Ereignis unabhängig von dem Gesetz von Ursache und Wirkung, und es impliziert, dass das Ereignis aus dem Wirken irgendeines willkürlichen Grades von Willen entstand. Das folgende Zitat aus einer zuverlässigen Quelle wird dazu dienen, den essenziellen Unterschied zwischen Fatalismus und der Bestimmung durch das kosmische Gesetz aufzuzeigen:

»Fatalismus ist die Lehre, die besagt, dass der Verlauf der Ereignisse auf eine Weise vorherbestimmt ist, bei der der individuelle Wille keinen Einfluss auf den Verlauf hat. Fatalismus muss achtsam von Determinismus unterschieden werden, da die Verwechselung dieser beiden Konzepte für viele weitverbreitete Vorurteile gegen den Begriff der Bestimmung verantwortlich ist. Wie gesagt verleugnet der Fatalismus, dass der Wille einen Einfluss auf die Gestaltung von Ereignissen hat. Determinismus behauptet, dass diese ursächliche Wirkung des Willens selbst ursächlich verantwortlich ist. Das ist etwas völlig anderes als die fatalistische Behauptung, dass der Wille nicht zählt. In der Tat sind Determinismus und Fatalismus fundamentale Gegensätze. Determinismus sagt aus, dass Ereignisse von einigen unmittelbar vorhergehenden Ereignissen bestimmt sind; dass Letzteres anders verlaufen wäre, wäre das Vorhergehende anders gewesen. Fatalismus leugnet, dass unmittelbar vorhergehende Ereignisse irgendetwas mit dem Ursprung unmittelbar folgender Ereignisse zu tun haben. Er versichert, dass Letzteres geschehen wäre, auch wenn das Vorhergehende anders verlaufen wäre. Zu sagen, dass der Tod durch das Schicksal vorherbestimmt ist, ist zu leugnen, dass er durch die Gesetze der Natur erfolgt. Oder genauer gesagt wird damit behauptet, dass man, egal wie sehr man die Ursache beeinflusst, die Wirkung nicht ändern kann. Die Ansicht des Fatalisten ist, dass der Ausgang vorherbestimmt ist, aber nicht die *Mittel*. Die Ansicht des Deterministen ist, dass die jetzt auftretenden Ereignisse durch Kausalität zu anderen Ereignissen führen, die aufgrund der Existenz ihrer Ursachen festgelegt sind. Oder um es noch anders auszudrücken: Was für den Fatalisten ein Ereignis tatsächlich bestimmt, ist nicht ein anderes, unmittelbar vorhergehendes Ereignis, sondern irgendeine mysteriöse Verfügung, die von irgendeinem mysteriösen Vermittler lange vor dem Ereig-

nis geliefert wurde. Das versetzt uns in die Lage zu sehen, dass der Fatalismus dem Willen keine Geltung einräumt. Doch der Determinismus, der lediglich versichert, dass jedes Ereignis seine bestimmenden Bedingungen in seiner unmittelbaren Vorgeschichte hat, schließt in diese Vorgeschichte den menschlichen Willen mit ein. Also geht der Determinismus mit einer Überzeugung von der Effektivität des Willens einher und der Fatalismus nicht.«

In Obigem haben wir einige von vielen Anwendungen des Prinzips von Gesetz und Ordnung dargestellt, das lehrt, dass »nichts zufällig geschieht, sondern dass alles in Übereinstimmung mit dem Gesetz, der Ordnung und der Kausalität geschieht«.

3. Das Prinzip der Schwingung

Das Prinzip der Schwingung offenbart sich in der Manifestation eines Schwingungszustandes, der im gesamten Kosmos in allem existiert. In dem alten okkulten Axiom heißt es: »Alles schwingt.«

Die moderne Wissenschaft ist jetzt zu der Auffassung der alten Okkultisten gelangt, die versicherten, dass alles im Kosmos in einem Zustand oder in einer Befindlichkeit von ständiger Vibration ist. Die Wissenschaft sagt heute, dass nicht nur jeder Teil der Materie oder jede Masse von Materie in einem Zustand ununterbrochener Vibration ist, sondern auch, dass Licht, Hitze, Magnetismus, Elektrizität und jede andere Form natürlicher Kraft aus einem Zustand von Schwingung resultiert.

Die Okkultisten gehen noch weiter und versichern, dass auch auf der mentalen oder spirituellen Ebene stets ein Zustand von Vibration vorhanden ist. Die Okkultisten lehren in der Tat, dass die Unterscheidung zwischen den verschiedenen Ebenen des Seins fast ausschließlich auf die Unterschiede in der Geschwindigkeit und im Charakter der manifestierten Schwingung zurückzuführen ist. Der Unterschied zwischen Stahl, Gold, Diamanten oder Ton liegt absolut in dem Unterschied in ihrer Schwingung. Alle Formen von Energie werden von unverwechselbaren Schwingungsfrequenzen begleitet. Die Beschaffenheit materieller Substanzen wird von der entsprechenden Frequenz der Vibrationen erschaffen.

Ein Autor schreibt: »Die Wissenschaft bedient sich der Illustration eines sich schnell bewegenden Rades, Kreisels oder Zylinders, um die Wirkung zunehmender Geschwindigkeiten von Schwingungen zu zeigen. Die Darstellung geht von einem Rad aus, Kreisel oder von einem rotierenden Zylinder, der sich mit hoher Geschwindigkeit dreht. Wir nennen dieses rotierende Ding ›das Objekt‹, während wir der Illustration folgen. Lassen Sie uns annehmen, dass sich das Objekt langsam bewegt. Es mag ohne Weiteres gesehen werden. Doch kein Ton seiner Bewegung erreicht das Ohr. Dann wird die Geschwindigkeit allmählich erhöht. Nach ein paar Minuten wird die Bewegung so schnell, dass vielleicht ein tiefes Brummen oder ein tiefer Ton zu hören ist. Dann, während die Geschwindigkeit der Bewegung zunimmt, wird die Note auf der musikalischen Skala höher. Dann, während die Bewegung noch weiter erhöht wird, wird der nächsthöhere Ton erkannt. Dann erscheinen, während die Geschwindigkeit zunimmt, nacheinander alle Noten der musikalischen Skala und steigen höher und höher. Wenn die Bewegungen schließlich eine bestimmte Geschwindigkeit erreicht haben, wird der letzte für das menschliche Ohr wahrnehmbare Ton erreicht, der schrille, durchdringende Schrei flaut ab und es wird still. Dann wird kein Ton des rotierenden Objektes mehr gehört, denn die Geschwindigkeit seiner Bewegung ist so hoch, dass das menschliche Ohr seine Vibrationen nicht wahrnehmen

kann. Dann kommt die Wahrnehmung steigender Grade von Hitze. Nach einer längeren Zeit, in der ohne irgendein Zeichen erkennbarer Farben (obwohl bestimmte Farben vorhanden sind, die für das menschliche Sehvermögen jedoch nicht sichtbar sind) Hitzegrade manifestiert werden, wird in dem sich drehenden Objekt ganz allmählich ein trübes, dunkles Rot offenbar. Während die Geschwindigkeitsrate steigt, wird das Rot heller. Dann, während die Geschwindigkeit noch weiter zunimmt, verwandelt sich das Rot in Orange. Dann folgen der Reihenfolge nach die Schattierungen von Grün, Blau, Indigo und schließlich Violett, während die Geschwindigkeit der Schwingung zunimmt. Dann klingt das Violett ab und alle Farben verschwinden, da das menschliche Auge nicht in der Lage ist, sie zu registrieren. Doch das rotierende Objekt verströmt unsichtbare Strahlen, Strahlen, die in der Photographie und anderen subtilen Lichtstrahlen benutzt werden. Dann, während sich die Konstitution des Objektes verändert, beginnen sich die besonderen Strahlen, die als Röntgenstrahlen bekannt sind, zu manifestieren.

Wenn das rotierende Objekt eine bestimmte Frequenz oder Vibrationsgeschwindigkeit erreicht hat, zerfallen seine Moleküle und lösen sich in die ursprünglichen Elemente oder Atome auf. Dann zersetzen sich wiederum die Atome und lösen sich in die unzähligen Korpuskel auf, aus denen das Atom gebildet ist. Schließlich zerfallen auch die Korpuskel, und es wird ein Zustand ätherischer Substanz erzeugt. Die Wissenschaft wagt nicht, der Illustration weiter zu folgen. Doch die Okkultisten lehren, wenn die Schwingungen kontinuierlich erhöht würden, dann würde das rotierende Objekt die nachfolgenden Zustände der Manifestation aufbauen und es würde die verschiedenen höheren Bewusstseinszustände präsentieren.«

Die Okkultisten lehren, dass jeder mentale und emotionale Zustand seine eigene unverwechselbare Schwingungsfrequenz hat und dass das Geheimnis einer emotionalen Übertragung in der Tatsache begründet liegt, dass ähnliche Schwingungen in der emotionalen Natur von Menschen angelegt sind, die dem Einfluss starker Emotionen in einem anderen Menschen unterworfen sind. Alle Manifestationen von Gedanken, Emotionen, Wille, Wünschen, Gefühlen oder irgendein anderer mentaler Zustand werden von Schwingungen einer bestimmten Frequenz begleitet und verursacht. Und diese Schwingungen tendieren dazu, andere in ihrem »Induktionsfeld« zu beeinflussen und ähnliche Schwingungen in ihnen hervorzurufen. In dieser Tatsache liegt das Geheimnis mentaler Beeinflussung, persönlicher Anziehung usw. Das Wissen und die Meisterschaft von der Wissenschaft mentaler Schwingungen versetzt den geschulten Rosenkreuzer in die Lage, die Frequenz seiner mentalen Schwingung willentlich zu verändern und auf diese Weise einen Zustand mentaler Ruhe und Kraft zu erhalten, unbeeinflusst von den gedanklichen Vibrationen der Menschen um ihn herum.

Die modernen, fortgeschrittenen wissenschaftlichen Gedanken erkennen die Natur der Schwingungen so wahrhaftig an, dass sie das Axiom verkündet haben, dass »der Unterschied von Dingen gänzlich in dem Unterschied ihrer Schwingungen besteht«.

Es wird also klar, alle menschlichen Forschungen tendieren dazu, die Wahrheit des Axioms der alten Okkultisten zu beweisen: »Alles schwingt.«

4. Das Prinzip des Rhythmus

Das Prinzip des Rhythmus offenbart das regelmäßige universale Schwingen oder den Takt der Zeit, der in der gesamten manifestierten Welt von ihrer höchsten bis zu ihrer niedrigs-

ten Manifestation offensichtlich ist. Das alte okkulte Axiom »Alles schlägt im Rhythmus der Zeit« drückt diese fundamentale Gegebenheit des Kosmos aus.

Rhythmus heißt »regelmäßig wiederkehrende Bewegung, in Zeiteinheiten fortschreitende Veränderung oder Impulse, alternierende Sequenzen«. Der Begriff »alternierend« bedeutet »aufeinanderfolgend, abwechselndes Handeln oder Geschehen«. Der Begriff »wiederkehrend« bedeutet wiederholt zurückkehren, in festgelegten Intervallen vorkommen oder nach einer turnusmäßigen Regel«.

Rhythmus manifestiert sich in regelmäßigen Wiederholungen, in abwechselnden Folgen, in festgelegen Intervallen sich wiederholender Erscheinungen usw. Die einfachsten und typischsten Beispiele oder Darstellungen von Rhythmus geben uns das hin- und herschwingende Pendel, die Drehung der Erde um ihre eigene Achse und um die Sonne in regelmäßiger, messbarer Zeit, das Zählen eines Taktmessers oder Taktstocks eines Musikdirektors oder das Zeitmaß in der Poesie oder in der Musik. Rhythmus bedeutet »Zeitmaß« in regelmäßiger Bewegung.

In allen Rhythmen gibt es sich wiederholende Bewegung, Veränderung und Aktivität, Aktion oder Bewegung in entgegengesetzte Richtungen und ein regelmäßig wiederkehrendes Intervall von Zeit zwischen den alternierenden Tätigkeiten oder Bewegungen. In allen phänomenalen Veränderungen oder Bewegungen wird stets die Existenz zwei entgegengesetzter Extreme gefunden, zwischen denen die rhythmische Veränderung oder Bewegung offenbart wird. Rhythmische Veränderung und Bewegung schreitet durch alternierendes Schwingen zwischen diesen beiden Extremen fort, und zwar mit regelmäßigen Zeiteinheiten zwischen den Schlägen, dem Schwingen oder den Impulsen in beide Richtungen. Die Zeiteinheit zwischen den beiden alternierenden Impulsen legt die rhythmische Frequenz, das Maß oder den Takt – ihr rhythmisches Maß der Periodizität fest.

Der Begriff »Periodizität«, der in Verbindung mit dem Thema des Rhythmus so oft angewandt wird, bedeutet »Phasen des Vorkommens oder wiederholten Vorkommens zu festgelegten Zeitintervallen«. Jedes Phänomen manifestiert Periodizität, und zwar aufgrund der Präsenz und Aktivität des Prinzips des Rhythmus. Jede phänomenale Sache hat ihren eigenen rhythmischen Takt oder ihr Maß der Periodizität. Alle wissenschaftlichen Forschungen neigen dazu, das alte okkulte Axiom zu bestätigen: »Alles schlägt im Rhythmus der Zeit.«

Ein führender Wissenschaftler hat gesagt: »Rhythmus ist ein notwendiges Merkmal jeder Bewegung. Rhythmus ist eine notwendige Begleiterscheinung der überall vorhandenen Koexistenz antagonistischer Kräfte – eine Aussage, die aufgrund unserer Erfahrung notwendig wird. Jede Bewegung alterniert – sei es die Bewegung der Planeten in ihrer Umlaufbahn oder der ätherischen Korpuskel in ihren Wellenbewegungen – sei es die Melodie der Sprache oder das Ansteigen und Fallen von Preisen. Es wurde offenbar, dass dieser unaufhörliche Wechsel der Bewegungen zwischen ihren Grenzen unvermeidbar ist.«

Die Atome manifestieren einen Rhythmus in ihren Vibrationen. Die Umdrehungen der Planeten und das Herumwirbeln der Erde offenbaren einen Rhythmus. Das Ansteigen und Fallen der Gezeiten manifestieren einen Rhythmus. Das Schwingen des Pendels ist ein unterbrochener Rhythmus. Ein vollendeter Rhythmus wird nur durch eine vollständige Drehung oder durch eine Kreisbewegung dargestellt. Ein ununterbrochener Rhythmus manifestiert immer eine komplette Bewegung in einer Umlaufbahn. Doch insofern als sich das Zentrum zwischen den beiden Extremen als Reaktion auf eine höhere Ordnung von Rhythmus selbst dreht, können wir

beobachten, dass sich alle vollendeten Rhythmen als eine Spirale manifestieren – als eine kreisförmige Bewegung, die sich gleichzeitig vorwärts bewegt.

Durch das Prinzip des Rhythmus folgt auf jeden Tag eine Nacht und auf jede Nacht ein Tag. Sommer und Winter wechseln sich in ihrer Erscheinung ab. Schlafen und Wachen alternieren. Arbeit und Ruhe wechseln ihre Plätze. Involution wird von Evolution gefolgt und Evolution von Involution. Alle Veränderungen schreiten einer rhythmischen Ordnung und Folge entsprechend voran. Die Lebensweise der Menschheit wird von einem Rhythmus reguliert. Die Mode der Kleidung, des Geschmacks und der Gefühle, sie alle kommen und gehen und kommen wieder. Alles kommt mit der Zeit zurück. Völker steigen auf und fallen und steigen dann wieder auf und fallen wieder. Der Verlauf von Imperien windet sich seinen Weg in zyklischen Folgen um die Erde herum. Die Geschichte wiederholt sich. Sogar unsere Emotionen haben ihre Gezeiten.

Ein Schriftsteller hat in Bezug auf die Rhythmen unserer emotionalen Befindlichkeiten von einer wichtigen Tatsache gesprochen: »Nichts schwingt über die Grenzen seiner Extreme hinaus – nichts kann über seine rhythmischen Grenzen hinausgehen. Folglich, wenn eine Sache weit in eine Richtung schwingt, dann schwingt sie genauso weit zurück in die andere. Ihre Reaktion hat dasselbe Ausmaß wie ihre Aktion, jedoch in die entgegengesetzte Richtung. Wenn ihre Schaukelbewegung groß ist, dann sind ihre Extreme weit voneinander entfernt – wenn die Schaukelbewegung klein ist, dann sind die Extreme nah beieinander. Die Illustration des Pendels kann auf die Phänomene aller Ebenen angewandt werden. Ein kurzer Takt des Taktmessers erlaubt dem Stäbchen, sich nur ein kurzes Stück in jede Richtung zu bewegen – der lange Takt lässt ein weites Schwingen zu. Und auf dieselbe Weise: Diejenigen, die zutiefst leiden, genießen auch sehr stark, während solche Naturen, die nur wenig Leiden zulassen, auch nicht zu mehr als einer begrenzten Kapazität an Genuss in der Lage sind. Ein Schwein leidet kaum und genießt kaum, während ein hochorganisiertes, empfindsames Individuum zuweilen die Qualen einer emotionalen und mentalen Hölle erleidet, während es sich zu anderen Zeiten in himmlische emotionale und mentale Bereiche aufschwingt. Das Pendel schwingt genauso weit in eine Richtung wie in die andere.«

In einigen der höheren Lehren der Rosenkreuzer wird der Schüler in die Anwendung des Prinzips des Rhythmus eingeführt, um seine emotionalen Befindlichkeiten und Gefühle zu meistern. Die Essenz dieser geheimen Lehre ist, dass der Weise, der die unausweichliche Reaktion auf eine Aktion wahrnimmt – die Ebbe, die auf die Flut folgt –, es schafft, den Konsequenzen der Reaktion auszuweichen, indem er in höhere Bereiche oder Ebenen des Bewusstseins aufsteigt, bevor das emotionale Pendel zurückschwingt. Dadurch erlaubt er der reaktionären Bewegung, sich nur auf ihren unteren Ebenen des Bewusstseins zu manifestieren, während das Ego gleichmütig in den höheren Ebenen weilt.

Ein Autor, der sich in derselben Richtung wie der gerade erwähnten äußert, hat gesagt: »Die Meister lehrten, dass der Mensch durch ein Verständnis des Prinzips des Rhythmus vielen verwirrenden und verblüffenden Veränderungen seiner emotionalen Befindlichkeit und seiner Gefühle ausweichen könnte.

Sie nannten dies den Prozess der Neutralisierung, dessen Funktion darin bestand, das Ego über die Schwingungen der gewöhnlichen auf eine höhere Ebene des Bewusstseins zu erheben. Das ist ähnlich, wie sich über eine Sache zu erheben und ihr zu erlauben, unter einem vorüberzuziehen. Die okkulten Meister und ihre fortgeschrittenen Schü-

ler polarisierten sich an dem positiven Pol einer bestimmten emotionalen Befindlichkeit selbst, und durch einen Vorgang der »Verweigerung« oder des »Verleugnens« schafften sie es, den Auswirkungen des Umschwenkens des emotionalen Pendels zum negativen Pol dieser Emotion auszuweichen. Alle Individuen, die einen gewissen Grad von Meisterschaft über sich selbst erreicht haben, verfahren tatsächlich auf dieselbe Weise, obwohl oft unbewusst und ohne ein wirkliches Verständnis des Gesetzes, das sie anwenden. Indem sie sich weigern, ihren negativen mentalen und emotionalen Befindlichkeiten zu erlauben, sich in ihnen zu manifestieren, neutralisieren sie sie tatsächlich und lassen sie auf einer unteren Ebene des Bewusstseins vorübergehen. Der fortgeschrittene Okkultist kommt jedoch bewusst und willentlich zu diesem Ziel und erreicht ein Maß an Balance, Gelassenheit und Kraft, das fast unvorstellbar ist.«

Je weiter ein Schüler in dieser Hinsicht im physischen, mentalen oder spirituellen Bereich in seine Forschungen eindringt, desto mehr wird er von der Wahrheit des alten okkulten Grundsatzes überzeugt: »Alles schlägt im Rhythmus der Zeit.«

5. Das Prinzip der Zyklen

Das Prinzip der Zyklen offenbart die universelle zyklische Ausrichtung von Vorgängen und des Voranschreitens, die in der gesamten manifestierten Welt offensichtlich sind, von ihrer höchsten bis zu ihrer niedrigsten Manifestation. Der Geist dieses Prinzips wird durch das alte okkulte Axiom ausgedrückt: »Alles schreitet in Zyklen fort.«

Es ist für alle achtsamen Denker und Forscher offensichtlich, dass jeglicher Fortschritt und Fortgang der Dinge oder Ereignisse dem Weg des Kreises folgt. Alles, egal ob physisch, mental oder spirituell, offenbart diesen zyklischen, kreisläufigen Trend. Die Welt der Atome, der Kosmos und der Mensch, sie alle unterstehen diesem Gesetz. Dieses Prinzip wird besser verstanden, wenn wir verstehen, dass eine vollendete und ununterbrochene Manifestation von Rhythmus in der Vollendung einer kreisförmigen Bewegung resultiert. Daher ist die kreisförmige oder zyklische Neigung der Dinge tatsächlich eng mit dem Prinzip des Rhythmus verbunden. Und beide, Rhythmus und Zyklus, sind eng mit dem Prinzip der Schwingung verbunden.

Das folgende interessante Zitat eines Schriftstellers zum Thema dient dazu, ein paar der wichtigsten Punkte hervorzuheben, die die Betrachtung der Aktivitäten dieses besonderen Prinzips betreffen:

»Zyklen sind Rhythmen verwandt und entstehen durch diese Tatsache. Alle Ereignisse neigen dazu, sich in einem zyklischen Trend zu bewegen – in stetigen kreisförmigen Bewegungen. Das Gesetz des Zyklus manifestiert sich in der universalen Tendenz aller Phänomene, in Kreisen zu schwingen. Zyklen sind aus Rhythmus entstanden, haben jedoch eine komplexere Form. Die ursprüngliche Manifestation von Rhythmus ist eine Hin-und-her-Bewegung auf einer geraden Linie oder einem Pfad – eine Vorwärts- und Rückwärtsbewegung zwischen zwei Extremen oder Aktionspolen. Dies wäre eine gleichbleibende Bewegung, wenn die besondere Kraft, die hier manifestiert ist, die einzige Manifestation von Kraft oder Energie in dem betreffenden Feld des Kosmos wäre. Doch wenn das schwingende Pendel (frei, sich in jegliche Richtung zu bewegen) den Gegensätzen von Anziehung und Abstoßung anderer Manifestationen von Kräften und Energie ausgesetzt ist, dann wird die universale Neigung zum kreisförmigen Trend manifestiert – die Tendenz, den geraden Weg des Schwingens in einen kreisförmigen Weg oder Kreislauf zu verwandeln. Die Aktion und Reaktion, die Anziehung und

Abstoßung, die aus dem Konflikt zwischen den Kräften des rhythmischen Schwingens in einer geraden Linie entspringen, auf der einen Seite und die von außen einwirkenden anziehenden und abweisenden Kräfte auf der anderen Seite tendieren dazu, das sich bewegende Ding in einem perfekten Kreis um einen zentralen Punkt, eine Achse oder einen Kern zu schwingen. Diese gegensätzlichen Kräfte sind im gesamten Kosmos in Aktion, und die Manifestation von Kreisläufen kann auf allen Ebenen beobachtet werden. Es gibt stets Nachweise zyklischer Trends von Dingen und Ereignissen – die Tendenz, sich in Kreisen zu bewegen. Die Elektronen in den Atomen bewegen sich in Kreisen, genauso wie die Planeten um die Sonne und genauso, wie sich die Sonne um ein anderes Zentrum im Weltraum bewegt. Sowohl die höchsten okkulten Lehren als auch die höchsten wissenschaftlichen Spekulationen informieren uns, dass es immer kreisförmige Bewegungen um einen gegebenen Punkt gibt und die Bewegung um den besagten Punkt oder das Zentrum der Bewegung um ein anderes Zentrum herum kreist, und so weiter und so weiter bis in die Unendlichkeit.«

Derselbe Schriftsteller fährt fort: »Alle Ereignisse neigen dazu, sich in zyklischen Trends zu bewegen – in ständigen kreisförmigen Bewegungen kontinuierlicher Wiederkehr. Die Erfahrungen des Menschen, unterstützt durch historische Berichte, bestätigen diese Aussage. Ein Student der Geschichte der Menschheit ist beeindruckt von dem kontinuierlichen zyklischen Trend, der sich im Laufe der Zeitalter der Geschichte offenbart hat. Ein Student der Philosophie wird in seinem eigenen Fachbereich von denselben Nachweisen angezogen. Und so ist es mit jedem Feld menschlicher Gedanken – dieser zyklische Trend ist überall zu beobachten. Völker und Nationen erheben sich, erblühen, vergehen und verfallen, nur um von anderen überflügelt zu werden, die in dieselbe Richtung reisen. ›Der Stern der Imperien fliegt nach Westen‹ – die Zentren politischer Macht wechseln ständig. Die Zivilisationen von Lemuria, Atlantis, Ägypten, Chaldäa, Rom und Griechenland stiegen auf und vergingen wieder. Unsere eigene Zivilisation reist in dieselbe allgemeine Richtung. Alle Formen politischer Regierungen, Monarchien, Autokratien, Demokratien in all ihren Variationen waren in der Vergangenheit genauso bekannt wie in der Gegenwart. Dasselbe Gesetz kann in der Geschichte philosophischen Gedankenguts beobachtet werden. Philosophische Theorien, die in Griechenland vor über zweitausend Jahren populär waren, fielen in Misskredit, drängen sich jetzt jedoch wieder nach vorn. Die wissenschaftlichen Theorien der Kausalität, Kontinuität, des Determinismus und der Evolution waren im antiken Griechenland vor über zweitausend Jahren populär. Und sie waren Jahrhunderte vor dieser Zeit im alten Ägypten und in Indien genauso populär. Modischer Ausdruck in der Literatur, in der Bekleidung und im Verhalten kehren ständig wieder – und reisen in ihren kleinen Kreisen herum. Obwohl wir angesichts der Absurdität der Bekleidungsmode vielleicht lachen, folgt sie doch dem Gesetz des Zyklus. Religiöse Vorstellungen sind so alt wie die Welt – Pantheismus, Polytheismus, Monotheismus und Atheismus – haben alle ihre Rolle in der »Mode« religiösen Gedankenguts gespielt, immer wieder und wieder, und sie werden sie weiterhin spielen. Das gegenwärtige Wiedererwachen des Interesses an okkulten Lehren entspringt der Aktivität desselben Gesetzes. Und das Leben eines Individuums offenbart dieselben Trends und Tendenzen. Ein wenig Kontemplation wird Sie davon überzeugen, dass sich die Mehrheit der Menschen ihr ganzes Leben lang in Kreisen bewegt. Dieselbe alte Geschichte entsprechend der Natur und des Charakters eines Menschen taucht in Intervallen von längerer oder kürzerer Dauer immer wieder und wie-

der auf. Viele Menschen sind wie der Hamster, der den ganzen Tag lang in seinem sich drehenden Rad läuft – immer voranschreitend, doch niemals irgendwo ankommend, immer dort endend, wo er begann.«

Ein nachdenklicher Schüler wird uns angesichts dessen, worauf seine Aufmerksamkeit gerade gelenkt wurde, natürlicherweise fragen, wie es kommt – wenn das so ist –, dass es tatsächlich einen Fortschritt gibt. Wenn, so sagt er, es nichts weiter gibt als ein kontinuierliches Im-Kreis-Laufen, ein ständiges Herumreisen, ohne irgendwo anzukommen – wie kommt es, dass es offensichtlich wirklichen Fortschritt gibt, eine wahre Evolution, ein tatsächliches Voranschreiten auf der Skala des Lebens und des Seins? Die Antwort ist einfach: Wenn sich eine gegebene Kreisbewegung um eine gegebene Achse oder um ein Zentrum der Anziehung dreht und wenn weiterhin eine fortschreitende Bewegung dieses Zentrums oder der Achse gegeben ist, dann folgt daraus, dass die erste Kreisbewegung auch eine *Spiralbewegung* ist. *Wenn der zentrale Punkt fortgeschritten ist, dann ist die Kreisbewegung in eine Spiralbewegung verwandelt* – und während ein Im-Kreisherum-Gehen wie zuvor bestehen bleibt, reist jedes Im-Kreis-Gehen auf einer etwas höheren Ebene oder in einer fortgeschrittenen Position. Und das ist genau das, was im Kosmos passiert – ein kosmischer Spiralvorgang, voran und hinauf, in fortschreitenden und aufsteigenden Kreisen.

Ein alter Aphorismus der antiken Schulen des Okkultismus lautet: »Das einzige Entrinnen aus dem Kreislauf geschieht durch die Umwandlung in eine Spirale, d.h., indem der zentrale Punkt der Bewegung fortschreitet. Die Verwandlung des Kreises in eine Spirale ist eine der höchsten Formen der Alchemie.« Und in diesem Aphorismus ist eines der Geheimnisse der Rosenkreuzer zu finden. Diese Regel gilt für jede und alle Ebenen des Seins – physisch, mental und spirituell.

Ein Autor hat dazu geschrieben: »Das Ego vermag den Kreis seiner Lebensbewegung in eine fortschreitende und aufsteigende Spirale zu verwandeln, die, während sie den Menschen um den Lebenskreis führt, ihn in jeder Runde gleichzeitig um eine Stufe weiter erhebt. Der Berg der Verwirklichung, um den sich der Spiralweg windet, kann nur auf diese Weise erklommen werden. Immer wieder wandern die Pilger da herum, anscheinend in ihre eigenen Fußstapfen tretend. Doch in der Realität bewegen sie sich ständig aufwärts. Indem sie den zentralen Punkt mithilfe des Willens fortschreiten lassen, verwandeln die Weisen und Starken den Kreis in eine Spirale. Auf diese Weise schreiten sie voran und erreichen ihr Ziel. Dies ist, wie der alte Aphorismus sagt, tatsächlich ›eine der höchsten Formen mentaler Alchemie‹.«

Je weiter der Schüler seine Erforschungen im physischen, mentalen und spirituellen Bereich durchdringt, desto überzeugter wird er von der Wahrheit des alten okkulten Axioms: »Alles schreitet in Kreisen voran.«

6. Das Prinzip der Polarität

Das Prinzip der Polarität offenbart die universelle Tatsache von den »Paaren der Gegensätze« oder von den »Widersprüchen«, die in der gesamten manifestierten Welt, von der höchsten bis zur niedrigsten Manifestation offensichtlich sind. Der Geist dieses Prinzips wurde in einem alten okkulten Axiom wie folgt ausgedrückt: »Alles hat seinen Gegensatz, der der andere Pol seiner Manifestation ist.«

Das Prinzip der Polarität kann wie folgt beschrieben werden: »Alle Phänomene manifestieren Polaritäten oder entgegengesetzte und im Kontrast zueinander stehende Qualitäten, Eigenschaften oder Kräfte, die in entgegengesetzten und kontrastierenden Richtungen wirken.« Die alten Philo-

sophen machten dies, den Gepflogenheiten der Schulen entsprechend, unter den Namen »die Gegensätze«, »die Paare der Gegensätze« oder »die Antinomien« zu einem der Hauptbestandteile ihrer Lehren. Sie hatten das Verständnis, dass jedes Phänomen diese Paare entgegengesetzter Qualitäten, Eigenschaften und Kräfte besitzt und manifestiert. Sie waren auch der Auffassung, dass alle polarisierten Gegensatzpaare eine Einheit bilden, die aus der Versöhnung und dem Ausgleich der entgegengesetzten Pole besteht. Sie hatten auch das Verständnis, dass jede phänomenale Sache selbst ein Teil eines Paares polarisierter Gegensätze ist, die zusammen eine größere Einheit bilden usw., entweder bis in alle Ewigkeit oder bis die Gegensatzpaare in einer unendlichen Realität schließlich Versöhnung und Harmonie finden.

Das einfachste und doch das charakteristischste von vielen anderen Beispielen und Darstellungen der Gegensätze wird in dem Vorhandensein und der Aktivität der beiden entgegengesetzten und kontrastierenden Pole eines Magneten gesehen – in dem positiven und in dem negativen Pol. Der Magnet ist eins – eine Einheit, die aus der Balance und der Versöhnung der beiden entgegengesetzten Pole und ihrer entsprechenden Aktivitäten und Kräfte besteht. Diese Darstellung ist typisch und illustriert das allgemeine Prinzip voll und ganz.

Wir sehen das Vorhandensein von Polaritäten in allen Richtungen, in denen wir nach ihnen suchen mögen. Es gibt immer ein Hoch und ein Tief, ein Oben und ein Unten, rechts und links, vorwärts und rückwärts. Es gibt immer eine Vergangenheit und eine Zukunft, ein Jetzt und ein Dann, ein Davor und ein Danach, einen Tag und eine Nacht, eine Zeit und eine Ewigkeit. Es gibt immer ein Schnell und ein Langsam, Bewegung und Ruhe, heiß und kalt, gut und schlecht, hell und dunkel, bewusst und unbewusst, aktiv und inaktiv, eine Involution und eine Evolution, eine Analyse und eine Synthese, eine These und eine Antithese, männlich und weiblich, positiv und negativ, Jung und Alt, Gesundheit und Krankheit, aufbauen und abreißen, Geburt und Tod, ein Kommen und Gehen, Leben und Tod, Materie und Nicht-Materielles, leicht und schwer, etwas Abstraktes und etwas Konkretes, etwas Langes und etwas Kurzes, breit und schmal, Groß und Klein, einen Norden und einen Süden, einen Osten und einen Westen, Liebe und Hass, Mut und Angst, Vertrauen und Zweifel, einen Glauben und ein Nicht-Glauben, eine Wahrheit und einen Irrtum und so weiter ad infinitum.

Wann immer wir eine phänomenale Qualität, Eigenschaft oder Charakteristik sehen, einen Zustand oder eine Gegebenheit, ist es absolut gerechtfertigt, die Existenz eines dazugehörigen Gegensatzes anzunehmen. Und es wird herausgefunden werden, dass dieser Gegensatz in die entgegengesetzte und kontrastierende Richtung agiert. Dies ist eine unfehlbare und unveränderliche Regel phänomenaler Existenz.

Gesetzt den Fall, dass uns das Gegenteil einer Sache unbekannt ist, weil es noch nicht von uns entdeckt worden ist oder uns bekannt gemacht worden ist, ist es in solch einem Fall nichtsdestoweniger absolut gerechtfertigt, dem unbekannten Gegensatz die diametral entgegengesetzten Qualitäten und Charakteristiken zu dem bekannten Gegensatz zuzuschreiben. Die Regel ist folgende: »Was immer für ein Teil eines Gegensatzpaares bestätigt ist, muss dem anderen abgesprochen werden; und was immer dem einen aberkannt ist, muss für den anderen bestätigt werden.« Diese Regel ist so wahr und unfehlbar, dass sie als Basis für logische Schlüsse vom Bekannten auf das Unbekannte angewendet werden kann, um Letzteres zu entdecken.

Eine der überraschendsten Besonderheiten dieser Entdeckung ist, dass wir endlich wahrnehmen, dass die beiden kontrastierenden Qualitäten in Wirklichkeit zwei Aspekte oder

Phasen eines Ganzen sind, die wahre Sache oder die Sache selbst, die Einheit der zwei anstatt zwei getrennter und verschiedener Dinge. Oder mit anderen Worten gesagt, wir entdecken, dass die beiden entgegengesetzten Pole von Charakteristiken miteinander in Beziehung stehen und gemeinsam eine sich gegenseitig bedingende Einheit und ein ausgeglichenes Ganzes bilden.

Als Illustration der gerade festgestellten Tatsache, können wir die beiden Gegensätze heiß und kalt entsprechend betrachten. Es gibt mit Sicherheit keine zwei Qualitäten, die offensichtlich unterschiedlicher und getrennter voneinander sind – mehr diametral entgegengesetzt voneinander. Doch eine sorgfältige Untersuchung zeigt uns, dass die beiden kontrastierenden Dinge in Wirklichkeit nur Abstufungen, Zustände und Beschaffenheiten derselben Sache sind. So etwas wie ein »absolutes Heiß« oder ein »absolutes Kalt« gibt es nicht. Es gibt lediglich unterschiedliche Grade dieses Gegensatzpaares »heiß – kalt«, dass wir der Einfachheit halber »Wärme« nennen. Wir können auf dem Thermometer keinen Punkt ausfindig machen, wo heiß aufhört und kalt beginnt, oder umgekehrt. Die beiden Zustände oder Beschaffenheiten vermischen sich miteinander und jede auf sie bezogene Aussage ist lediglich vergleichend. Wenn wir eine Hand in eine Schüssel mit sehr heißem Wasser halten und die andere in eine Schüssel mit eiskaltem Wasser, und wenn wir dann plötzlich beide Hände herausnehmen und sie in eine Schüssel mit lauwarmem Wasser tauchen, was passiert dann? Einfach nur dies, dass wir herausfinden, dass die Heißwasserhand eine Empfindung von Kälte spürt, während die Kaltwasserhand eine Empfindung von Wärme spürt – beide Erfahrungen ergeben sich aus dem Vergleich mit der vorhergehenden Erfahrung.

Wir können als eine andere Illustration desselben Prinzips

auch die emotionalen Zustände von Liebe und Hass betrachten. Diese beiden Emotionen scheinen mit Sicherheit unversöhnlich und es scheint unmöglich, sie miteinander in Harmonie zu bringen. Doch lassen Sie uns sehen! An einem Ende der emotionalen Skala von »Liebe – Hass« finden wir intensive Liebe. Wenn wir dann auf der Skala nach unten gehen, finden wir unterschiedliche und allmählich abnehmende Grade von Liebe. Dann finden wir den ausgeglichenen Punkt von Indifferenz, der weder Liebe noch Hass zu sein scheint, der in Wahrheit jedoch das feine Gleichgewicht der beiden Emotionen ist. Wenn wir dann auf der Skala weiter nach unten gehen, bemerken wir einen schwachen Grad von Aversion oder Nichtmögen, dann eine Serie von allmählich zunehmenden Graden von Nichtmögen, bis wir schließlich auf richtigen Hass treffen, wir also einen Grad von intensivem und extremem Hass erreichen. Doch all das wird nur als graduelle Unterschiede auf derselben emotionalen Skala von »Liebe – Hass« gesehen.

Zuweilen gibt es schnelle Veränderungen und Wechsel auf der Skala der Gegensätze. Liebe verwandelt sich plötzlich zu Hass. Die besten Freunde und die am leidenschaftlichsten Liebenden werden zu erbitterten Feinden. Und andererseits werden Menschen, die sich ursprünglich verabscheuen, nach einer gewissen Zeit oft sich leidenschaftlich Liebende. Und alte Feinde werden, wenn sie sich versöhnt haben, häufig die engsten Freunde. Das Pendel schwingt oft so weit in eine Richtung, wie es zuvor in der entgegengesetzten Richtung war. Oben wechselt, während die Erde rotiert, nach unten. Und heiß wird kalt, wenn sich die Schwingungen verändern. Das gilt auch für hart und weich, schwach und solide usw. Diese Zustände sind absolut von der Schwingungsfrequenz abhängig und von der relativen Position der Partikel der Materie, aus der die Dinge bestehen. Darüber hinaus führt die Beto-

nung oder Aktivität einer entgegengesetzten Frequenz zu einer Manifestation des anderen Gegenteils. Wir wechseln oft zu einem anderen Extrem der Gefühle und der Handlung, wenn wir den vorhergehenden emotionalen Zustand überbetont haben. Wir werden eines Umstandes müde oder fühlen uns von ihm abgestoßen und fühlen den Wunsch, den entgegengesetzten Umständen zuzufliegen. Zu viel einer guten Sache bringt uns oft dazu, sie nicht mehr zu mögen. Genauso, wenn wir weit genug in Richtung Westen reisen, kommen wir schließlich im extremen Osten an und umgekehrt. Wenn wir weit genug nach Norden reisen, überschreiten wir den Pol und stellen plötzlich fest, dass wir nach Süden reisen. Vom Nordpol aus reisen wir immer nach Süden, egal in welche Richtung wir reisen, während wir vom Südpol aus nur nach Norden reisen können, egal welchen Weg wir nehmen.

Die Entdeckung, dass Gegensätze identisch sind in dem Sinne, dass sie nur zwei im Kontrast zueinanderstehenden Pole derselben Sache sind, eröffnet dem Okkultisten, der sich mit dem Gesetz der Polarität in seinen Verwandlungsphasen und in seinem Gleichgewicht vertraut gemacht hat, ein wundervolles Feld der Meisterschaft.

Ein Verständnis des Prinzips der Polarität versetzt den Okkultisten in die Lage, einen geistigen Zustand auf der Skala der Polarität in einen anderen zu verwandeln. Dinge, die unterschiedlichen Kategorien angehören, können nicht ineinander verwandelt werden, doch die entgegengesetzten Pole derselben Sache können auf diese Weise verändert werden – das heißt, es kann eine Veränderung in einer Polarität erwirkt werden und sie kann in die andere verwandelt werden. Also kann Liebe niemals zum Osten oder Westen werden, Rot oder Violett. Doch Liebe kann in Hass verwandelt werden oder Hass in Liebe, indem die Polarität wechselt. Mut kann sich in Angst verwandeln oder Angst in Mut, hart kann zu weich verwandelt werden, stumpf zu scharf, heiß zu kalt usw., wobei die Veränderung immer zwischen zwei Zuständen derselben Art stattfindet. Ein ängstlicher Mensch kann seine Polarität verändern, und durch diese Veränderung können seine emotionalen Schwingungen von Mut erfüllt werden. Genauso kann ein träger Mensch seine Polarität in Aktivität und energievolles Handeln verändern. Der Schlüssel liegt in der Tatsache, dass dieser Prozess der Verwandlung keine Verwandlung von einer Sache in eine unterscheidbare andere Sache ist, sondern vielmehr eine Verlagerung der Konzentration der polaren Kräfte von einem Extrem auf der Skala zu dem anderen, genauso wie man den Wagen einer Schreibmaschine von 1 zu 70 verschiebt oder den Fokus eines Opernglases verändert.

Ein Autor hat sich zu diesem besonderen Punkt des Themas wie folgt geäußert: »Außer der Veränderung des eigenen geistigen Zustandes durch die Anwendung der Kunst der Polarisierung kann das Prinzipum das Phänomen des Einflusses eines Geistes über einen anderen erweitert werden, worüber in den letzten Jahren so viel geschrieben und gelehrt wurde. Wenn verstanden wird, dass eine geistige Induktion möglich ist, das heißt, dass ein geistiger Zustand durch den eines anderen Menschen durch Induktion hergestellt werden kann, dann können wir sehen, wie einfach eine bestimmte Frequenz einer geistigen Schwingung oder die Polarisierung eines bestimmten geistigen Zustandes von einem Menschen zum anderen übertragen und die Polarität des zweiten Menschen entsprechend verändert werden kann. Auf diese Weise wurden viele großartige Ergebnisse ›geistiger Behandlung‹ erzielt, obwohl der Praktizierende die Natur des von ihm angewendeten Prinzips vielleicht gar nicht versteht. Nehmen wir zum Beispiel einen Menschen, der betrübt, melancholisch, deprimiert und voller Angst ist. Dann kann ein ent-

sprechend geschulter Heiler in seinem eigenen Geist mithilfe seines Willens die gewünschte Schwingung erzeugen, die die gewünschte Polarisierung in ihm selbst erzeugt. Dann übermittelt er diese polarisierten Schwingungen durch Induktion dem Geist des Patienten. Das Ergebnis ist, dass der emotionale Zustand des Patienten von der negativen in die positive Polarisierung verwandelt wird. Das Wissen um die Existenz dieses großartigen okkulten Prinzips wird den Okkultisten in die Lage versetzen, seine eigenen geistigen Zustände und die anderer Menschen besser zu verstehen. Er wird einsehen, dass diese Befindlichkeiten alle eine Frage von Abstufungen sind, und dadurch wird er in der Lage sein, seine geistigen oder emotionalen Schwingungen willentlich anzuheben oder zu vermindern, um seine geistigen Pole zu verändern und um dadurch ein Meister über seine Emotionen zu werden anstatt ihr Sklave. Und durch sein Wissen wird er in der Lage sein, seinen Mitmenschen auf intelligente Weise zu Hilfe zu kommen und ihre geistige und emotionale Polarisation durch angemessene Methoden zu verändern, wenn Selbiges erwünscht ist.«

Zum Abschluss unserer Betrachtungen des Prinzips der Polarität bitten wir den Schüler, die folgenden Worte achtsam zu studieren. Sie wurden von jemandem geschrieben, der Wissen über das große Thema des Gleichgewichts hat, die Kunst, die darin besteht, das Zentrum zwischen den beiden Extremen zu finden und auf diese Art und Weise eine Gelassenheit und Ausgeglichenheit zu bewahren, die von jeglichem mentalen oder emotionalen Sturm unberührt bleibt. Dieser Autor sagt: »Gelassenheit ist Macht. Gelassenheit entsteht durch Ausgeglichenheit. Ausgeglichenheit ist durch die Anpassung und Aufrechterhaltung des Zentrums zwischen den Polen der Gegensatzpaare gewährleistet. In gelassener Ausgeglichenheit neutralisiert der Meister Polarität und Rhythmus, indem er sie in der Einheit auflöst. Im Herzen des Sturms ist Ruhe. Im Zentrum des Lebens stehen Gelassenheit und Macht. Suche sie immer, oh Neophyt – denn in ihr findest du dich selbst. Die vorgenannten Sätze geben den Inhalt eines alten, geheimnisvollen Aphorismus wieder, in dem das Gedankengut in Jahrhunderten entwickelter Gedanken und Erfahrungen geheimer Lehren enthalten ist. Gehe aufgrund seiner Einfachheit nicht darüber hinweg. Gelassene Ausgeglichenheit ist das Ziel der geheimnisvollen Eingeweihten. Sie ist das Geheimnis der Meisterschaft. Es gibt immer ein Zentrum von allem. Doch das Zentrum existiert nur durch die Existenz des Kreisumfangs. Es gibt immer einen Punkt oder eine Balance zwischen den Polen eines jeden Gegensatzpaares. Doch dieser Punkt existiert nur, weil die Extreme existieren. Und in dem zentralen Punkt kann die Kraft des ganzen Ereignisses oder der Sache immer gefunden werden. Im Zentrum der Gravitation der Erde wäre man in der Lage, in vollkommener Gelassenheit zu sein, ohne Unterstützung, außer durch die konzentrierte Schwerkraft der ganzen Erde. Man wäre so wunderbar gelassen, dass allein die Bemühung des Willens ausreichend Energie zur Verfügung stellen würde, um in jede gewünschte Richtung zu treiben. Die Kraft der Gegensätze ist im zentralen Punkt konzentriert. Dort ist alle Kraft zu finden, und zwar nur dort. Das Axiom ›Aktion und Reaktion sind gleichwertig‹ weist auf einen zentralen Punkt hin, in dem der wahre Hebel anzusetzen ist, der das Ganze bewegt. Im Zentrum ist man in der Lage, Aktion und Reaktion zu nutzen, ohne einem von beiden unterworfen zu sein. Der Eingeweihte strebt danach, einen Zustand des Gleichmutes und der absoluten Gelassenheit zu erreichen. Er sehnt sich danach, die Kunst zu meistern, auf des Messers Schneide zu gehen, sich selbst mithilfe der balancierenden Pole der Gegensätze, die er fest im Griff

hat, vollkommen im Gleichgewicht zu halten wie ein trainierter geistiger Athlet, der er ist. Während er die Gegensätze gegeneinander ausspielt, einen gegen den anderen, Gesetz für Gesetz ausgleichend, vollführt der Meister seine Gratwanderung über das schmale Drahtseil, das die Welt der Wünsche von der Welt des Willens trennt. Oh Neophyt, im Zentrum des Lebens wirst Du in der Tat die Gelassenheit und Kraft finden. Im Herzen des Sturmes sollst Du Frieden finden. Im Zentrum des Kosmos wirst du dich selbst finden. Wer das Zentrum in sich selbst findet, findet das Zentrum des Kosmos. Denn sie sind letztendlich EINS!«

Wenn ein Schüler mit Fragen und Problemen konfrontiert ist, bei denen eine Wahl aufgrund der starken Aktivität beider Extreme der Polarisierung – der Gegensatzpaare – schwierig ist, dann wird ihm geraten, das Zentrum zwischen den beiden entgegengesetzten Polen aufzusuchen und dort fest zu stehen und sicher zu sein, dass dort, und zwar nur dort, der Ort des Friedens, der Gelassenheit und der Kraft ist. In dem einen Wort *»Gleichgewicht«* kann das Geheimnis von vielen oder den meisten verblüffenden Fragen des Lebens gefunden werden. Suche immer die Gelassenheit und das Gleichgewicht und du wirst Kraft und Frieden haben!

Je weiter der Schüler unter diesem Blickwinkel bei seinen Forschungen in die physischen, mentalen und spirituellen Bereiche vordringt, desto mehr wird er von der Wahrheit folgenden alten okkulten Axioms überzeugt: »Alles hat sein Gegenteil, das der andere Pol seiner Manifestation ist.«

7. Das Prinzip der Geschlechtlichkeit

Das Prinzip der Geschlechtlichkeit manifestiert sich in der universalen Präsenz geschlechtlicher Unterschiede und Aktivität, die in der gesamten manifestierten Welt offensichtlich sind, von ihrer höchsten bis zu ihrer niedrigsten Manifestation. Der Geist dieses Prinzips wurde durch das alte okkulte Axiom ausgedrückt: »Geschlechtlichkeit ist omnipräsent und alles durchdringend im Universum. Alle Schöpfung ist Erzeugung und alle Erzeugung entspringt der Geschlechtlichkeit.

Alle in den Okkultismus vertieften Schüler und viele Studenten der modernen Wissenschaft nehmen die Wahrheit der antiken Lehre der Rosenkreuzer wahr, dass Geschlechtlichkeit alles durchdringend, allgegenwärtig und die Ursache aller Schöpfung ist. Denn Schöpfung resultiert immer aus Erzeugung, und Erzeugung entspringt der Geschlechtlichkeit. Geschlechtlichkeit ist in allem manifestiert – das männliche und das weibliche Prinzip sind immer aktiv im Universum. Und zwar nicht nur auf der physischen Ebene des Seins, sondern auch auf der mentalen, geistigen und spirituellen Ebene des Seins. Auf der physischen Ebene manifestiert Geschlechtlichkeit physische Zeugung, auf der mentalen Ebene manifestiert sie mentale Zeugung und auf der spirituellen Ebene manifestiert sie spirituelle Zeugung. Ein Verständnis des kosmischen Prinzips der Geschlechtlichkeit vermittelt klare Einsichten in viele Themen, die sich für die Mehrzahl der Denker als verblüffend erwiesen haben.

In einem der vorhergehenden Kapitel dieses Buches haben wir Ihre Aufmerksamkeit auf die Tatsache gelenkt, dass die Aktivitäten der Elektronen, der Atome und der Korpuskel, aus denen die Materie besteht, rein geschlechtlicher Natur sind – dass alle Anziehung geschlechtliche Anziehung ist. Und da alle kosmischen Aktivitäten aus Kräften der Anziehung bestehen, ist die Geschlechtlichkeit die Antriebskraft hinter den Aktivitäten des Kosmos. Eine sorgfältige Untersuchung der Entdeckungen der modernen Wissenschaft, die jedes Jahr verkündet werden, wird den Schüler davon überzeugen, dass sie alle durch die Theorie der Rosenkreuzer vom

Prinzip der Geschlechtlichkeit erklärt werden können, jedoch durch keine andere Hypothese.

Wenn wir uns auf die geistige Ebene begeben, stellen wir fest, dass viele Entdeckungen der modernen Psychologie auch dazu neigen, die Theorie der Rosenkreuzer zu bestätigen. Die modernen Psychologen widmen ihren Präsentationen der unterschiedlichen Theorien und Diskussionen dessen, was sie den »anderen Geist«, den »subjektiven Geist« oder den »unterbewussten Geist« usw. nennen, viel Zeit und Raum. In all ihren Theorien sticht ein Punkt jedoch markant hervor, das ist der Punkt, dass dieser unterbewusste Geist den stimulierenden Einflüssen des Bewusstseins oder des objektiven Geistes unterworfen ist. Und nachdem er auf diese Weise von den Einflüssen und Stimulierungen des Letzteren beeinflusst worden ist, wird der unterbewusste Geist fruchtbar und erzeugt Reichtum an Ideen, Gedanken und Aktionen. Doch bisher hat keiner der Psychologen auch nur versucht, die Natur des Einflusses oder der Stimulation des einen Geistes über den anderen zu erklären. Und an dieser Stelle sind die Lehren der Rosenkreuzer sehr vonnöten. Denn die Rosenkreuzer erkennen und verstehen sofort die Tatsache, dass der unterbewusste Geist feminin und der stimulierende Geist maskulin ist und dass der Prozess ganz klar ein befruchtender ist, gefolgt von mentaler Empfängnis und Erschaffung.

Diese Analogie ist so klar, dass man nur seine Aufmerksamkeit darauf zu richten braucht, um ihre Wahrheit und ihre richtige Anwendung für den vorliegenden Fall zu erkennen. Sie ist so klar, dass jemand, der sie erlernt, nicht erkennen kann, warum es den Vertretern der Theorie vom »Dualen Geist« und deren Kommentatoren nicht gelungen ist, das von ihnen entdeckte und in verschiedenen Theorien verkörperte, dem Phänomen zugrundeliegende Geheimnis wahrzunehmen. In seinem Buch *Das Gesetz der psychischen Erschei-*

nungen, in dem er 1893 die vielfach anerkannte Theorie des »Dualen Geistes« verkündete, kam Thompson J. Hudson der Wahrnehmung des in den Lehren versteckten Geheimnisses der alten Okkultisten schon sehr nahe, doch seine Vorurteile brachten ihn dazu, darüber hinwegzugehen. In seiner Aussage zu Beginn des zweiten Kapitels besagten Buches heißt es: »Der mystische Jargon der hermetischen Philosophen enthüllte dieselbe allgemeine Idee«, d.h. die allgemeine Idee von der Dualität des Geistes, doch er versäumte es, dem vielversprechenden Hinweis weiter nachzugehen, und verlor auf diese Weise die Gelegenheit, seine Entdeckung – oder Wiederentdeckung – zu vervollständigen, denn die Dualität der Aktivitäten des Geistes war den Okkultisten seit Ewigkeiten bekannt.

Der unterbewusste Geist des Menschlichen kann als eine mentale Gebärmutter betrachtet werden – in der Antike wurde er in der Tat so verstanden – in ihr wird der Reichtum mentaler Sprösslinge erzeugt. Sie ist eine Goldgrube latenter Möglichkeiten der Erschaffung – der Zeugung mentaler Nachkommenschaft aller Gattungen und Arten. Ihre Kraft mentaler erschaffender Energie ist enorm. Doch sie erzeugt nichts, wenn sie nicht von dem bewussten Geist ihres Besitzers oder eines anderen Menschen stimuliert wird. Die Phänomene der Suggestion und der Hypnose sind im Zusammenhang mit der Theorie der Rosenkreuzer über geistige Geschlechtlichkeit erklärbar.

Ein Autor schreibt zu diesem Thema: »Suggestion und Hypnose wirken auf dieselbe Weise, und zwar indem das maskuline Prinzip seine Schwingungen in das feminine Prinzip des Geistes eines anderen Menschen projiziert und Letzterer den Saat-Gedanken in sich aufnimmt und es zulässt, ihn zur Reife entwickeln zu lassen, wenn er auf der Ebene des Bewusstseins geboren wird. Das maskuline Prinzip im Geist der Person,

die die Suggestion eingibt, leitet den Strom der Schwingungen zum femininen Prinzip in der Person, die das Objekt der Suggestionen ist und sie einem natürlichen Gesetz entsprechend akzeptiert, es sei denn, der Wille macht einen Einwand geltend. Die Gedankensaat, die auf diese Weise in den Geist der anderen Person hineingelegt wurde, wächst und entwickelt sich und wird mit der Zeit als ihr rechtmäßiger geistiger Sprössling betrachtet, während es sich in Wirklichkeit wie mit dem Kuckucksei verhält, das in das Nest des Spatzen gelegt wurde. Und wie das Junge des Kuckucks verdrängt er den rechtmäßigen Sprössling des Besitzers des Nestes. Der richtige Umgang des maskulinen und femininen Prinzips im Geist eines Menschen ist, sie zu koordinieren und in einer harmonischen Verbindung miteinander zu handeln. Doch leider ist das maskuline Prinzip im Geist des durchschnittlichen Menschen zu träge zu handeln – die Aktivitäten seines Willens sind zu schwach. Die Konsequenz ist, dass solche Menschen fast ausschließlich vom Geist und Willen anderer Menschen bestimmt werden, dem sie erlauben, das Denken und Wollen für sie zu übernehmen. Die meisten Menschen sind nur Schatten und Echos anderer Menschen, die einen stärkeren Geist und Willen haben als sie selbst. Die starken Männer und Frauen dieser Welt manifestieren ausnahmslos das maskuline Prinzip des Willens, und ihre Stärke beruht im Wesentlichen auf dieser Tatsache. Anstatt aus den Eindrücken zu leben, die andere in ihrem Geist hinterlassen haben, beherrschen sie ihren eigenen Geist mittels ihres eigenen Willens und erhalten die von ihnen gewünschte Art von Gedanken. Darüber hinaus dominieren sie den Geist anderer auf dieselbe Art und Weise. Schauen Sie sich die starken Menschen an. Schauen Sie, wie sie es schaffen, ihre Gedankensaat dem Geist der Masse von Menschen einzuprägen und Letztere auf diese Weise dazu bringen, Gedanken zu denken, die in Übereinstimmung mit den Wünschen und dem Willen der starken Individuen sind. Daher besteht die Masse von Menschen aus solch schafähnlichen Kreaturen, die weder jemals eigene Ideen haben, noch ihre eigene Kraft mentaler Aktivität nutzen. Die Manifestation mentaler Geschlechtlichkeit kann überall um uns herum in unserem täglichen Leben beobachtet werden. Die wie Magnete agierenden Menschen sind jene, die in der Lage sind, das maskuline mentale Prinzip so auszurichten und zu nutzen, dass sie anderen ihre Ideen einprägen. Der Schauspieler, der die Menschen seinem Willen entsprechend dazu bringt, zu weinen oder zu schreien, wendet dasselbe Prinzip mehr oder weniger unbewusst an. Genauso ein erfolgreicher Redner, Staatsmann, Prediger, Schriftsteller oder andere Menschen, die publikumswirksam sind. Der seltsame Einfluss, der von einigen Menschen über andere ausgeübt wird, kann auf diese Weise erklärt werden – durch die Anwendung geistiger geschlechtlicher Aktivität in Form von schwingenden geistigen Strömen. Hier finden wir womöglich das Geheimnis persönlicher Anziehung, persönlichen Einflusses, der Faszination usw.«

Das Prinzip der Geschlechtlichkeit wirkt und offenbart sich entsprechend seiner charakteristischen Prinzipien auch auf der spirituellen Ebene des Seins und resultiert in spiritueller Erschaffung und Erneuerung. Wir bedauern es, dass es uns nicht erlaubt ist, diesen Abschnitt des Themas in diesem Buch zu vertiefen. Denn eine ausführliche Betrachtung der Anwendung der Geschlechtlichkeit auf dieser hohen Ebene würde den Interessen der besten Okkultisten entgegenwirken und würde den Missbrauch der Kraft durch gewissenlose Menschen ermöglichen, die die als Reaktion auf sie zukommenden negativen Konsequenzen dieser Art von Handlungen nicht erkennen können. Ein wahrhaftiger Schüler jedoch wird zweifellos in der Lage sein, einige der Probleme zu lösen,

die mit den erwähnten Fragen im Zusammenhang stehen. Er wird das Geheimnis des alten Axioms entdecken: »Wie oben, so unten; wie unten, so oben.«

Je weiter der Schüler in dieser Weise in die Erforschung der physischen, mentalen und spirituellen Ebenen eindringt, desto mehr wird er von der Wahrheit des folgenden alten okkulten Axioms überzeugt sein: »Geschlechtlichkeit ist omnipräsent und durchdringt das gesamte Universum. Alle Schöpfung ist Erzeugung und alle Erzeugung entspringt der Geschlechtlichkeit.«

WILLIAM WALKER ATKINSON

Die moderne Esoterikwelt wäre ohne William Walker Atkinson (1862–1932) nicht denkbar. Er war ein modernes, brillantes Universalgenie und ein leuchtender Stern der esoterischen Welt damals wie heute. Mit vielen spirituellen Meistern seiner Zeit persönlich bekannt beschäftigte er sich über mehrere Jahrzehnte hinweg intensiv sowohl mit den östlichen Yoga-Lehren als auch mit christlicher Mystik, den Rosenkreuzern, der Gnosis und der Hermetik.

Als ein »Leonardo da Vinci der modernen Spiritualität« verband er diese unterschiedlichen Geistesströmungen miteinander und brachte sie in eine moderne und lebensnahe, dem heutigen Menschen gut verständliche Form. Sein umfangreiches Schaffen ist noch heute von großer Bedeutung, da Atkinson die ewig gültigen spirituellen Gesetze dieser Welt wie kein anderer in klare Worte zu fassen verstand.

Begünstigt durch das Erste Parlament der Weltreligionen 1893 in Chicago entwickelten sich verschiedene spirituell-esoterische Lehren zu einem festen Bestandteil der populären Kultur. Diese Bewegung wird heute »New Thought« genannt, jedoch reicht diese Begrifflichkeit nicht aus, um die Vielschichtigkeit der damaligen Ereignisse und Entwicklungen zusammenzufassen. Es war ein Schmelztiegel, der unterschiedliche Ansätze und Vorstellungen von dem beinhaltete, was man für spirituelle Weisheit hielt. So gab es Autoren und Vortragsredner mit sehr leicht verständlichen Inhalten, die heute weitgehend in Vergessenheit geraten sind. Ganz anders ein William Walker Atkinson, der die wahre Essenz der ewig gültigen spirituellen Weisheiten erfassen konnte. Sein Hauptwerk »Kybalion« ist bis heute unerreicht und zu einer wahren Legende geworden.

KYBALION EDITION

VON DEM EINGEWEIHTEN
WILLIAM WALKER ATKINSON

DIE UNIVERSELLEN GESETZE DES LEBENS

KYBALION – DIE 7 HERMETISCHEN GESETZE
Das Original
144 Seiten, ISBN 978-3-937392-17-2

KYBALION – DIE 7 HERMETISCHEN GESETZE
Hörbuch auf 4 CDs
300 Min., ISBN 978-3-95659-010-8 und als Download auf **www.aurinia.de**

KYBALION 2
Die geheimen Kammern des Wissens
160 Seiten, ISBN 978-3-943012-70-5

KYBALION 3
Die geheimen Lehren der Rosenkreuzer
272 Seiten, ISBN 978-3-943012-98-9

KYBALION 4
Die 7 kosmischen Gesetze – Das Vermächtnis des Meisters
128 Seiten, ISBN 978-3-943012-73-6

WILLIAM WALKER ATKINSON

Weitere Titel des grossen Meisters

DIE KUNST DES GEISTIGEN HEILENS

Spirituelle, mentale und körperliche Heiltechniken

144 Seiten, ISBN 978-3-95659-013-9

DIE ASTRALWELT

Reisen durch die feinstofflichen Welten

96 Seiten, ISBN 978-3-943012-13-2

Weitere Titel in Vorbereitung!

✓ **Sämtliche Birkenbihl-Seminare & Hörkurse endlich an einem Ort**
✓ **Alle Inhalte 24/7 verfügbar**
✓ **Digital überarbeitet – für Augen und Ohren von heute**

MANAGEMENT + BERUF

- Brain-Management I + II
- Management Halbtagsseminar
- Meetings erfolgreicher gestalten
- Führungskräfte Seminar

u.v.m.

PERSÖNLICHKEIT

- Humor I + II
- Das Leben erfolgreich meistern
- Pragmatische Esoterik
- Männer und Frauen I + II

u.v.m.

POWER FÜR'S GEHIRN

- Anti-Ärger Strategien
- Gehirne anknipsen
- Persönliches Wissensmanagement
- Genialitäts-Training

u.v.m.

ereits über
5 Seminar-Videos online ...
ıehr in Vorbereitung!

Alle Seminare auf einen Blick
www.birkenbihl.tv

Thorwald Dethlefsen

Der Diplompsychologe und Psychotherapeut Thorwald Dethlefsen (geb. 1946) wurde durch seine Bestseller »Krankheit als Weg« und »Schicksal als Chance« einem Millionenpublikum bekannt. Er entdeckte das zentrale Grundmuster, das hinter dem Schicksal eines jeden Menschen steht: Der Mensch lebt in der Polarität und agiert zwischen Schuld und der Sehnsucht nach Ganzwerdung. Er kann die Erlösung aber nur dann erreichen, wenn er lernt, den Weg nach innen zu gehen.

Dethlefsen widmete sein gesamtes Leben der Aufgabe, diesen Entwicklungsprozess für jeden Menschen einsichtig und gangbar zu machen. Er steht damit zuvorderst in der Tradition der größten Weisheitslehrer unserer Zeit.

Thorwald Dethlefsen verstarb Ende 2010 glücklich im Kreise seiner Angehörigen. Der Aurinia Verlag veröffentlicht 2014 und 2015 sämtliche Vorträge und die derzeit vergriffenen Werke dieser außergewöhnlichen Persönlichkeit in einer neuen, von den Angehörigen autorisierten Edition.

Für News, Hör- und Leseproben besuchen Sie bitte unsere Webseite unter www.thorwald-dethlefsen.de